新法科·法律实务和案例教学系列教材

本书受上海市高水平地方高校（学科）建设项目资助

Practical Course of Corporate Compliance

企业合规实务教程

叶　青　时明清　著

法律出版社
LAW PRESS·CHINA
北京

图书在版编目(CIP)数据

企业合规实务教程 / 叶青，时明清著. -- 北京 ：法律出版社，2023

ISBN 978-7-5197-7661-9

Ⅰ. ①企… Ⅱ. ①叶… ②时… Ⅲ. ①企业法－中国－教材 Ⅳ. ①D922.291.914

中国国家版本馆 CIP 数据核字（2023）第 040256 号

企业合规实务教程
QIYE HEGUI SHIWU JIAOCHENG

叶　青　时明清 著

责任编辑 陆帅文
装帧设计 汪奇峰

出版发行 法律出版社
编辑统筹 教育出版分社
责任校对 裴　黎
责任印制 刘晓伟
经　　销 新华书店

开本 710 毫米×1000 毫米 1/16
印张 17.25　字数 291 千
版本 2023 年 3 月第 1 版
印次 2023 年 3 月第 1 次印刷
印刷 北京金康利印刷有限公司

地址：北京市丰台区莲花池西里 7 号(100073)
网址：www.lawpress.com.cn
投稿邮箱：info@lawpress.com.cn
举报盗版邮箱：jbwq@lawpress.com.cn

销售电话：010-83938349
客服电话：010-83938350
咨询电话：010-63939796

书号：ISBN 978-7-5197-7661-9　定价：52.00 元

凡购买本社图书，如有印装错误，我社负责退换。电话：010-83938349

明德崇法　华章正铸

——华东政法大学“十四五”规划教材系列总序

教材不同于一般的书籍,它是传播知识的主要载体,体现着一个国家、一个民族的价值体系,是教师教学、学生专业学习的重要工具,更是教师立德树人的重要途径。一本优秀的教材,不仅是教师教学实践经验和学科研究成果的完美结合,更是教师展开思想教育和价值引领的重要平台。一本优秀的教材,也不只是给学生打下专业知识的厚实基础,更是通过自身的思想和语言的表达,引导学生全方位地成长。

习近平总书记深刻指出:“当代中国的伟大社会变革,不是简单延续我国历史文化的母版,不是简单套用马克思主义经典作家设想的模板,不是其他国家社会主义实践的再版,也不是国外现代化发展的翻版,不可能找到现成的教科书。”新时代教材建设应当把体现党和国家的意志放在首位,要立足中华民族的价值观念,时刻把培养能够承担民族发展使命的时代新人作为高校教师编写教材的根本使命。为此,编写出一批能够体现中国立场、中国理论、中国实践、中国话语的有中国特色的高质量原创性教材,为培养德智体美劳全面发展的社会主义接班人和建设者提供保障,是高校教师的责任。

华东政法大学建校 70 年以来,一直十分注重教材的建设。特别是 1979 年第二次复校以来,与北京大学出版社、法律出版社、上海人民出版社等合作,先后推出了“高等学校法学系列教材(北大版)”“法学通用系列教材(上海人民版)”“法学案例与图表系列教材(法律版)”“英语报刊选读系列教材(北大版)”“研究生教学系列用书(北大版)”“海商法系列教材(北大版)”“新世纪法学教材(北大版、上海人民版)”等,其中曹建明教授主编的《国际经济法学概论》、苏惠渔教授主编的《刑法学》等教材荣获了司法部普通高校法学优秀教材一等奖;史焕章研究员主编的《犯罪学概论》、丁伟教授主编的《冲突法论》、何勤华教授与魏琼教授编著的《西方商法史》及我本人主编的《诉讼证据法学》等教材荣获了司法部全国法学教材与科研成果二等奖；苏惠渔教授主编的《刑法学》、何勤华教授主编的《外国法制史》获得了上海市高校优秀教材一等奖；孙潮教授主编的《立法学》获得“九五”普通高等教育国家级重点教材立项；杜志淳教授主编的《司法鉴定实验教程》、何勤华教授主编的《西方法律思想史（第二版）》和《外国法制史（第五版）》、高富平教授与黄武双教授主编的《房地产法学（第二版）》、高富平教授主编的《物权法讲义》、余素青教授主编的《大学英语教程：读写译 1、2、3、4（政法类院校版）学生用书》、苗伟明副教授主编的《警察技能实训教程》等分别入选第一批、第二批“十二五”普通高等教育本科国家级规划教材；王立民教授副主编的《中国法制史（第二版）》荣获首届全国优秀教材二等奖。1996 年以来，我校教师主编的教材先后获得上海市级优秀教材一等奖、二等奖、三等奖共计 72 项。2021 年，由何勤华教授主编的《外国法制史（第六版）》、王迁教授主编的《知识产权法教程（第六版）》、顾功耘教授主编的《经济法教程（第三版）》、王莲峰教授主编的《商标法学（第三版）》以及我本人主编的《刑事诉讼法学（第四版）》等 5 部教材获评首批上海高等教育精品教材，受到了广大师生的好评，取得了较好的社会效果和育人效果。

进入新时代，我校以习近平新时代中国特色社会主义思想铸魂育人为主线，在党中央“新工科、新医科、新农科、新文科”建设精神指引下，配合新时代背景下新法科、新文科建设的需求，根据学校“十四五”人才培养规划，制定了学校“十四五”教材建设规划。这次的教材规划一方面力求巩固学校优势学科专业，做好经典课程和核心课程教材建设的传承工作，另一方面适应新时代的人才培养需求和教育教学新形态的发展，推动教材建设的特色探索和创新发展，促进教学理念和内容的推陈出新，探索教学方式和方法的改革。

基于以上理念，围绕新文科建设，配合新法科人才培养体系改革和一流学科专业建设，在原有教材建设的基础上，我校展开系统化设计和规划，针对法学专业打造“新法科”教材共 3 个套系，针对非法学专业打造“新文科”教材共 2 个套系。

“新法科”教材的 3 个套系分别是：“新法科 · 核心课程系列教材”“新法科 · 法律实务和案例教学系列教材”“新法科 · 涉外法治人才培养系列教材”。“新文科”教材的 2 个套系分别是：“新文科 · 经典传承系列教材”和“新文科 · 特色创新课程系列教材”。

“新法科”建设的目标，就是要解决传统法学教育存在的“顽疾”，培养与时代相适应的“人工智能+法律”的复合型人才。这些也正是“新法科”3 套系列教材的设计初心和规划依据。

"新法科·核心课程教材系列",以推进传统的基础课程和核心课程的更新换代为目标,促进法学传统的基础和核心课程体系的改革。"新法科"理念下的核心课程教材系列,体现了新时代对法学传统的基础和核心课程建设的新要求,通过对我国司法实践中发生的大量新类型的法律案件的梳理、总结,开阔学生的法律思维,提升学生适用法律的能力。

"新法科·法律实务和案例教学系列教材",响应国家对于应用型、实践型人才的培养需要,以法律实务和案例教学的课程建设为基础,推进法学实践教学体系创新。此系列教材注重理论与实践的融合,培养真正能够解决社会需求的应用型人才;以"新现象""新类型""新问题"为挑选案例的标准和基本原则,以培养学生学习兴趣、提升学生实践能力为导向。通过概念与案例的结合、法条与案例的结合,从具体案情到抽象理论,让更多的学生明白如何在实践中解决疑难复杂问题,体会情、理与法的统一。

"新法科·涉外法治人才培养系列教材",针对培养具有国际视野和家国情怀、通晓国际规则、能够参与国际法律事务、善于维护国家利益、勇于推动全球治理体系变革的高素质涉外法治人才的培养目标,以涉外法治人才培养相关课程为基础,打造具有华政特色的涉外法治人才培养系列教材。

"新文科·经典传承系列教材",以政治学与行政学、公共事业管理、经济学、金融学、新闻学、汉语言文学、文化产业管理等专业的基础和主干课程为基础,在教材建设上,一方面体现学科专业特色,另一方面力求传统学科专业知识体系的现代创新和转型,注重把学科理论与新的社会文化问题、新的时代变局相联结,引导学生学习经典知识体系,以用于分析和思考新问题、解决新问题。

"新文科·特色创新课程系列教材",以各类创新、实践、融合等课程为基础,体现了"新文科"建设提出的融合创新、打破学科壁垒,实现跨学科、多学科交叉融合发展的理念,在教材建设上突破"小文科"思维,构建"大文科"格局,打造具有华政特色的各类特色课程系列教材。

华东政法大学2022年推出的这5个教材系列,在我看来,都有如下鲜明的特点:

第一,理论创新。系列教材改变了陈旧的理论范式,建构具有创新价值的知识体系,反映了学科专业理论研究最新成果,体现了经济社会和科技发展对人才培养提出的新要求。

第二,实践应用。系列教材的编写紧密围绕社会和文化建设中亟需解决的新问题,紧扣法治国家、法治政府、法治社会建设新需求,探索理论与实践的结合点,让教学实践服务于国家和社会的建设。

第三,中国特色。系列教材编写的案例和素材均来自于中国的法治建设和改革开放实践,传承并诠释了中国优秀传统文化,较好地体现了中国立场、中国理论、中国实践、中国话语。

第四,精品意识。为保证本系列教材的高质量出版,我校遴选了各学科专业领域教学经验丰富、理论造诣深厚的学科带头人担任教材主编,选派优秀的中青年科研骨干参与教材的编写,组成教材编写团队,形成合力,为打造出高质量的精品教材提供保障。

当然,由于我校“新文科”“新法科”的建设实践积累还不够丰厚,加之编写时间和编写水平有限,系列教材难免存在诸多不足之处。希望各位方家不吝赐教,我们将虚心听取,日后逐步完善。我希望,本系列教材的出版,可以为我国“新文科”“新法科”建设贡献华政人的智慧。

是为序。

华东政法大学校长、教授　叶青

2022 年 8 月 22 日于华政园

目　　录

第一编　企业合规基本理论

第二编　企业合规管理体系

第一编

企业合规基本理论

第一章　企业合规概述

企业合规是在企业管理领域中对英文"Corporate Compliance"的中文翻译,其中合规即"Compliance"。企业合规的历史起源目前并没有权威的考证结论。但较为明确的是,企业合规并非源于中国,而是来自西方,特别是以美国为首的英美法系国家。尤其是自20世纪60年代以来,美国在企业合规领域所进行的立法和理论研究以及在此基础上对于境内外的企业和个人所开展的行政执法和刑事司法活动,这些举措极大地提升了企业合规在全球各国和各国际组织中的影响力,也让每一个想要参与经济全球化的国家、组织和个人都需要学习、理解和应用企业合规。

虽然自秦汉以来,古代中国的统治者一直秉持着"重农抑商"的政策,但是,古代中国的商品经济也有着灿烂的历史并形成了优秀的商业文化。正如上文所述,尽管企业合规并非源于中国,但是,中国传统商业文化中所宣扬的"诚信"、"公平"和"包容"等理念与企业合规所倡导的价值观是一致的。因此,中国具有产生、接纳和发展企业合规的土壤。

改革开放以来,中国积极拥抱全球化,尤其是加入世界贸易组织(以下简称WTO)后成为世界工厂。大量外资涌入中国的同时也带来了企业合规的管理体系和文化理念。同时,中国通过"一带一路"的合作倡议也让越来越多的中国企业走向世界,在此过程中,中国的企业在遵守业务所在国的合规要求的同时,也将输出中国的商业文化和合规理念。在这样的内外部大环境下,中国的企业和个人在与外国公司开展合作以及在外国领土上开展业务时,都需要理解、尊重和遵守他们在合规管理方面的要求和标准,这可以在最大限度上减少沟通和运营的成本,让中国的企业和个人可以获得更多的商业合作机会,也可以让商业合作更为顺利、健康和长久。同时,随着全球主要经济体如美国、欧盟等对于企业在境内外的经营行为的监管越来越强,行政执法和刑事司法活动的频率越来越高,企业为了对此有效预防和应对,对于合规管理的需求也越来越大。另外,中国政府和司法机关近年来在行政执法和刑事司法等领域探索并实施的合规激励机制,如最高人民检察院、国务院国有资产监督管理委员会(以下简称国务院国资委）、财政部、中华全国工商业联合会（以下简称全国工商联）会同司法部、生态环境部、国家税务总局、国家市场监督管理总局、中国国际贸易促进委员会等先后总计十三个部委联合开展的涉案企业合规改革等，也增强了中国企业在开展合规管理以及合规管理体系建设方面投入人、财、物等各类资源的积极性。

本章将结合国内外在与企业合规相关的立法、行政执法和刑事司法等方面的成果介绍企业合规的基本概念、合规主题、属性和价值等内容，让读者可以系统且全面地理解“企业合规是什么”以及“为什么要企业合规”。为了便于论述，在不做特别说明的情况下，下文中使用“合规”一词时即指企业合规。

第一节　企业合规的基本范畴

无论是理论界还是实务界，目前尚未对企业合规的概念达成共识。企业合规具有多元且丰富的含义，可以在不同的情景下具有不同的内涵和外延。比如，从企业管理角度来看，企业合规是一种管理体系，是企业管理的重要组成部分；从商业文化角度来看，企业合规有着独立的价值观体系，这种价值观体系对于良性的商业文化的形成有着积极的促进作用；从国家治理角度来看，企业合规作为一种创新的社会治理形式，是国家治理体系和治理能力现代化的探索方向之一；从参与国际市场竞争角度来看，企业合规又是参与国际市场的竞争与合作，以及预防和应对国际组织和外国政府调查和制裁的重要方式。但是，这些在不同的情景下对于企业合规所做的不同理解，都是在企业合规的基本概念的基础上进行的演绎。本节将系统介绍企业合规的基本概念。

一、合与规

对于初次或刚刚接触企业合规的人来说，他们往往很难直观的对这一名词做清晰的理解。因为这是一个看上去很熟悉，但仔细品味却又很难做出准确且全面定义的名词。事实上，《现代汉语词典》以及《辞海》中目前也并没有收录“合规”一词。因此，“合规”一词目前并没有权威且统一的中文定义。

从文义角度来看，“合规”一词是动名词结构。其中，“合”这个字应作为动词理解，即符合、遵守、遵从，也即英文中的“comply with”。“规”这个字应作为名词理解，即包括各类强制性或自愿遵守的规范。因此，合规是指遵守规范。

合规的文义理解被我国的监管部门制定的部门规章和规范性文件所采纳，

比如,2006 年 10 月 20 日中国银行业监督管理委员会(现为国家金融监督管理总局)[1]颁布的《商业银行合规风险管理指引》(银监发〔2006〕76 号)第 3 条第 2 款规定:“本指引所称合规,是指使商业银行的经营活动与法律、规则和准则相一致。”2018 年 11 月 2 日由国务院国资委发布的《中央企业合规管理指引(试行)》(国资发法规〔2018〕106 号,以下简称《合规管理指引》)第 2 条第 2 款规定:“本指引所称合规,是指中央企业及其员工的经营管理行为符合法律法规、监管规定、行业准则和企业章程、规章制度以及国际条约、规则等要求。”2022 年 8 月 23 日由国务院国资委发布的《中央企业合规管理办法》(国务院国有资产监督管理委员会令第 42 号,以下简称《合规管理办法》)第 3 条规定:“企业经营管理行为和员工履职行为符合国家法律法规、监管规定、行业准则和国际条约、规则,以及公司章程、相关规章制度等要求”。2018 年 12 月 26 日,国家发展和改革委员会(以下简称国家发改委)、外交部、商务部、中国人民银行、国务院国资委、国家外汇管理局、全国工商联关于印发《企业境外经营合规管理指引》(发改外资〔2018〕1916 号,以下简称《境外合规管理指引》)第 3 条规定:“本指引所称合规,是指企业及其员工的经营管理行为符合有关法律法规、国际条约、监管规定、行业准则、商业惯例、道德规范和企业依法制定的章程及规章制度等要求”。

同时,结合这些部门规章和规范性文件中对于“规”的内容所做的列举,合规中“规”的范围非常广泛。经过分类归纳后,“规”主要包括以下几个方面:(1)国家制定的法律、法规、规章以及其他规范性文件,在中国主要包括全国人大及其常委会制定的法律;国务院制定的行政法规;最高司法机关发布的司法解释;国务院各部、委员会、中国人民银行、审计署和具有行政管理职能的直属机构在本部门权限范围内制定的部门规章以及规范性文件;地方立法机关通过的地方性法规、自治条例、单行条例和地方政府规章等。(2)企业自身的规章制度,主要包括章程、员工行为准则、员工手册、礼品、娱乐和款待政策、第三方合作伙伴管理制度等。(3)外国的法律法规、国际条约、国际惯例以及国际组织制定的规则,主要包括企业在本国之外开展业务所在国的法律法规;本国签

---

〔1〕 2018 年 3 月,第十三届全国人民代表大会第一次会议表决通过了关于国务院机构改革方案的决定,设立中国银行保险监督管理委员会。2018 年 4 月 8 日,中国银行保险监督管理委员会正式挂牌,中国银行业监督管理委员会和中国保险监督管理委员会成为历史。2023 年 3 月 7 日,第十四届全国人大第一次会议表决通过关于国务院机构改革方案,在中国银行保险监督管理委员会的基础上组建国家金融监督管理总局。总局成立后,不再保留中国银行保险监督管理委员会。

署参加的国际公约，如《联合国反腐败公约》；国际组织所制定的规则，如世界银行制定的《诚信合规指引》[1]等。(4)企业所属行业的行业准则，如中国外商投资企业协会药品研制和开发行业委员会发布的《RDPAC 行业行为准则》，中国化学制药工业协会所制定的《医药行业合规管理规范》(T/PIAC 00001—2020)，美国先进医疗技术协会发布的《管理专业医护人员关系之道德准则》等。(5)商业惯例和道德规范等。

从上述"规"的范围中可以看出，"规"并不只限于中国国内的规范，也包括国际条约、国际组织的规则和其他国家的法律法规和监管规定。除了国家层面的具有法律效力的正式法律渊源外，企业所属行业的行业准则、所在市场的商业惯例和道德规范等虽然不一定具有正式的法律效力，但因其对于企业具有约束力，因此属于"规"的范围。此外，企业自身所制定的规章制度是企业对自我进行的管理和约束，这也属于"规"的范围。概括来说，合规中的"规"既有企业强制性地需要遵守的规范，也有企业自愿选择遵守的规范。

二、企业与合规

企业作为商事主体，营利性是其基本属性。因此，企业合规的根本目的不仅限于让企业"遵守规范"，而是让企业把生意做得更安全、更健康、更可持续，并最终实现企业利益的最大化。可见，企业合规说到底还是一门做生意的学问。因此，研究和谈论企业合规必须把它与商业紧密地联系在一起，必须将商业逻辑贯穿在企业合规的始终。一旦脱离商业来谈合规，则可能使合规站到企业的对立面。实务中也会看到有些合规官在工作中对规则进行机械的解释，扼杀企业的创新活动，进而受到来自企业业务团队的反作用力，影响了合规这个岗位在企业内部的权威性以及合规官的职业发展的空间。

三、企业合规的基本概念

企业合规，是指为了确保企业的安全、健康和可持续发展，企业和企业的员工在日常管理和经营过程中要同时遵守各类规范，这些规范包括但不限于国家制定的法律法规规章；企业自身的规章制度；外国的法律法规、国际条约、国际惯例以及国际组织制定的规则；企业所属行业的行业准则；商业惯例和道德规范等。

掌握企业合规的基本概念是理解企业合规的基础，所有对于企业合规的延

[1] 世界银行制定的《诚信合规指引》，即 Integrity Compliance Guidelines。

伸,包括企业合规对于企业管理、商业文化、国家治理体系和治理能力现代化、参与国际竞争等方面都是基于企业合规的商业逻辑和规范遵守两大基本要素的展开。

四、企业合规的独立性

企业合规是商业逻辑和遵守规范的有机结合。在理解企业合规的基本概念时,我们会发现企业合规的"规"归纳起来可以划分为两个方面,即成文的规则和不成文的道德规范。正如有学者提出,合规包括了"硬法"和"软法"。[1]为了更好地理解企业合规,企业合规的独立地位需要得到明确,这就需要界定合规与合法以及合规与道德的关系。对此,需要回答如下两个问题:(1)合规与传统意义上理解的合法之间有什么区别?是否合规可以等同于合法?(2)合规也要求企业及其员工遵守道德,在法律是最低限度的道德的情况下,合规是否可以等同于遵守道德?

(一)合规与合法

从外延来看,合规的范围大于合法。企业开展合规管理的必要条件是遵守法律法规等正式法律渊源,合法是合规的应有之义。同时,合规所需要遵守的范围又不仅仅是法律法规等正式法律渊源,它还会包括企业所属行业的行业准则,所在市场的商业惯例,道德规范以及企业自身的章程、规章制度等。

进一步来说,合规往往会对企业和企业员工在开展市场经营活动时有着高于法律法规的要求,这一般是通过企业内部的规章制度,如企业的行为准则、治理文件、管理制度和操作规范等来实现。而这也是那些世界领先的优秀企业所表现出来的特点,即以高于法律法规的标准要求自己,为大众提供精益求精的商品和服务,为行业输出创新、科学和健康的商业理念、模式和路径,为社会承担起相应的公共责任。

除外延的区别外,合规与合法在企业管理中对于同一事项所采取的立场、态度和工作方式也不一样。其中,传统的合法性审查侧重于对企业经营行为的形式审查,确保经营行为在法律上的有效性。合规则侧重于对企业经营行为的实质审查,确保经营行为符合商业道德且不会给企业带来行政或者刑事法律风险。因此,在企业管理中,合规管理更为积极和主动,在对商业行为进行审查时更关注该行为背后的本质,以及该等本质给企业所带来的风险情况。

---

〔1〕 邓峰:《公司合规的源流及中国的制度局限》,载《比较法研究》2020年第1期。

举个例子:面对一份“邀请医生出国参加学术活动”的学术赞助合同,法务部门主要会从这份协议的合同构成要件进行审查,这包括签约各方主体是否适格、合同意思表示是否真实、合同标的是否可履行等角度。当这几个角度都满足法律规定或者商业惯例的情况下,则这份合同的有效性可以得到确认。此时,法务部门的职责已经履行完成。但是,当这份合同传送给合规部门进行审核的时候,合规部门需要在法务部门审核的基础上,进一步审查这个“邀请医生出国参加学术活动”项目的每一个实施环节,如日程安排、差旅期间的招待标准、支付讲课费的必要性和合理性等,进而确保这一项目本身不会给企业带来商业贿赂的法律风险。

当然,这个例子只是为了便于读者理解合法与合规的区别而做的理论模型解析,并不是绝对的将法务管理与合规管理进行完全割裂。在实务中,尤其是小型或者中型的公司,往往将法务与合规的职能合在一起,对于上述提到的问题,也由法律合规部的专家们一并研究和处理。

(二)合规与道德

合规与道德密不可分,很多企业合规部门的名称会设置为“道德合规部”。可见,企业在开展合规管理的时候,除了将正式法律渊源和内部规章制度作为依据外,也离不开道德作为评判的尺度。合规与道德密不可分的原因主要包括以下两个方面:

1. 道德是合规的基础。道德是指以善恶评价为标准,依靠社会舆论、传统习俗和人的内心信念的力量来调整人们之间相互关系的行为规范的总和。道德贯穿于社会生活的各个方面,如社会公德、婚姻家庭道德、职业道德等。企业开展合规管理,主要是开展包括制度建设、制度执行、组织建设、风险识别、合规审查、风险应对、合规调查、责任追究、考核评价、合规培训、合规文化培育等在内的有组织、有计划的管理活动。这些管理活动是否合乎道德是判断合规管理有效性和合理性的关键标准之一。

2. 道德可以弥补正式法律渊源和内部规章制度在企业管理上的不足。正式法律渊源和内部规章制度在面对高速发展变化的商业环境时,存在发生规定内容的滞后、不周延和模糊等缺陷的可能性,这会导致正式法律渊源和内部规章制度无法及时、全面且有效地应对最新发生的情况。此时,道德可以为企业和企业员工在无法通过正式法律渊源和内部规章制度等成文的规范获得有效指引时,为他们提供正确的价值判断方向,进而起到“压舱石”的效果。

但是,这里不能将合规等同于道德,更不能认为遵守道德就能实现合规。

这是因为,企业中开展的合规管理所希望达到的目的在于让企业的商业活动得到安全、健康和可持续的发展。可见,企业合规管理的落脚点是把“生意”做成功。因此,企业合规对于道德的关注更多的在于确保企业通过合规管理来守住商业伦理道德的底线。这时,如果将合规等同于道德,以广义的道德标准作为企业合规管理中所必须遵守的标准,这可能会对企业的商业活动产生阻碍,甚至是破坏。因此,企业合规与道德也有一定的区别,并非完全一致。

综上所述,合规与合法、道德均具有紧密的联系。合法与道德是合规的必要组成部分。但合规又具有其独立性。这根本上是由企业的本质及其在市场经济中所需要扮演的不同角色及其所应当承担的多元责任决定的。

第二节 企业合规的主题

企业合规是指企业及其员工要遵守规范。但是,正如本章第一节对于“规”的介绍,“规”的范围极为广泛,而企业合规并非对于所有与“规”相关的事项都要进行管理,否则企业合规将等同于企业全面管理。因此,企业合规有其管理的具体对象,这就是企业合规的主题[1](以下简称合规主题)。本节将从合规主题的内容、特性以及对这些主题管理的重点领域等方面进行介绍。值得注意的是,每一个合规主题都是一个独立的研究领域,如反垄断、反贿赂、反洗钱等。本书的主要目的在于介绍企业合规,因此,对于本节中合规主题的介绍,本书将选择与企业合规最为相关的部分。

一、合规主题的内容

合规主题的内容是指企业合规所管理的具体事项。企业合规主要是通过实践驱动发展,其所管理的具体事项也随着全球的政治、经济、法律、社会、科技和文化等的发展以及这些发展对于企业所持续提出的相关要求而不断增加。在这一过程中,合规主题从最初的反垄断,逐步扩展到反贿赂、反舞弊、反洗钱、制裁和出口管制、数据合规、反歧视和反骚扰、人权保障等诸多领域。

需要指出的是,企业根据其性质、规模、所处行业、主要业务所在经济体的要求以及个性化的职能部门设置,不必然会将上述合规主题全部归口于专门的

---

〔1〕 实务中有时也称为“合规领域”。

合规管理部门进行管理；而是会基于某些合规主题所对应的专业性，安排相关职能部门直接负责，比如，有些企业会将与反舞弊、反洗钱相关的事项安排由财务和内控相关的职能部门进行直接管理；将与反歧视和反骚扰相关的事项安排由人力资源部门进行直接管理；将与数据安全和个人信息保护相关的事项安排由信息与数字化相关的职能部门进行直接管理等。这些都是企业在合规实践中探索形成的，本书不对这些设置本身的合理性与否做评判，而是从知识普及的角度对于目前合规实践中所常见的合规主题的内容进行介绍。

（一）反垄断

1. 垄断行为概述

垄断行为是排除、限制竞争的行为。企业的垄断行为包括三类：一是达成垄断协议；二是滥用市场支配地位；三是实施具有或者可能具有排除、限制竞争效果的经营者集中。

反垄断是企业合规早期的核心主题之一。从目前已有的文献来看，在企业合规起源地的美国，企业在合规方面的实践和探索最早是在反垄断领域，比如，1946 年通用公司首先采用了反垄断合规政策，所有公司官员均需要签署符合反垄断法从事活动的声明。[1] 这与美国在反垄断领域最早开始进行现代反垄断立法和执法活动有关。同时，美国也一直是反垄断执法最为活跃的经济体之一。

2. 管理和应对垄断行为对于企业的作用

管理和应对垄断行为对于企业的生存和发展有着极为重要作用。从企业内部来看，管理和应对垄断行为能够保障企业商业模式的健康，并保护创新力和对人才的吸引力；从外部监管来看，管理和应对垄断行为能够避免遭受政府调查以及承担因此造成的巨大违法成本。

（1）管理和应对垄断行为能够保障企业商业模式的健康，并保护创新力和对人才的吸引力。企业的商业模式是企业开展经营管理活动、实现战略目标的重要方式。可以说，企业的商业模式是企业成败与否的关键因素之一。垄断行为与企业的商业模式紧密相关，尤其是在企业的价格政策、第三方合作伙伴的管理、竞争对手关系的处理等方面。当企业在设计商业模式中引入了垄断行为，这会给企业带来巨大的法律风险，甚至可能导致企业的失败。同时，垄断行为虽然可以为企业带来巨大的利益，但这也会扼杀企业的创新能力。从长远来

---

[1] 邓峰：《公司合规的源流及中国的制度局限》，载《比较法研究》2020 年第 1 期。

看,这会让企业躺在垄断地位上固步自封,最终在科技发展的情况下,逐步丧失竞争优势,被市场所淘汰。进一步来说,当企业因为垄断行为而不再看重创新能力时,该企业对于员工的评价标准也会发生根本性的变化,这样的企业对于人才也将失去吸引力,并造成现有人才的流失。因此,通过对垄断行为的有效管控可以保障企业商业模式的健康、保护企业的创新力和对人才的吸引力,进而保障企业行稳致远。

(2)管理和应对垄断行为能够使企业避免遭受政府调查以及承担因此造成的巨大违法成本。由于垄断行为对于公平竞争秩序、经济运行效率、消费者利益以及社会公共利益等带来的巨大危害,全球主要经济体,包括美国、欧盟、中国等都十分重视对垄断行为的干预和治理。以中国为例,自2008年《反垄断法》颁布以来,中国的反垄断执法一直十分活跃,产生了一批典型案例,包括国家市场监督管理总局每年发布的反垄断执法典型案例。2020年12月中央经济工作会议,党中央和国务院提出了"强化反垄断和防止资本无序扩张"的战略部署。这一部署迎来了中国反垄断执法的新一轮高潮,产生了包括阿里巴巴、美团、扬子江药业等一批典型案例。因此,管理和应对垄断行为,降低企业构成垄断行为的风险能够帮助企业避免引发政府的反垄断调查。

同时,企业因被认定为构成垄断行为所带来的处罚往往都非常严重,这可以从一些世界知名大企业因为被全球主要经济体的反垄断执法部门认定为实施垄断行为而遭受巨额罚款的情况体现出来,比如,谷歌因滥用安卓操作系统(Android)的市场支配地位在2012年到2022年间被欧盟委员会开出了超过80亿欧元的罚单;2021年,阿里巴巴和美团因其滥用在中国境内网络零售平台服务市场具有的支配地位,实施"二选一"行为,限定平台内经营者只能与自己进行交易的垄断行为而分别被处以182.28亿元和34.42亿元人民币的罚款。除此以外,如果企业被认定为构成垄断行为,也会给企业带来包括市场声誉损害在内的诸多不利影响。因此,管理和应对垄断行为,降低企业构成垄断行为的风险能够帮助企业避免因实施垄断行为而承担的巨大法律责任。

3. 企业合规在反垄断方面的重点领域

企业在包括风险识别、管理制度和流程建设、管理组织的建立和人员的配备、沟通培训、自我披露和报告机制、违规调查和问责机制、救济和改进机制等整体的合规管理体系建设中(以下简称合规建设),管理和应对垄断行为包括但不限于以下几个重点领域。

(1)商业模式的管理

正如上文所述,垄断行为与企业的商业模式有着密切的联系。商业模式中对于价格政策的安排、经销渠道的管理、销售方式的选择、与竞争对手的关系处理等都会直接影响对企业的行为构成垄断与否的认定。

以长安福特汽车有限公司(以下简称长安福特)垄断协议案[1]为例,长安福特于2013年至2017年,在重庆地区销售"福特"牌汽车时,通过制定并下发《价格表》、要求经销商签订《价格规范自律协议》、制定车展期间价格政策以及限制经销商网络最低报价等方式,与经销商达成了限定向第三人转售整车最低价格的垄断协议。在长安福特的价格控制下,下游经销商基本按照其限定的整车最低转售价格对外销售。长安福特为加强对下游经销商的控制,聘请了第三方公司对经销商的报价和实际零售价格进行监控,并对不按最低价格政策销售汽车的经销商,通过扣除保证金、暂停供货等措施进行处罚。长安福特限定经销商整车最低转售价格的行为属于垄断协议的一种,违反了反垄断法。2019年6月,国家市场监管总局依法责令长安福特停止违法行为,并处以罚款1.628亿元人民币。

因此,企业在管理和应对垄断行为时应对企业的商业模式做有效的管理,从源头上预防垄断行为的发生。

(2)信息管理

企业对于其经营相关的信息包括产品的价格、数量、销售区域、供应链等需要采取有效的管理措施。在相关市场中,如果经营者对于各自掌握的信息进行共享,并据此达成攻守同盟或者协同行动的协议,则经营者的这些行为具有较高的被认定为构成垄断的风险。对于这类通过经营者之间互通信息而实施的垄断行为,在具有行业协会的企业之间发生的情况比较多。同时,虽然这类信息互通的方式往往都较为隐蔽,但这类垄断行为仍然是监管部门查处的重点。

以四川省水泥协会组织6家水泥经营者达成并实施垄断协议案[2]为例,2016年10月,四川省水泥协会组织和推动6家水泥经营者,在成都区域内推涨散装水泥价格,达成并实施统一散装水泥涨价时间、调价幅度的垄断协议。2020年12月,四川省市场监管局依法作出行政处罚,责令当事人停止违法行为,没收违法所得并处罚款共计5981.13万元人民币。

因此,企业需要加强对于信息的管理,也应当通过培训、宣传等多元的形式

---

〔1〕《市场监管总局发布2019年反垄断执法十大典型案例》,载国家市场监督管理总局官网2020年12月25日,https://www.samr.gov.cn/xw/zj/202012/t20201224_324675.html。

〔2〕《市场监管总局发布2020年反垄断执法十大典型案例》,载国家市场监督管理总局官网2021年9月3日,https://www.samr.gov.cn/xw/zj/202109/t20210903_334368.html。

提高员工在保护和使用公司信息方面的意识和能力，进而预防相关垄断协议的发生。

(3)兼并与收购

相关市场中所占据的份额是认定企业是否具有市场支配地位的重要因素。兼并与收购是企业在相关市场中市场份额实现快速增长的重要方式。因此，企业在开展兼并与收购时的一个必要环节是进行垄断方面的评估，即确定是否需要进行经营者集中的申报。这也是监管部门在反垄断领域关注的重点。需要注意的是，经营者集中的申报具有跨国界和形式要求的特点。

跨国界是指在全球主要经济体都具有业务的企业之间所实施的兼并与收购，在进行经营者集中申报时，需要同时遵守企业在业务所涉及的各个国家实施申报的法律要求。以华特迪士尼公司收购21世纪福克斯有限公司股权案[1]为例，华特迪士尼公司与21世纪福克斯有限公司都是典型的美国公司，但该并购项目也向中国的国家市场监管总局进行了经营者集中申报，国家市场监管总局审查后予以了无条件批准。形式要求是指即使该经营者集中并未实质性达到排除、限制竞争的效果，但当满足了需要进行申报的形式条件时，企业仍然依法需要进行申报。

因此，企业在开展兼并与收购的过程中应当注重对于经营者集中的评估，对于达到申报条件的，合规管理团队应及时提醒兼并与收购的项目团队，做好申报工作，防止因未申报而遭受行政处罚。

(二)反贿赂

1. 贿赂行为概述

贿赂行为包括行贿与受贿两个方面。在企业合规领域，行贿行为主要是指企业及其员工以谋取交易机会或者竞争优势为目的，给予交易相对方的工作人员、受交易相对方委托办理相关事务的单位或者个人、利用职权或者影响力影响交易的单位或者个人以财物或者其他利益。受贿行为是指企业及其员工利用职务上的便利，索取他人财物或者非法收受他人财物，为他人谋取利益的行为。

反贿赂这一合规主题是企业合规中最为常见，也是各种性质、规模、行业和类型的企业所普遍要面对的合规主题。从目前已有的文献来看，反贿赂成为合规主题也起源于美国。1977年美国国会颁布了《反海外腐败法》(U. S. Foreign Corrupt Practices Act, FCPA)，该法的出台与"水门事件"紧密相关，主要目的在

---

[1] 《市场监管总局发布2018年反垄断执法十大典型案例》，载国家市场监督管理总局官网2019年5月10日，https://www.samr.gov.cn/xw/zj/201905/t20190510_293531.html。

于打击美国人,包括美国企业和美国自然人对于外国政府官员的贿赂行为。FCPA 要求美国企业通过内部建立合规管理体系以预防对于外国政府官员贿赂行为的发生;也要求美国的上市公司必须确保会计账簿和记录的真实和完整,杜绝企业通过伪造、变造或者隐匿财务记录来获取用于实施贿赂行为的资金的可能性。伴随着美国资本和美国企业在全球的扩张,FCPA 通过美国政府强势的"长臂管辖"和执法将这一套反贿赂的合规理念、要求和做法在全球进行了传播和推广。

2. 预防和打击贿赂行为对于企业的作用

预防和打击贿赂行为对于企业的生存和发展有着极为重要作用。从企业内部来看,预防和打击贿赂行为能够保障企业道义上的正当性,保护创新力和对人才的吸引力;从外部监管来看,预防和打击贿赂行为能够避免遭受政府调查以及承担行政和刑事法律责任。

(1)预防和打击贿赂行为能够保障企业道义上的正当性,保护创新力和对人才的吸引力。与垄断行为不同,垄断本身与经济规律有着紧密的联系,因此,企业在特定情形下具备的垄断状态或者实施的垄断行为并不为法律所禁止。但是,贿赂行为一直是被全球主要经济体、国际组织以及国际社会所反对和禁止。这是因为,贿赂行为除了违法以外,在本质上违背人类社会最基本的伦理道德要求。因此,如果企业在其经营管理的过程中放任甚至是鼓励贿赂行为,那企业将无法形成正确的愿景、使命和价值观,也将丧失存在和发展的道德基础,最终会被市场所淘汰。

同时,企业通过贿赂的方式开展商业活动往往在短期内能够给企业带来巨额的利润,这会让企业减少在创新力方面的投入,并阻碍企业在包括科技、服务和商业模式等方面的创新。此外,贿赂行为也会让企业失去对于人才的吸引力,并导致人才的流失。一方面,企业通过贿赂的方式开展商业活动会改变企业对于员工的评价标准,在此情况下,企业会根据员工通过贿赂的方式为企业带来多少利益作为对于员工绩效的主要考核依据,这会让真正愿意通过诚实劳动来获得工作上成功的员工无法得到公正的对待,进而使企业失去对于人才的吸引力。另一方面,企业鼓励或者放任贿赂行为也会增加参与贿赂行为的员工的刑事法律风险,这也会让有正确的道德评判标准的员工不敢继续在这样的企业中工作,最终造成人才的流失。

因此,预防和打击贿赂行为能够保障企业道义上的正当性,保护创新力和对人才的吸引力。

(2)预防和打击贿赂行为能够避免遭受政府调查以及承担行政和刑事法

律责任。贿赂行为一直是全球主要经济体所关注和规制的热点和重点。但这里需要先行回答一个问题,即当企业具备足够强大的经济实力时,在获取交易机会方面,尤其是在国际市场的竞争中,完全可以通过贿赂的方式拿下商业机会并击败其他国家的竞争对手,那作为该企业的母国是基于怎样的目的和动机来打击这些企业的贿赂行为?

对于这一问题,除了贿赂对企业自身的创新力和人才吸引力以及对于本国竞争秩序、商业文化和政府廉洁性等方面的负面影响等考量因素外,还有一个关键因素是企业本身所具有的国籍属性。具体而言,企业虽然是经济主体,但当企业发展到相应的规模并参与全球市场竞争的时候,企业在全球市场上的一举一动最终都会被各国政府及其民众纳入对于该企业的母国及母国政府进行价值判断的因素之一。企业所实施的不道德行为会对其母国和母国政府在国际上的形象和影响力产生负面作用。因此,从国际政治和经济的角度考量,企业的母国政府必须要对于本国企业的行为,包括其在母国领域外实施的行为的道德性进行规制,其中也包括贿赂行为。基于前述原因,反贿赂一直是全球主要经济体对于企业进行监管的重要方面。

此外,由于贿赂行为的严重危害,全球主要经济体对于贿赂行为的打击也是最为严厉的。除了行政处罚外,全球主要经济体对于情节严重的贿赂行为处以刑事法律责任。在此基础上,除了对于实施贿赂行为的企业处以巨额罚金外,企业内的相关主管人员和直接责任人员也将受到人身自由剥夺的刑罚。比如,在 FCPA 执法历史上的知名案例,法国阿尔斯通贿赂外国政府官员一案中,法国"工业明珠"阿尔斯通公司因在印度尼西亚的能源项目上实施了行贿该国政府官员以获取交易机会的行为,被美国司法部(U. S. Department of Justice, DoJ)以违反美国 FCPA 为由进行立案调查。最终,法国阿尔斯通公司及其下属子公司基于各自的违法事实,分别与美国司法部达成了辩诉交易以及暂缓起诉协议(Deferred Prosecution Agreement, DPA),支付了 7.72 亿美元的罚金,多名高管因此受到包括有期徒刑在内的刑事处罚。

因此,预防和打击贿赂行为对于企业避免遭受政府调查以及承担行政和刑事法律责任具有至关重要的作用。

3. 企业合规在反贿赂方面的重点领域

企业在合规建设中,预防和打击贿赂行为包括但不限于以下几个重点领域。

(1)费用管理

除了一些较为特殊的贿赂方式外,企业或其员工实施贿赂行为需要有物质基础。一般情况下,企业并不会在其会计账簿和记录中直接列明相关费用是用于贿赂,而是会通过与包括供应商、经销商等在内的外部第三方合作伙伴合作,以各种各样的其他名义,如举办市场活动、客户招待、赞助捐赠等,将费用从企业支付给外部第三方合作伙伴,随后,通过第三方合作伙伴或者从第三方合作伙伴处获取资金后实施贿赂行为。比如,在2013年葛兰素史克商业贿赂案中,葛兰素史克(中国)投资有限公司(以下简称葛兰素史克)的领导团队倡导"一切为了销售""没有费用就没有销量"的经营理念,放松在费用管理方面的管控。该公司的各个事业部的销售和市场团队,通过旅行社邀请全国各地医疗机构的医务人员参加由其赞助和组织的境内外各类会议,并通过支付差旅费、讲课费、安排旅游等方式贿赂与会医务人员,然后将其支付的相关费用分别以"研讨会费用""市场研讨会会议""展示费""市场费用"等科目在财务报销系统中进行报账和记账。这最终让葛兰素史克在2014年被长沙市中级人民法院判决构成对非国家工作人员行贿罪,判处罚金30亿元人民币;葛兰素史克包括法定代表人、董事会主席和多位高级管理人员均被判决构成刑事犯罪并承担刑事法律责任。

因此,在预防和发现贿赂行为时,企业需要注重费用管理的严格和透明,包括但不限于:会计账簿和记录的真实且全面,以合理的细节准确而公正地反映企业的交易及其资产处置的情况;禁止"小金库"和账外资金池;采取措施严格管理包括礼品、服务和款待,市场活动以及赞助捐赠等具有高风险可能性的费用使用等。

(2)第三方合作伙伴管理

在上述对于费用管理的介绍中可以看到,与企业具有合作关系的第三方合作伙伴,包括供应商、经销商、代理商等是企业实施贿赂行为的重要途径和方式。同时,也存在这样的错误认识,即通过第三方合作伙伴实施贿赂行为,而非自身直接实施,就可以规避因贿赂行为所带来的法律责任。但是,在实际的反贿赂立法、执法和司法实践中,对于贿赂行为的认定采取的是穿透原则,即监管部门和司法部门在对于贿赂行为进行执法和司法时会从贿赂行为的主观目的、资金来源、最终受益人等进行全面的审查,进而确定对应法律责任的承担主体。比如,法国兴业银行在利比亚的业务违反美国FCPA一案[1]中,法国兴业银行与一家美国的投资管理公司曾共同在利比亚开展业务,法国兴业银行反复使用

---

〔1〕 The Information of United States charges against Société Générale S. A. , https://www. justice. gov/criminal-fraud/file/1072436/download.

一家第三方销售代理来获取与利比亚国有金融机构的商业合作机会。在此过程中,法国兴业银行总共支付给这一家第三方销售代理 9000 万美元的佣金。事实上,该第三方销售代理将这笔佣金中的相当一部分用于行贿利比亚的高级政府官员,来保障法国兴业银行获取了将近 36.3 亿美元的业务。在根据 FCPA 对此开展反贿赂调查时,美国司法部认定法国兴业银行和这家美国的投资管理公司利用了代理人实施的贿赂行为构成了 FCPA 项下的对于外国政府官员的贿赂。在此基础上,法国兴业银行与该美国投资管理公司总共支付了约 6 亿美元的罚金。同时,法国兴业银行与美国司法部达成了 DPA;该美国投资管理公司与美国司法部达成了不起诉协议(Non-Prosecution Agreement,NPA)。

因此,在预防和发现贿赂行为时,企业应当谨慎使用并有效管理第三方合作伙伴;加强对第三方合作伙伴在合规领域的宣传和培训;做好对于第三方合作伙伴审计,严格审查企业与第三方合作伙伴之间的交往活动和费用往来等。

(3)域外管辖

从上述法国兴业银行的案例中可以看到,法国兴业银行在利比亚所实施的贿赂外国政府官员的行为并非发生在美国领土上,行贿的对象也并非美国人,但是法国兴业银行却因为包括合作伙伴是一家美国公司在内的多种因素,被美国监管部门通过 FCPA 建立管辖并最终受到处罚。可见,在反贿赂方面,除了需要重视属地的法规要求外,也需要同步关注具有域外管辖能力的域外法或者国际组织规则。其中影响力较大的主要是美国的 FCPA、英国颁布的《反贿赂法》(U. K. Bribery Act)、国际经济合作发展组织(Organization for Economic Co-operation and Development)制定的《关于打击国际商业交易中行贿外国公职人员行为的公约》(Convention on Combating Bribery of Foreign Public Officials in International Business Transactions)以及联合国相关缔约国参与的《联合国反腐败公约》(The United Nations Convention Against Corruption)等。与此同时,需要注意的是,企业可能因为贿赂行为同时受到贿赂行为发生地和具有域外管辖权的国家的双重处罚。仍以葛兰素史克商业贿赂案为例,葛兰素史克除了在 2014 年被长沙市中级人民法院判决构成对非国家工作人员行贿罪并判处罚金 30 亿元人民币外,也在 2016 年 9 月 30 日,针对在中国的贿赂行为违反了 FCPA 中的会计账簿和记录条款的情况,与美国证交会根据 FCPA 达成了和解协议,并支付了 20 亿美元的和解金[1]。

---

〔1〕 The Securities and Exchange Commission, *GlaxoSmithKline Pays $20 Million Penalty to Settle FCPA Violations*, https://www.sec.gov/litigation/admin/2016/34-79005-s.pdf.

因此，在预防、发现和打击贿赂行为时，企业应当用全球视野来做好风险的识别、评估、预防和应对，既要符合所在国的法律，也要同步遵守具有或者可能具有管辖权的域外国家的与反贿赂相关的法规的要求。

（三）反舞弊

1. 舞弊行为概述

从企业合规的角度，舞弊的实质是员工对于诚信的违背，即企业的员工通过欺诈的手段或者滥用职权，损害企业利益、侵占或挪用企业资产并借此谋取个人利益。在企业合规管理领域，舞弊是一种极为常见的违规行为，发生在企业的资金管理、财务报销管理、采购管理、第三方合作伙伴管理、人力资源管理等日常经营环节。舞弊的表现形式非常多样，包括但不限于虚假报销、利益冲突、侵占企业财产、挪用企业资金、伪造人事档案等。舞弊的各类表现形式与员工的错误行为或者过失行为在呈现的结果方面很多时候是相同的，比如费用报销中使用了不相关的发票、人事档案中的信息与实际的不一致等。舞弊与员工的错误行为或者过失行为之间的核心区别在于主观方面，即这一行为是否为员工故意实施。

需要注意的是，企业合规与审计所关注的舞弊的范围之间并非完全一致。两者之间存在部分重合，但也有明显的不同，这主要在于企业合规管理角度的舞弊一般不直接涉及企业整体的财务报表方面的造假，比如上市公司财务造假，这属于财务内控管理的范围，一般不由企业的合规管理部门负责。

同时，舞弊有时候也会与贿赂紧密相连，比如在利益冲突领域，员工向企业引入与自己有人情关系的供应商，供应商如果随后根据与企业之间的业务往来按比例给予该员工以回扣，则这一利益冲突情形会牵连产生贿赂。

2. 预防和打击舞弊对于企业的作用

舞弊是员工对于诚信的违反，也是员工为谋取个人利益而对企业利益进行的故意侵害，因此，企业对于舞弊的预防和打击具有道义上的正当性。具体而言，企业对于舞弊的预防和打击有以下几个方面的作用：

（1）保障健康的企业文化。舞弊的实质是员工对于诚信的违背，员工在实施舞弊时会通过各种各样的欺诈手段，包括但不限于伪造文件、提供虚假或者不实信息等来骗取企业现有内控系统的信任，在谋取个人利益的同时侵害企业的利益。企业如果放任舞弊的发生，会破坏企业内部诚实守信、公开透明等正确价值观，形成以欺诈和造假为常态的工作环境。通过对于每个舞弊案件的打击，企业可以及时止损，警示其他员工，防止欺诈和造假在企业内部的扩散和蔓延，保障健康的企业文化。

(2)降本增效,避免不必要的损失。除了对于企业文化的负面影响,舞弊对于企业在经济利益、经营成本和效率等方面都有直接的损害。从有关机构根据公开的司法裁判数据所作的分析来看,舞弊对于企业所造成的直接经济损失是触目惊心的,比如根据《2019年度中国企业员工舞弊犯罪司法裁判大数据报告》的统计,2019年,经过司法裁判的企业员工舞弊案件共3995例,涉及被告人4614人。舞弊案件金额总计73亿余元,平均案值约182万余元。[1]

同时,舞弊的一个常见形式是利益冲突,即员工的个人利益与企业利益之间存在不一致。在利益冲突的情况下,员工会因为个人利益而无法保障企业的最佳利益。比如,员工将与自身有利益关联的主体引入成为企业的经销商或者供应商等第三方合作伙伴,在此情况下,真正质优价廉的市场主体无法与企业实现合作。这也会导致企业经营成本的上升和经营效率的下降。因此,企业对于舞弊的打击既可以避免不必要的损失,也是企业实现降本增效的途径之一。

3. 企业合规在反舞弊方面的重点领域

企业在合规建设中,预防和打击舞弊包括但不限于以下几个重点领域。

(1)建立反舞弊的管理指引

企业合规所管理的舞弊形式多样,也存在于企业经营和管理的各个环节中。同时,舞弊所对应的情形,包括费用报销、商品或者服务采购、第三方合作伙伴选择等也与员工的日常工作关系紧密。员工的有些舞弊行为是与员工的工作习惯或者既有的理解和认识相关的,比如在费用报销领域,有些企业规定商务差旅,员工每人每天的餐费报销额度是200元,员工需要用有效的发票进行报销。对于这一餐费报销额度,有些员工会将其视为企业给予的福利,在出差过程中,员工会不以餐费的实际发生情况,而直接用与餐费没有关系但金额等于或高于200元的发票予以报销。从实质上来说,员工的这类行为违反了诚信原则,是一种舞弊行为。但企业如果未能在费用管理制度中做明确的规定或提示,这也在一定程度上给员工实施舞弊提供了空间。更为重要的是,企业管理制度规定的不清晰也会让企业在对于这类员工的舞弊行为进行处理时缺乏直接有效的依据。因此,企业可以在反舞弊方面建立专门的管理指引,详细说明企业对于舞弊的认定标准、管理要求和处理方式,从而让员工都可以形成全面的认识,预防舞弊的发生。

---

〔1〕 陈颖婷:《去年全国4614名员工卷入"舞弊案"》,载《上海法治报》2020年9月28日,A04版。

(2)抓好关键少数

舞弊的严重程度也与实施舞弊的员工在企业内部岗位职级的高低和所掌握职权的大小有着紧密的联系,企业内部级别越高的管理人员所实施的舞弊对于企业的伤害也更为严重,这种伤害不仅涉及经济利益,甚至涉及企业生存以及长期发展的能力。比如,某一地方国有企业,其财务负责人和销售主管作为企业的管理人员,利用各自的职权,由财务负责人在没有实际货款支付的情况下,伪造收款确认,将货物发送给销售主管指定的收货人,并以低于市场的价格销售,所得收益由两人予以私分。两人的行为持续了近6年,造成损失高达2000多万元人民币。最终两人的舞弊行为是在该地方国企接受相应国有资产审计时被发现的。但是,两人给该企业造成的损失已经无法挽回。更为重要的是,这些损失相当于该企业近10年的净利润之和,这也让该企业没有能力和资本来实现创新,进而逐步失去在相关市场上的竞争优势。同时,企业内部管理人员的舞弊也会给下级员工形成不良的示范效应,进而扩大舞弊在企业发生的概率。因此,企业应重点关注管理人员,抓好关键少数,确保他们可以诚信、正直的履职,以上率下,进而从整体和全局上对舞弊行为进行有效的预防和打击。

(3)合规与审计、内控和风险管理等职能部门形成紧密的反舞弊工作机制

企业中审计、内控和风险管理等部门在预防和打击舞弊方面有着各自的职能。其中,审计的职能在于通过审计的手段,对于费用报销、采购流程、第三方合作伙伴选择流程等进行审查,可以发现舞弊的线索,进而提供给企业合规管理部门进行调查。内控和风险管理的职能在于对审计和合规所发现的舞弊行为进行分析,发现企业内部管理上的漏洞,采取救济措施予以弥补。因此,企业需要让合规与审计、内控和风险管理等职能部门形成紧密的反舞弊工作机制,包括信息和数据的及时共享以及有效的流程对接,进而对舞弊建立起全流程的预防和打击。

(四)反洗钱

1. 洗钱行为概述

洗钱行为是指通过各种方式掩饰、隐瞒相关犯罪行为的犯罪所得及其收益的来源和性质,使其在形式上合法化的一系列活动。相关犯罪行为包括毒品犯罪、黑社会性质的组织犯罪、恐怖活动犯罪、走私犯罪、贪污贿赂犯罪、破坏金融管理秩序犯罪、金融诈骗犯罪等。

反洗钱是一个重要的合规主题。洗钱的对象主要是金钱,在现代金融体系下,由于大额的资金运作一般无法避开金融机构,洗钱与反洗钱活动主要集中

在金融领域，金融机构被赋予了法定的反洗钱义务。同时，特定非金融机构，包括从事部分或全部支付清算业务，如网上支付、电子货币发行与清算、银行票据跨行清算、银行卡跨行清算等非金融法人机构及其分支机构也应当履行反洗钱义务。因此，在金融机构和特定非金融机构的合规管理中，反洗钱居于核心地位。

2. 预防、监控和应对洗钱行为对于企业的作用

预防、监控和应对洗钱行为对于企业有着极为重要的作用。从企业内部来看，预防、监控和应对洗钱行为能够保障企业所获取的资金的合法和安全，进而确保企业的生存和发展；从外部监管来看，预防、监控和应对洗钱行为能够避免企业遭受政府调查以及承担行政和刑事法律责任。

(1)预防、监控和应对洗钱行为能够保障企业所获取的资金的合法和安全，进而确保企业的生存和发展。资金是企业赖以生存和发展的重要因素。企业对于资金的获取主要是通过两个途径，一个是投资人的投资；另一个是企业提供的商品或服务所获取的价款。在此过程中，如果投资人的投资款或者提供商品或服务的价款是通过洗钱行为所获取的资金，则这些资金存在被作为犯罪所得予以没收的可能，尤其当企业明知相关资金是洗钱的资金时仍接受并使用。这进而也会对企业的生存和发展产生实质性的影响。因此，企业在获取资金时应当做好反洗钱方面的预防和审查，确保资金的合法和安全。

(2)预防、监控和应对洗钱行为能够避免企业遭受政府调查以及承担行政和刑事法律责任。与贿赂一样，洗钱也是全球主要经济体一致予以打击的领域，并且在打击洗钱方面，国家之间、国家与国际组织之间都有非常多的合作，世界主要经济体对于洗钱行为设置了严厉的处罚，尤其是刑事法律责任。同时，金融机构和特定非金融机构在反洗钱方面具有法定的义务。因此，除了实施洗钱行为的主体需要承担行政或者刑事法律责任外，如果金融机构和特定非金融机构未能尽职履责，也将承担行政或者刑事法律责任。

以 2021 年 3 月最高人民检察院、中国人民银行联合发布惩治洗钱犯罪典型案例中的“雷某、李某洗钱案”[1]为例，中国人民银行杭州中心支行在对为洗钱资金的经办银行进行行政调查的过程中，认定经办银行重业绩轻合规。银行柜台网点未按规定对客户的身份信息进行调查了解与核实验证；银行柜台网点对客户交易行为明显异常且多次触发反洗钱系统预警等情况，均未向内部反

---

〔1〕《最高人民检察院、中国人民银行联合发布惩治洗钱犯罪典型案例》，载中国人民银行官网 2021 年 3 月 19 日，http://www.gov.cn/xinwen/2021-03/19/content_5594022.htm。

洗钱岗位或上级行对应的管理部门报告；银行可疑交易分析人员对显而易见的疑点不深纠、不追查，并以不合理理由排除疑点，未按规定报送可疑交易报告。经办银行在反洗钱履职环节的上述违法行为，导致本案被告人长期利用该行渠道实施犯罪。依据《反洗钱法》第32条的规定，对经办银行罚款400万元。

因此，企业，尤其是金融机构和特定非金融机构需要采取充分的手段对于洗钱行为予以预防、监控和应对，进而免受政府调查以及承担行政和刑事法律责任。

3. 企业合规在反洗钱方面的重点领域

由于金融机构具有法定的反洗钱义务，因此，在反洗钱合规管理方面，金融机构处于领先地位。本部分将主要介绍金融机构在反洗钱方面的合规管理重点领域。这些管理方式对于其他企业预防、监控和应对洗钱行为具有建设性的参考价值。

(1)客户身份识别制度

了解你的客户原则(Know Your Customer)是开展反洗钱合规管理工作的基础，也是贯彻风险为本的反洗钱监管要求，强化反洗钱基础建设，做好风险排查的关键措施之一。客户身份识别制度是指金融机构在与客户建立业务关系或者提供各种类型的金融服务时，应当勤勉尽责，识别并核实客户及其受益所有人身份，针对具有不同洗钱或者恐怖融资风险特征的客户、业务关系或者交易，采取相应的尽职调查措施。金融机构对于客户身份的识别并非实施一次即可，而是要在其与客户的整个业务存续期间采取持续的尽职调查措施。针对洗钱或者恐怖融资风险较高的情形，金融机构应当采取相应的强化尽职调查措施。

客户身份识别制度的确立是由反洗钱中上游犯罪与洗钱行为之间具有天然关系的特点所决定。金融机构通过对于客户及其受益所有人身份信息的全面且准确的掌握，能够在源头上做好对基于为上游犯罪消化犯罪所得的洗钱行为的预防。同时，通过在业务存续期间持续的尽职调查，金融机构能够做好监控，及时发现洗钱风险并有效应对。因此，金融机构在客户身份识别制度方面的建立与执行情况一直是监管机构关注的重点。同时，未按照规定履行客户身份识别义务也一直是反洗钱监管中最常见的违法行为。以上面提到的“雷某、李某洗钱案”为例，中国人民银行杭州中心支行在对为洗钱资金的经办银行进行行政调查的过程中，认定的涉案银行的一个关键违规事实就是银行柜台网点未按规定对客户的身份信息进行调查了解与核实验证，进而未能在源头上预防洗钱行为的发生。

(2)记录保存制度

金融机构应当按照安全、准确、完整、保密的原则,妥善保存客户身份资料及交易记录,确保足以重现每笔交易,以提供客户尽职调查、监测分析交易、调查可疑交易活动以及查处洗钱和恐怖融资案件所需的信息。在业务关系存续期间,客户身份资料如果发生变更的,金融机构应当及时更新客户身份资料。金融机构对于客户身份资料在业务关系结束后、客户交易信息在交易结束后,应当至少保存5年。

妥善保存客户身份资料及交易记录是金融机构在反洗钱领域的一项法定义务。这也是监管机构在反洗钱领域所监管的重点之一。金融机构未能在记录保存方面尽职履责将承担相应的法律责任。以2022年3月21日,中国人民银行深圳市中心支行对于盛银支付服务股份有限公司(以下简称盛银支付)[1]及其董事长陈某[2]行政处罚为例,盛银支付因未能履行包括按规定保存客户身份资料和交易记录在内的多项反洗钱管理要求,被中国人民银行深圳市中心支行处以罚款2245万元人民币;盛银支付的董事长陈某对盛银支付的违规行为负有直接责任,被处以罚款44.9万元人民币。

(3)报告制度

金融机构应当按照规定执行大额交易和可疑交易报告制度。金融机构办理的单笔交易或者在规定期限内的累计交易超过规定金额或者发现可疑交易的,应当及时向监管机构的反洗钱信息中心报告。

金融机构对于大额交易和可疑交易的报告是监管机构监测、分析和打击洗钱行为的关键数据来源。以2020年为例,中国反洗钱监测分析中心共接收4319家报告机构报送的大额交易报告近118亿笔,可疑交易报告258.67万份,同比分别增长6.5%和57.96%。[3] 相应地,金融机构在按规定对于大额交易和可疑交易进行报告的执行情况也是监管机构审查的重点之一。以上文提到的中国人民银行深圳市中心支行对于盛银支付及其董事长陈某违反反洗钱管理要求被处罚一案为例,该案中盛银支付的另一项违规行为就是未按规定报送大额交易报告或者可疑交易报告。

---

[1] 中国人民银行深圳市中心支行行政处罚决定书,深人银罚(2022)10号。

[2] 中国人民银行深圳市中心支行行政处罚决定书,深人银罚(2022)11号。

[3] 中国人民银行:《中国反洗钱报告2020》,载中国人民银行官网,http://www.pbc.gov.cn/fanxiqianju/resource/cms/2021/12/2021122309125230038.pdf。

（五）出口管制和制裁

1. 出口管制与制裁概述

（1）出口管制

出口管制是指国家出于政治、经济、军事和对外政策的需要，通过立法和行政行为，对于从国家境内向境外转移管制物项，以及对于本国公民、法人和非法人组织向外国组织和个人提供管制物项，采取禁止或者限制性措施。

管制物项包括两用物项、军品、核以及其他与维护国家安全和利益、履行防扩散等国际义务相关的货物、技术、服务等物项，以及物项相关的技术资料等数据。管制物项的出口实行许可制度，即本国的公民、法人和非法人组织就管制物项出口时需要事先提出许可申请并得到出口管制管理部门的批准。

（2）制裁

制裁是指国家或者国际组织基于特定的政治、外交或者安全的目的，在不诉诸武力的情况下，对特定国家、区域、实体或个人施加各种限制性措施。这些限制性措施所涉及的领域包括政治、外交、经济、交通、通信等。

在这些制裁措施中，与企业关联性较强的主要是经济制裁，包括贸易和金融等方面的制裁。经济制裁的主要形式是实施制裁的国家或者国际组织会根据自身的需要不定期发布和更新制裁名单和特定的制裁项目，要求全球的所有国家、实体或个人予以遵守，也将对于不遵守的国家、实体或者个人进行处罚。

经济制裁一般也会设置许可制度，即对于计划与被制裁主体发生被限制的经济往来时，相关主体可以向实施制裁的主体提出许可申请，在得到批准后可以安全地与被制裁主体进行特定的经济往来。

制裁有着悠久的历史，如中国古代宋夏战争时期，北宋对于西夏所实施的经济制裁；近代史上美国独立后，英国对美国的经济制裁和封锁等。现代意义上的制裁主要是基于《联合国宪章》第41条的规定，即“安全理事会得决定所应采武力以外之办法，以实施其决议，并得促请联合国会员国执行此项办法。此项办法得包括经济关系、铁路、海运、航空、邮、电、无线电及其他交通工具之局部或全部停止，以及外交关系之断绝”。这是一种多边制裁形式。在此基础上，每一个主权国家都可以自行实施单边制裁。

（3）出口管制与制裁的关系

出口管制与制裁有着紧密的联系，两者在部分领域存在重合，即当出口管制是国家基于政治、外交或者安全的考虑对于特定国家、区域、实体或个人施加时，这类出口管制行为是一种具体的制裁措施。换言之，出口管制是制裁的措施之一,制裁是实施出口管制的原因之一。因此,在企业合规管理中通常会将出口管制与制裁放在一个专门的团队进行管理。这样的团队会被称为"贸易合规团队"。

出口管制与制裁之间有很多相似之处。这包括:其一,两者都具有政治性。出口管制和制裁的具体要求和措施是国家或者国际组织政治上诉求的延伸。其二,两者都会涉及进出口。出口管制是全面涉及进出口,核心在于国家对于国内管制物项在出口方面的限制;而制裁则是大部分会涉及进出口,这主要发生在被制裁对象与拟交易的相对方不在同一国家的情况。其三,两者都可以通过申请许可来实现个案的豁免。

出口管制与制裁之间又存在明显的区别。这包括:其一,两者规制的对象不同。出口管制主要针对的是管制物项;而制裁主要针对的是特定的国家、区域、实体或个人实施的限制性措施。其二,两者规制的范围不同。出口管制主要是关于管制物项的进出口;制裁则不仅限于进出口,还包括其他领域,如金融服务、通信、交通等。

2. 出口管制与制裁的管理对于企业的作用

相比于反垄断、反贿赂、反洗钱等合规主题,出口管制和制裁更具政治性。因此,监管部门在对于违反出口管制或制裁的行为的查处方面也一直保持活跃。同时,当企业发生违反出口管制或制裁的行为时,企业所受到的处罚也是极为严重,这包括但不限于巨额罚款、列入出口管制名单、刑事法律责任等,甚至会影响公司的控制权和管理权。

3. 企业合规在出口管制和制裁方面的重点领域

在整体的合规管理体系建设中,企业对于出口管制和制裁进行有效管理包括但不限于以下几个重点领域。

(1)了解出口管制和制裁的主管部门和管理范围

除关于出口管制和制裁的立法以外,世界各国和国际组织对于出口管制和制裁的具体要求及其更新大都是通过行政命令、具体行政行为或者政策等来实现。因此,了解出口管制和制裁在各个国家和国际组织中的主管部门和管理范围是企业全面了解出口管制和制裁的各项要求并开展有效合规管理的基础。值得注意的是,由于出口管制与制裁的紧密关系,很多时候实施出口管制的部门同时也在实施制裁措施。因此,企业需要对于出口管制与制裁的主管部门同时进行了解和掌握。

以美国为例,美国在出口管制和制裁方面的主管部门主要包括美国国务院(U. S. Department of State)、商务部(U. S. Department of Commerce)、财政部

(U. S. Department of Treasury)、国防部(U. S. Department of Defense)、能源部(U. S. Department of Energy)、国土安全部(U. S. Department of Homeland Security)等。

其中,美国国务院根据《国际武器贸易条例》(International Traffic in Arms Regulations)负责国防物品和国防服务管制,国务院中直接负责的部门为国防贸易管制局(Directorate of Defense Trade Controls)。商务部根据《出口管理条例》(Export Administration Regulations)负责民用和军民两用物品管制,商务部中直接负责的部门为BIS。国防部主要负责发布由其认定的各国军方所拥有的企业的清单,该等清单并不会直接引发制裁,但这会为美国政府采取制裁措施做好准备。财政部主要负责经济制裁,直接负责的部门为OFAC。国防部能源部负责对于核的出口管制。国土安全部负责边境的管控,包括出入境的限制,国土安全部中直接负责的部门为美国海关及边境保卫局(U. S. Customs and Border Protection)。此外,司法部主要负责对美国宣布制裁的主体进行执法,包括没收被制裁主体在美国的财产、限制其人身自由、对其提起诉讼等;直接负责的部门包括烟酒枪支爆炸物管理局(Bureau of Alcohol, Tobacco, Firearms, and Explosives Agents)、联邦调查局(Federal Bureau of Investigation)等。

从上述介绍中也可以看出,美国拥有出口管制和制裁权力的部门非常多元,横跨各个领域。因此,企业需要根据自身的性质和所处的行业等来对相关领域的出口管制和制裁的规定和要求进行持续的关注和应对。

(2)实时掌握出口管制和制裁的最新进展

出口管制与制裁具有极强的政治性,国家和国际组织会根据政治、经济、外交、安全等各方面的需要,结合国内和国际形势的变化而不断更新其出口管制和制裁方面的规定和要求。这种更新有时候频率非常高,比如,从2022年2月至2022年4月初,美国、欧盟和英国对俄罗斯发布的制裁措施就不少于10项。因此,企业需要实时掌握两者的最新进展,并做好应对。具体而言,企业需要关注管制物项、制裁名单、制裁措施等级等方面的发展变化。

其中需要说明的是,制裁措施等级是企业在出口管制和制裁的管理中需要特别注意的事项。同样以美国为例,美国的经济制裁措施分为两类:一级制裁(Primary Sanction)和次级制裁(Secondary Sanction)。两者的区别主要在于适用主体。其中,一级制裁是指美国限制"美国人"(United States Person)(包括美国人所有或控制的境外实体)与目标方进行经贸往来的制裁行为。除限制"美国人"与目标方直接进行的交易外,上述制裁行为还限制那些具有美国因素的间接交易,包括涉及"美国人"、美国金融系统或是原产于美国的货物、服务或技术的交易。涉及美国人的情况是指，第三国个人、实体在未获许可的情况下利用或通过任何“美国人”“批准、赞助、促成或保证”那些“美国人”本身被禁止的交易。涉及美国金融系统的情况是指，美国银行与第三国中间机构进行与制裁目标方有关的掉头交易。涉及原产于美国的货物、服务或技术的情况是指，第三国个人、实体将出口于美国的货物、服务或技术转出口至目标方。〔1〕一级制裁是一种单边制裁，也是美国最为常用的制裁措施。次级制裁是指对于非“美国人”且不涉及具有美国因素的间接交易，美国仍限制相关主体与目标方进行经贸往来。对于违反次级制裁的主体，美国将采取禁止其与美国进行经贸、禁止使用美国金融系统等制裁措施。

（3）全流程客户管理

企业在出口管制和制裁上面临的主要风险之一是交易对象是否被相关国家或者国际组织进行了出口管制或者被列为制裁的主体。因此，企业需要对于自己的客户从合作开始到终止的全流程管理，包括对客户的尽职调查、合作期间的持续监测等。

首先，开展出口管制和制裁管理的首要任务是了解你的客户。因此，企业需要建立起对于客户的尽职调查程序，即在与客户建立实质性的合作之前，应当在已知的公开渠道充分了解该客户及其股东、高级管理人员和实际控制人是否被相关国家或者国际组织列为出口管制或者制裁的主体。同时，这一尽职调查需要坚持穿透性原则，即企业应当审查该客户是否为最终用户，如果并非最终用户，则需要客户就实际的最终用户进行澄清，以确保实际的最终用户并非被相关国家或者国际组织列为出口管制或者制裁的主体。

其次，了解产品及其最终用途。在对客户的主体身份进行尽职调查的同时，企业也需要对拟交易的产品情况及其最终用途进行风险评估。这包括产品的产地、进口地、出口地、产品中部件的来源、禁运国家和最终用途等进行调查，保障这一交易过程不触犯相关出口管制或者制裁的规定。

最后，企业在与客户合作期间应当进行持续监测。企业需要根据相关国家或者国际组织持续更新的管制物项、制裁名单和制裁措施等级等来评估在合作期间客户以及提供的产品是否被纳入出口管制或者制裁的范围，以便于及时做好处理和应对。

---

〔1〕孟刚、王晔琼：《美国一级制裁的理论基础与制度实践》，载《中财法律评论》2020年第12期。

(4)制裁、阻断与反制裁的综合管理

正如上文所述,制裁是基于特定的政治、外交或者安全的目的,在不诉诸武力的情况下,对特定国家、区域、实体或个人施加各种限制性措施。制裁所牵涉的各方主体之间充满了激烈的对抗。因此,被制裁主体或者被制裁影响到的主体会采取相应的救济或者反制措施。在实践中,这主要包括阻断和反制裁两种形式。

在制裁相关领域,阻断是指被制裁的国家或者被制裁影响的国家,发布禁令要求本国的公民、法人或者其他组织不得承认、不得执行、不得遵守相关国家或者国际组织所发布的制裁规定和要求。因此,阻断是一种对于外部制裁的防卫,但本身并不会对实施制裁的主体产生任何反作用。当然,阻断本身并不仅限于制裁,还包括对于域外的长臂管辖的阻断。全球各国在阻断方面的立法很多,比较著名的包括欧盟在 1996 年制定的《反对第三国立法域外适用条例》以此来应对美国所不断加强的对外经济制裁对于欧盟在国际经济中利益的影响。我国国务院在 2021 年发布了《阻断外国法律与措施不当域外适用办法》,这让我国的阻断机制有了正式的法律依据。

反制裁是指对于相关国家或者国际组织所实施的制裁行为,被制裁的国家或者被制裁影响的国家所采取的反制行动。与阻断的防御性不同,反制裁则是对于制裁行为的正面反击。反制裁的措施与制裁的措施基本一致。在反制裁方面,中国在 2021 年发布了《反外国制裁法》,该法第 3 条第 2 款规定:“外国国家违反国际法和国际关系基本准则,以各种借口或者依据其本国法律对我国进行遏制、打压,对我国公民、组织采取歧视性限制措施,干涉我国内政的,我国有权采取相应反制措施。”

企业在日常经营管理过程中,除了要对制裁时刻保持关注和应对,也需要同步了解所在国家在阻断与反制裁等方面的动作。当制裁、阻断与反制裁发生时,需要充分考虑各方诉求,严格遵守制裁与反制裁的各项要求,保障自身的最佳利益。在面对阻断时,可以根据实际情况以及可行程度来决定是否申请豁免。

(六)数据安全和个人信息保护

1. 数据安全和个人信息保护概述

数据是指任何以电子或者其他方式对信息的记录。数据安全是指通过采取必要措施,确保数据处于有效保护和合法利用的状态,以及具备保障持续安全状态的能力。

个人信息是指以电子或者其他方式记录的与已识别或者可识别的自然人有关的各种信息。个人信息的一个重要特性在于其所具有的对于具体个人身份的可识别性,因此,个人信息不包括匿名化处理后,不能识别具体个人身份的信息。

从广义的角度来看,个人信息具有数据的价值,因此,个人信息是数据的一种形式,根据中国对于数据分级分类的规定,个人信息属于一般数据,被认定为构成重要数据或者国家核心数据的可能性较低。在实务中存在在称谓上将个人信息表述为数据的情况,比如,欧盟2016年出台的《通用数据保护条例》(General Data Protection Regulation,GDPR),其中的数据特指个人数据,即个人信息。同时,由于个人信息与个人的隐私密切相关,相较于其他内容的数据,法律在对个人信息保护方面有着特殊的要求。

数据的背后分别是对国家安全和个人隐私的保障,因此,这两块内容在企业的风险管理中一直存在,但在过去很长一段时间里,这两块内容并未划入合规管理的范围内。随着科技的发展,人类社会逐步从信息化发展到数字化并逐步向智能化迈进,全球正式进入“数据驱动”的时代。对于数据的获取能力和处理能力成为绝大多数企业在市场上的核心竞争力。正是在这一大背景下,全球主要经济体通过立法和执法对于企业在数据和个人信息的处理方面建立起了一整套合规性要求。因此,数据安全和个人信息保护也成为了企业至关重要的合规主题。为了方便表述,下文将数据安全和个人信息保护统称为“数据合规”。

2. 数据合规对于企业的作用

(1)数据合规是企业参与全球“数字经济”的入场券。数据是驱动“数字经济”发展的“石油”。企业在数据基础设施、数据分析、数据应用、数据资源及全球流动、开源平台与工具等方面的能力对于企业在“数字经济”中的核心竞争力具有决定性作用。同时,前面所提到的这些领域都有法律上的规定、标准和要求,这些都是数据合规所需要解决的内容。比如,数据的分级分类管理;关键信息基础设施的认定和管理;数据的处理;数据的安全措施;等等。企业只有建立起满足法律要求的数据合规管理体系和标准,才能得到第三方合作伙伴或者最终用户的认可,进而与他们产生在数据领域的合作关系。与此同时,全球包括美国、欧盟和中国在内的主要经济体都对产生于本国的数据在境外的处理上设定了管辖权,这使得企业在进行数据处理时需要关注、了解和遵守具有连接点的国家在数据监管方面的各项要求,也是企业基于数据应用参与到该国经济活动时所需要遵守的基本要求。由此可见,数据合规是企业参与全球“数字经济”的入场券。

（2）数据合规能够帮助企业避免遭受政府调查以及承担行政和刑事法律责任。全球主要经济体都关注到了数据的价值，这不仅仅在于其对经济发展的巨大作用，也在于其对于国家安全、国家整体竞争力和个体基本人权等方面的根本性影响。因此，一批对全球都具有重大影响的代表性法律纷纷出台，这包括欧盟2016年出台的《通用数据保护条例》，美国加利福尼亚州2018年出台的《加利福尼亚州消费者隐私法案》（California Consumer Privacy Act，CCPA），中国在2017年出台的《网络安全法》、2021年出台的《数据安全法》和《个人信息保护法》等。

随着立法的完善，全球主要经济体对于数据和个人信息方面的执法也保持着活跃的态势，出现了一批代表性的案例，比如2019年，脸书（Facebook）因“剑桥分析”丑闻与美国司法部和联邦贸易委员会（Federal Trade Commission，FTC）就保护用户隐私达成了一项为期20年的和解协议，和解内容包括支付50亿美元罚款，并接受FTC的进一步监管；2020年，因旗下喜达屋酒店预订数据库中有3亿客户信息泄露，万豪被英国信息专员办公室（Information Commissioner's Office，ICO）处以1840万英镑的罚款；2021年，亚马逊因违反数据隐私法规被欧盟处以创纪录的8.88亿美元罚款。中国对于网络和数据安全、公民个人信息的保护非常重视。这包括2021年7月16日，国家网信办会同公安部、国家安全部、自然资源部、交通运输部、税务总局、市场监管总局等七部委联合进驻滴滴出行科技有限公司（以下简称滴滴公司）开展网络安全审查，并由国家网信办于2022年7月21日对滴滴公司依法作出网络安全审查相关行政处罚的决定，对滴滴公司罚款80.26亿元，同时对滴滴CEO程维、总裁柳青各处100万元人民币的罚款。中国工业与信息化部通过开展App专项治理等手段整治App违规违法收集使用个人信息的行为。我国《刑法》中专门设置了包括但不限于“拒不履行信息网络安全管理义务罪”“非法获取计算机信息系统数据罪”“破坏计算机信息系统罪”“侵犯商业秘密罪”“侵犯公民个人信息罪”等罪名，对于严重侵犯网络和数据安全、公民个人信息的行为予以刑事打击。

在这样的大背景下，企业需要加强数据合规建立和管理，使企业避免遭受政府调查以及承担行政和刑事法律责任。

3. 企业合规在数据合规方面的重点领域

从广义角度来看，数据合规可以从三个维度进行理解，这三个维度分别是：安全维度、商业与竞争维度和个人权利保护维度。其中，安全维护主要包括国家安全、网络安全、数据安全，进而涉及国家的整体网络安全政策、网络安全等级保护制度、关键信息基础设施建设和运行安全、网络信息安全、数据分级分类、数据安全审查、数据安全应急处置机制、数据的跨境传输与本地化、跨法域的执法和司法协助等。在安全维度下，数据安全既有硬件和技术方面，也有体制和机制方面的强制性要求。商业与竞争维度主要包括与数据的收集、存储、使用、加工等相关的反垄断、反不正当竞争、知识产权和商业秘密保护等方面的事项。个人权利保护维度主要是在与个人信息相关的权利保护，个人信息的收集、存储、使用、公开等处理活动，民事侵权以及合同纠纷等方面的事项。

考虑到安全维度中的硬件和技术方面主要是侧重于技术上的专业性，商业与竞争维度更侧重于反垄断领域的竞争合规，这里不做论述。本部分选取了部分企业在开展数据合规管理时所普遍面对的重点领域予以介绍。

（1）数据分级分类

数据是有类别的，比如中国在数据中规定了国家核心数据和重要数据，个人信息中规定了敏感个人信息；欧盟的 GDPR 中也特别规定了敏感个人数据（Sensitive Personal Information）。企业对于不同类别的数据和个人信息需要采取对应的保护措施和处理规则，比如在数据跨境传输领域，中国国家核心数据有着比重要数据更为严格的传输限制；中国境内的关键信息基础设施所掌握的重要数据，原则上应当存储在中国境内，如果要做跨境传输，则应当通过国家网信部门组织的安全评估；而在敏感个人信息的处理方面，一般都需要获得个人信息主体的单独同意等。因此，企业在开展数据合规管理时的首要任务是对所拥有的数据资产以及对于拟处理的数据进行充分的盘点，做好分级分类，并根据不同类别的数据制定合规管理的制度、流程，采取相应的管理措施。

（2）数据合规专项工作组

数据合规的一大特点在于企业在进行数据处理时需要根据诸多的法定情形开展各类的评估。比如重要数据的处理者应当按照规定对其数据处理活动定期开展风险评估，并向有关主管部门报送风险评估报告；中国境内的关键信息基础设施所掌握的重要数据和个人信息在进行跨境传输时应当通过国家网信部门组织的安全评估；个人信息处理者在开展包括处理敏感个人信息、利用个人信息进行自动化决策、委托处理个人信息、向其他个人信息处理者提供个人信息、公开个人信息、向境外提供个人信息或者其他对个人权益有重大影响的个人信息处理活动时，应当事前进行个人信息保护影响评估。同时，这些评估所对应的数据或个人信息的处理活动都是监管部门所重点关注的领域，因此，这些评估活动的执行情况对于企业在数据合规领域的风险控制至关重要。企业在数据合规领域成立专项工作组，让来自法律、合规、数据安全、人力资源和业务部门的成员加入这一组织中,是开展各项评估工作的前提和基础。

(3)数据合规工作机制

在完成数据分级分类并建立数据合规专项工作组的同时,企业也应当建立起数据合规的工作机制。企业可以通过建立制度和流程,确立数据合规专项工作组在开展数据合规方面的地位,并将数据合规专项工作组在数据和个人信息处理活动中的审核和评估的职责予以明确,纳入日常的管理和控制环节中,进而可以实现对于数据合规领域的重大风险的实时监控。

(4)员工个人信息处理的特别规定

在中国的个人信息保护立法中,知情同意是个人信息处理者处理个人信息的基本规则。但同时,中国在个人信息处理方面也设定了一些其他处理规则,其中,企业在对员工的个人信息进行处理时,在知情同意以外,还可以通过依法制定的劳动规章制度和依法签订的集体合同实施人力资源管理所必需等两种情形实现对于员工个人信息的处理。由于集体合同并非目前企业常见的与员工签订劳动合同的方式,而劳动规章制度却是绝大多数企业都会建设的领域,因此,劳动规制制度是企业可以适用的高效且节约成本的实现对于员工个人信息有效处理的途径。当然,值得注意的是,企业在适用劳动规章制度进行员工个人信息处理时仍应遵守个人信息处理的基本原则,包括最小必要、公开透明、敏感个人信息处理的单独同意等。

(七)歧视和骚扰

1. 歧视与骚扰概述

在实践中,反对歧视和骚扰是合规管理方面的一个重要主题。歧视和骚扰是不同的两种不当行为。由于两者都涉及企业中员工的人身权、员工间关系的处理以及安全的工作环境和包容、多元的企业文化,因此,在企业合规管理实践中,对于歧视和骚扰一般归为一个合规主题进行管理。

(1)歧视。在企业合规领域,歧视主要是指企业或者企业的管理者基于种族、肤色、性别、宗教、政治见解、民族血统或社会出身等因素而对特定自然人采取的区别对待、排斥等行为,进而影响了特定自然人的就业机会、职业发展、公正待遇以及其所身处的工作环境的安全、包容和多元等。《1958 年消除就业和职业歧视公约》第 1 条第 1 款规定:“一、就本公约而言,‘歧视’一词包括:(一)基于种族、肤色、性别、宗教、政治见解、民族血统或社会出身的任何区别、排斥或优惠,其效果会取消或损害就业或职业机会均等或待遇平等……”

(2)骚扰。骚扰主要是指违背他人意愿,通过言语、文字、图像、肢体行为等各种方式对于他人的人格或者身份进行冒犯或者侮辱的行为。在企业合规领域,性骚扰是一种最为典型和常见的由合规进行规制的骚扰形式。一些国家将预防和处理性骚扰作为企业的一项法定职责。比如我国《民法典》第1010条第2款规定:"机关、企业、学校等单位应当采取合理的预防、受理投诉、调查处置等措施,防止和制止利用职权、从属关系等实施性骚扰。"

2. 管理和应对歧视和骚扰对于企业的作用

相比于上面所介绍的垄断、贿赂、洗钱等合规主题,歧视和骚扰一般不会直接使企业遭受来自监管机构的调查以及承担行政或者刑事法律责任。但是,对于歧视和骚扰的管理和应对,一方面是相关国际公约和特定国家法律法规的要求;另一方面这是企业在根本上对于人的尊重,而人是企业成功的基础。具体而言,管理和应对歧视和骚扰对于企业有以下几个方面的作用:

(1)营造安全、包容和多元的工作环境

歧视的根源在于人与人之间的差异性。这些差异性客观存在,既有个人与生俱来的,如种族、肤色、性别、宗教、社会出身;也有后天形成的,如教育背景、行为习惯等。企业对于歧视的反对在本质上是对这些差异性的承认并在最大限度上予以接受;让每个个体的特性都能得到包容,让不同的观点和声音都能被充分表达,也让每个个体在企业中都能得到公平的发展机会;防止发生企业内部的多数群体对于少数群体或者个体的排斥、区别对待,进而引发被歧视的群体或者个人在就业机会、职业发展等方面受到不公正的待遇。同时,企业对于歧视的反对也能够让少数群体或者个体免受压迫,获得安全感。因此,企业对于歧视的管理和应对能够帮助企业建立起不仅是包容和多元的,也是安全的工作环境。

骚扰的根源在于权力的滥用,即企业内部的强者利用其掌握的权力和资源,通过言语、文字、图像、肢体行为等各种方式对于弱者在人格或者身份方面进行的侵害。在各种骚扰形式中,性骚扰是最为常见,也是对弱者伤害较大的情形。企业对于骚扰的反对在本质上是对于权力的控制以及对于弱者的保护。企业通过对于骚扰的管理和应对,能够让企业内部各个层级的员工都能免受来自更高级别的领导实施骚扰的恐惧,营造一个安全的工作环境,进而可以让员工安心和放心地开展工作。

因此,企业对于歧视和骚扰的管理和应对能够帮助企业营造安全、包容和多元的工作环境。

(2)建立正面的企业形象

企业形象是社会公众和企业员工对于企业整体的印象。企业形象是企业文化建设的核心内容之一,也是企业软实力的重要组成部分。企业旗帜鲜明地反对歧视和骚扰能够让企业树立起对于个体差异性的包容、对于多元文化的接受,以及对于安全工作环境的守护等在内的正面的企业形象。

与之相对应,随着社会公众对于歧视和骚扰的重视程度越来越高,尤其是在互联网时代,信息的传播速度呈几何倍数爆炸增长,企业在歧视和骚扰方面的负面新闻会因为其被社会公众的重点关注而成为新闻头条。通过舆论的不断发酵,该等不良事件的影响也可能会因此被无限放大,进而对于企业形象产生极为负面的影响,甚至是毁灭性打击。以“阿里 807 事件”为例,该事件在 2021 年 8 月 7 日事发后的一段时间中热度居高不下(见图 1-1),一直占据着舆论的头条,相关新闻报道高达数万篇(见图 1-2),相关话题占比很大(见图 1-3)。这一事件虽然最终证实受害人自述的上级性骚扰行为与实际情况不符,但这过程中对于阿里在保护女性员工和安全工作环境方面的企业形象有着极为严重的伤害。

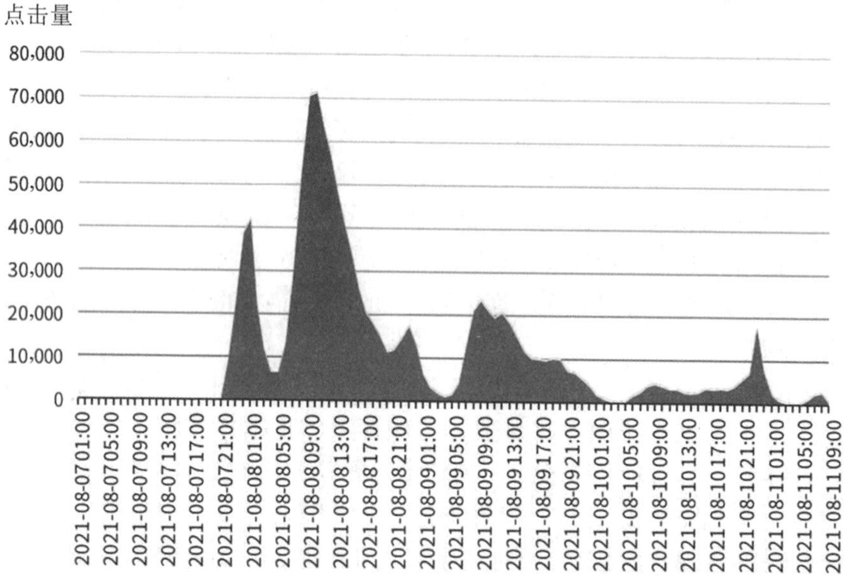

图 1-1　“阿里 807 事件”发生当日及后续一段时间的热度数据

资料来源:《舆情简报:阿里巴巴员工性侵事件》,载蚁坊软件网 2021 年 8 月 12 日, https://www.eefung.com/hot-report/20210812144035。

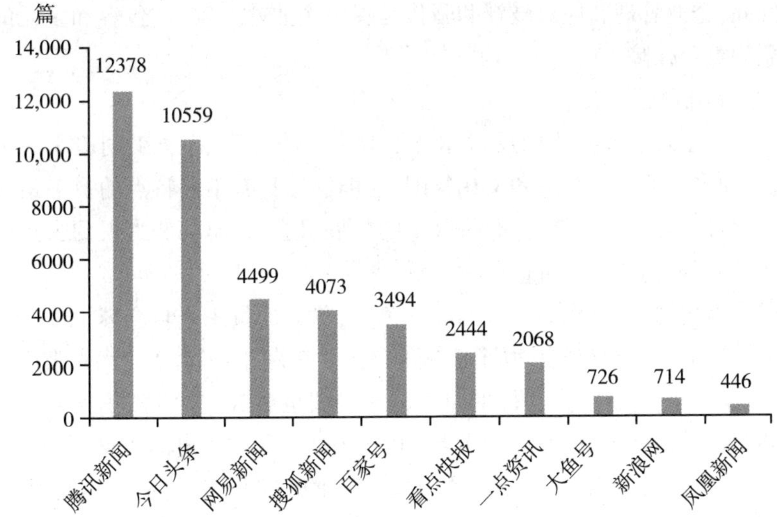

图 1-2　“阿里 807 事件”相关的媒体网站的各类报道

资料来源:《舆情简报:阿里巴巴员工性侵事件》,载蚁坊软件网 2021 年 8 月 12 日,https://www.eefung.com/hot-report/20210812144035。

图 1-3　“阿里 807 事件”的话题占比情况

资料来源:《舆情简报:阿里巴巴员工性侵事件》,载蚁坊软件网 2021 年 8 月 12 日,https://www.eefung.com/hot-report/20210812144035。

因此,企业管理和应对歧视和骚扰是保障企业建立安全、包容和多元的正面形象的重要保障。

(3)吸引和保留人才

企业对于歧视和骚扰的反对体现了对于人的尊重,为员工创造了一个安全、包容和多元的工作环境和文化氛围,这能够让具有不同特点的员工最大限度地发挥自己的智慧和能力,获得公平的发展机会,付出的努力得到公正的回报,最终实现他们的人生价值。

以华为公司为例,作为一家国际化公司,华为的员工来自全球 162 个国家和地区,仅在中国就有来自 49 个民族的员工。在海外,华为坚持优先聘用本地员工,持续构建多元化、多样性的员工队伍。截至 2020 年年底,华为全球员工总数约 19.7 万人,其中研发员工约 10.5 万人,约占公司总人数的 53.4%。2020 年华为在海外各国共招聘本地员工 3400 多人,海外员工本地化率达 69%,为当地创造就业机会,促进当地经济发展。华为重视员工的多样性,致力于建立一个包容和机会平等的工作环境。华为尊重各类员工的生活方式,鼓励不同地区、不同部门根据自身特点进行灵活的交流与沟通。对少数族裔的员工,华为不干涉其行使尊奉信仰和风俗的权利,并提供满足其信仰与风俗的便利条件。在公司园区内,华为设立了祈祷室,满足不同国度、不同宗教信仰的员工的需求。华为还建设了健身房、图书馆、咖啡厅和哺乳室等辅助设施,为员工提供多样化的选择与人性化的服务。华为规定在涉及聘用、报酬、晋升等事项上,不应有基于种族、民族、血统、宗教、身体残疾、性别、性取向、婚姻状况、年龄等方面的歧视。[1]

因此,企业对于歧视和骚扰的反对、管理和应对是企业对于人才的吸引和保留的重要方式之一。

(4)融入和参与全球市场的必要条件

歧视和骚扰是企业走向全球化所必须要重视和关注的问题。一方面,从大方向来看,对于歧视和骚扰的反对是全球主要国家和地区都认可的事项。另一方面,对于构成歧视和骚扰的认定也与不同国家或者地区在特定时期的主流文化有着紧密的联系。当企业走出国门,进军全球市场时,这些企业如果没有对此做制度、机制和思想等方面的准备,则企业所派驻的管理人员在与这些国家或者地区的员工、客户进行相处时,存在因行为的不当而被当地认定为歧视或

---

〔1〕《多元化与包容性》,载华为官网,https://www.huawei.com/cn/sustainability/the-latest/stories/diverse-and-inclusive-workforce。

者骚扰的风险。当企业发生对于歧视和骚扰的违反时,其将受到所在国家或者地区监管机构的执法以及来自社区、社会团体和公共舆论等方面的压力。这些都会给企业在海外的经营管理、经济利益、商业声誉和企业形象等造成严重损害,进而也影响其在海外的发展。以亚洲企业在美国的投资为例,由于亚洲企业对于美国的文化和法律环境缺乏了解,也不明白各方在企业文化方面的差异,对于美国关于雇用和性别歧视的严格法律和文化准备不足,这导致很多亚洲知名企业在美国被员工以歧视为由告上法庭,这些企业包括日本的索尼、中国的福耀玻璃等。

3. 企业合规在管理和应对歧视和骚扰的重点领域

歧视和骚扰有两个方面的特点:一方面,歧视和骚扰都对员工的人格和身份方面造成伤害,但员工在受到这类侵害时往往并不会直接说出来或寻求外部的帮助。这主要是基于这几个方面的原因:第一,歧视和骚扰对于员工在人格和身份方面造成的伤害往往会与员工的个人隐私有着紧密的联系,比如性骚扰,这类侵害事实本身往往也会构成受害人的隐私,一旦被公开,这会对受害人造成二次伤害;第二,企业中的歧视和骚扰一般都发生在"熟人"之间,包括老板、上级领导、同事、客户等,这些加害人既对受害人的职业安全和发展有着重要影响,又有与受害人之间有着人情关系的可能性;第三,歧视和骚扰的表现形式比较多元,除了物理上的侵害外,还有很多情形是通过言语和消极的行为来实施,并且很多时候这类行为发生在私密的场合,这些都让受害人在取证时面临极大的困难;第四,受害人基于其所处的特定环境和文化的熏陶,对于某些特定的歧视或者骚扰会无法作出定性的反应,但又会因为这些事实或者行为的发生而感到不适,甚至形成抑郁。这些因素都让受害人在披露遭受的歧视或者骚扰时,或者对此寻求外部帮助时会有更多的顾虑和考量。另一方面,不同国家或者地区在特定时期的主流文化对于歧视和骚扰的认定有着关键影响,这也会随着社会的发展而不断变化,企业尤其是跨国企业如果没有对此予以及时且充分的了解,则他们在与这些国家或者地区的员工、客户进行相处时,存在因认知上的偏差导致实施的不当行为而被当地认定为构成歧视或者骚扰的情况。

正是基于歧视和骚扰的上述特点,企业在进行管理和应对时有以下重点领域需要关注:

(1)特别委员会。歧视与骚扰的受害人往往是企业中的少数群体或者弱势群体,同时,歧视与骚扰也往往伴随企业内部权力的不当使用。因此,企业在对歧视和骚扰进行管理和应对时,需要建立起特别委员会。特别委员会的职责包括建立起企业在反对歧视和骚扰方面的方针、政策、原则和方向;对于企业内部发生的歧视和骚扰事件作出处理;以及决定企业特定时期在反对歧视和骚扰方面需要开展的项目、活动等。特别委员会的成员中可以考虑由企业的最高领导任负责人,从而自上而下地向员工展示企业在反对歧视和骚扰方面的鲜明态度。同时,特别委员会的成员组成应当注意保证多元性,包括相当比例的女性管理人员以及员工代表,从而保障特别委员会可以兼顾不同员工的利益并得到他们的信任。

(2)独立合规热线和调查机制。鉴于歧视和骚扰与受害人的隐私紧密相关,除了建立特别委员会,为了让受害人敢于报告,企业需要建立独立的合规热线和调查机制。考虑到歧视和骚扰的受害人中,女性的比例较高,企业在合规热线的接听或者接收人的选择上可以优先考虑女性员工。同时,在设计歧视与骚扰的调查机制时也应当考虑由女性调查官来负责调查。

(3)专门的宣传和培训体系。考虑到对于歧视和骚扰的认定标准是随着社会文化和环境的变化而不断发展,在不同国家和地区也存在较大的差异,以及不同员工对于歧视和骚扰的认知和理解方面的不足,企业需要建立专门的宣传和培训体系,比如通过开展"多元和包容文化周"等,让企业的各级管理者和员工都能了解企业在反对歧视和骚扰方面的态度、制度和要求;正确认识歧视与骚扰的认定标准、预防措施和救济途径。

(4)严肃的处理。对于歧视和骚扰的严肃处理是企业在对这两类不当行为进行管理和应对时的重要保障之一。在企业已经建立了特别委员会、独立的合规热线和调查机制以及进行了专门的宣传和培训体系后,企业需要对于实际发生的歧视或骚扰行为予以及时的调查,并在查实后予以严肃的处理,这既包括对于侵害人给予适当的纪律处分,也包括对于打击报复行为的防范和零容忍。企业在严肃处理方面的实际行动能够让企业在管理和应对歧视和骚扰方面形成一个系统且全面的闭环,能够让广大员工对于企业在管理和应对歧视和骚扰方面形成切实的信任,进而让企业真正形成一个安全的工作环境和包容、多元的文化。

(5)保密性。由于歧视和骚扰与受害人的隐私紧密相关,在对歧视和骚扰进行处理时,为了避免因此对于受害人的二次伤害,做好保密工作极为关键。这里既包括上述的合规热线和调查过程的保密,也包括案件处理完成后相关信息、记录和档案的保密管理。保密性的严格执行是企业员工在面对歧视和骚扰时敢于直言不讳的基础之一,也是帮助企业开展有效反对歧视和骚扰的管理的保障之一。

(八)人权保障

1. 人权保障概述

正如联合国全球契约组织在其官网上对于使命介绍的标语“商业是一种向善的力量,通过致力于可持续发展,商业能够为实现更好的世界承担共同的责任”[1],企业虽然是商业组织,但企业应当在其管理和影响力的范围内对于人权保障承担责任。这是包括联合国、经济合作与发展组织等在内具有影响力的国际组织发布的国际公约、自愿性国际规范和世界主要经济体的内部法律都明确提出的要求。

企业对于人权的保障主要包括三个方面:第一,企业应避免自身发生侵犯人权的事实,并在发生侵犯人权的情况下,及时采取救济措施予以纠正并消除影响;第二,企业应对与其业务有关的第三方合作伙伴施加影响,对于它们在人权保障方面起到正面的推动;第三,企业也应当努力预防或缓解因其商业关系、服务或者产品有关联的侵犯人权的情况。正如《工商企业与人权实施联合国“保护、尊重和补救”框架指导原则》第13条所述:“尊重人权的责任要求工商企业:(a)避免通过其本身活动造成或加剧负面人权影响,并消除已经产生的影响;(b)努力预防或缓解经由其商业关系与其业务、产品或服务直接关联的负面人权影响,即使并非它们造成了此类影响。”

企业侵犯人权的对象以与企业建立劳动关系、劳务关系、合同关系等的人员(以下简称员工)为主,侵犯的形式主要包括但不限于:侵犯员工的结社自由(如建立工会);拒绝员工的集体谈判权力;采取各种形式的强迫或者强制劳动;使用或者雇佣童工;实施就业或者职业歧视等。其中,对于就业或者职业歧视的部分一般是放在反对歧视和骚扰的主题下予以规制。

2. 做好人权保障对于企业的作用

与反对歧视和骚扰相似,企业做好人权保障,一方面是相关国际公约、自愿性国际规范和特定国家法律法规的要求;另一方面是企业在根本上对于人的尊重。因此,做好人权保障对于企业的作用在很多方面也与企业反对歧视和骚扰一致,这包括营造安全、包容和多元的工作环境,建立正面的企业形象,吸引和保留人才以及融入和参与全球市场竞争的前提条件等。略微不同的是,企业如果发生对于人权的侵犯,则其需要承担的法律责任和各方面的损失往往更为严重。比较典型的是,有些经济体会将侵犯人权的企业直接纳入制裁名单,这会

---

[1] 《商业是一种向善的力量》,载联合国官网,http://cn.unglobalcompact.org/ourmission.html。

导致这些企业的生产和经营受到极为严重的损害，甚至导致企业无法存续。

3. 企业合规在人权保障方面的重点领域

企业在人权保障方面进行合规管理需要关注以下几个重点领域：

（1）尊重人权的政策承诺

企业在人权保障的合规管理方面，除了开展实际行动外，还需要旗帜鲜明地表达对于人权的尊重。具体包括：第一，企业应当在其纲领性的政策，如行为准则中明确企业对于人权的尊重以及对于侵犯人权的典型行为，如雇佣童工、强制或强迫劳动等的反对；第二，在纲领性文件的基础上，企业需要制定一整套对员工予以人权保障的管理制度和流程；第三，企业从最高管理层开始，各级管理人员需要结合前述纲领性政策和管理制度和流程，就人权保障定期作出承诺；第四，企业应将其在保障人权方面的纲领性政策和态度予以公开，传达给企业的全体员工、第三方合作伙伴和其他相关方；第五，企业也应当通过合同条款或者其他方式将其在人权保障方面的预期和标准有效告知给第三方合作伙伴，并要求第三方合作伙伴予以遵守。

以华为为例，华为在其官网上就其对于人权保障方面以及对于第三方合作伙伴的人权预期都有明确的声明："华为明确禁止使用童工以及任何类型的强制性或非自愿劳工，并在招聘、用工和离职等重要环节都制定了相关政策及完善的预防措施，杜绝使用童工或强迫劳工的现象。我们还将这一要求传递给供应商，并定期监督审核。华为在运营过程中从未发生过使用童工或强迫劳工的情况。"[1]

（2）建立人权尽责机制

企业需要对于其在境内外的法律实体的人权保障情况进行实时且全面的掌握，识别、防范和应对与侵犯人权相关的各类风险，并在条件允许的情况下，对于企业的境内外第三方合作伙伴的人权情况开展尽职调查。这类尽职调查的方式可以是企业在劳动用工方面的审计，也可以是与人权保障相关的其他专项审计。为了保证调查结果的公信力，企业可以考虑聘请外部有资质的第三方机构开展这项工作。

企业可以选择将人权尽职调查报告向社会公众进行公开，以向公众证明其在人权保障方面的信用。在实践中，企业也会选择将人权尽职调查报告作为企业可持续发展报告或者社会责任报告的一部分合并公开。同时，这类尽职调查

---

〔1〕《多元化与包容性》，载华为官网，https://www.huawei.com/cn/sustainability/the-latest/stories/diverse-and-inclusive-workforce。

是一项持续性的工作,随着企业在经营战略和外部环境等方面发生变化的情况下,企业需要关注因此带来的人权方面的挑战,并及时做好应对。

值得注意的是,企业在人权方面的尽职调查已经越来越为相关国际组织和国家关注,并在逐步发展为企业的一项法定义务。以欧盟为例,"欧洲议会网站3月10日消息:欧洲议会以504票赞成、79票反对、112票弃权的结果,通过关于企业尽职调查的立法建议,确保企业在损害人权、环境及善政目标时应承担相应的责任,并保证受害者可获得法律救济。欧盟的企业尽职调查规则将要求企业识别并解决其价值链(包括所有业务、直接或间接商业联系、投资链)中可能或确实侵犯人权(包括社会、工会及劳工权利)、环境(如气候变化或砍伐森林)、善政(包括腐败及贿赂)等问题。议会强调,尽职调查只是一种预防性政策工具,企业应根据影响的可能性及严重程度、行业部门、价值链的长度、企业规模等采取相应措施。欧洲议会还表示,欧盟企业尽职调查规则也应在欧盟以外发挥作用,所有想要进入欧盟市场的企业以及欧盟在海外设立的企业,均应证明遵守环境及人权尽职调查义务。议会呼吁,应禁止进口与强迫劳动、童工等严重侵犯人权相关的产品,并将这些目标纳入欧盟对外商签的贸易协定可持续章节。"[1]

(3)建立救济机制

企业应当公开用于就侵犯人权进行投诉或者报告的渠道,应当对于通过尽职调查以及其他途径所发现的人权方面的风险建立起救济机制,并积极采取补救措施。这些补救措施包括但不限于:积极配合所在国监管机关的调查;对实施侵害行为的主体予以严厉的处理;赔偿受害方的损失;积极回应舆论;改善公司在劳动用工方面的管理体系和标准;弥补相关管理漏洞等。

(4)重点关注在发展中国家开展业务时的人权保障管理

企业,尤其是跨国企业能够通过在第三方国家进行投资和国际贸易体制获得在法律和政策方面的优惠,特别是在对于外国投资有着迫切需求的发展中国家。这使得这些企业在第三方国家开展业务时受到当地政府的常规监管相对较弱,特别是在人权保障本身不充分的国家或者地区。在此情况下,企业应坚持以符合自身所建立的合理的人权保障标准在这些国家或者地区同等适用,而不能借此降低人权保障的标准。

---

〔1〕《欧洲议会表决通过关于企业尽职调查的立法建议》,载商务部官网2021年3月25日,http://www.mofcom.gov.cn/article/i/jyjl/m/202103/20210303047127.shtml。

(5)在冲突地区开展业务时的人权保障关注和评估

企业的人权保障管理,除了对自身以及第三方合作伙伴的人权尽责外,还应当对于在冲突地区开展业务对该地区人权的负面影响予以关注和评估,尤其是企业的产品或者服务在冲突地区被不当利用,进而加剧该等地区的人权侵害。在这一情形下,虽然企业本身并未直接侵犯人权,但这仍然会给企业的声誉和形象等带来负面影响。

如缅甸北部地区盛产玉石,但由于该地区政治、军事和民族等方面的复杂情况,该地区的玉石开采存在严重的人权侵害,这包括使用童工、强迫劳动等。在此情况下,一家跨国企业的挖掘机出现在了缅甸北区的矿区,并被一些非政府组织拍摄到。虽然挖掘机并非在这一地区被国际组织或者主要相关国家所制裁的物项,且这家跨国企业并未直接参与该地区的玉石业务,但由于挖掘机会为当地的玉石产业提供帮助,进一步加剧当地的人权侵犯,该企业因此受到了来自一些非政府组织和民间团体的巨大压力,该企业的声誉和企业形象也受到了负面影响。为此,该企业进一步完善了销售政策,明确要求其各级经销商不得将该企业的产品销售到被国际社会所普遍确认的存在人权侵害的国家或者地区。

二、合规主题的特性

合规主题的特性是指合规主题区别于企业内部其他管理事项的特征和性质。概括而言,合规主题的特性包括发展性、差异性、外部监管性、商业性、道德性和国际性等。下面将对于这些特性分别进行介绍。

(一)合规主题的发展性

从企业合规的发展历史来看,企业合规的主题一直处于一个动态发展变化的状态,这与全球的政治、经济、法律、社会、科技和文化等的发展以及这些发展对于企业所持续提出的相关要求有着直接联系。

以数据合规为例,这在过去并不属于一个企业需要着重关注的合规主题。但在大数据时代到来后,随着数据对于国家安全和国家在国际上的综合竞争力的作用越来越关键,各国政府对于数据的安全、处理、应用和跨境传输等逐步加强了监管,也涌现了一批具有全球影响力的执法案例,比如美国著名的"剑桥分析丑闻",脸书(Facebook)将8700万用户数据不当泄露给政治咨询公司剑桥分析,这些数据被用于2016年美国总统大选中对于特朗普的支持,最终帮助特朗普当选。对于这一丑闻,脸书最终支付了50亿美元以达成与美国联邦贸易委员会的和解。

总体来说,随着时代的发展,企业合规的主题呈现越来越丰富的趋势,从中也可以看出企业对于合规的重视程度以及赋予合规管理部门的职权都在稳步提升。

(二)合规主题的差异性

从企业合规的实践来看,合规主题在不同的企业会有一定的差异性,这是由该企业的性质、规模、所处行业和主要业务所在经济体等客观情况以及该等客观情况给企业带来的不同的合规风险侧重点所决定。因此,不同的企业在进行合规主题的设置方面也会有相应地取舍并投入对应的资源。

以医药企业为例,医药行业在商业贿赂方面一直处于高风险状态,因此,医药企业会投入大量资源对于商业贿赂的合规风险进行预防、监测和应对,比如对于向医疗机构及其工作人员提供的礼物、款待、赞助、捐赠等方面的管控;对于经销商、代理商等第三方合作伙伴的管理等。同时,相对于金融企业而言,医药企业在反洗钱领域的合规风险相对较低,在确保基础的合规管理体系的前提下,它们一般并不会在这一领域额外投入很多资源。

(三)合规主题的外部监管性

合规主题所涉及的事项中绝大部分都涉及政府的监管,甚至会引发外国政府或者国际组织的监管。这些事项包括但不限于垄断、贿赂、洗钱、出口管制、制裁、数据安全、个人信息保护、人权保障等。这些合规主题超出了企业自我管理的范围,当企业及其员工在这些合规主题上实施了不当行为时,它们会受到来自国内外监管部门的调查和执法,可能因此承担行政或者刑事法律责任,并丧失特定行业或领域的准入资格。

以贿赂为例,在我国,企业及其员工在开展业务的过程中,为了谋取交易机会或者不正当竞争优势采用财物或者其他手段实施贿赂行为的,将构成对于《反不正当竞争法》的违反,并受到行政处罚;情节严重的将构成犯罪,承担刑事法律责任。与此同时,如果这一企业存在美国企业在中国的子公司或者是中国在美上市公司等情形,且这一企业及其员工有对于中国的政府官员行贿的行为时,则该企业及其员工还将同时受到美国 FCPA 的管辖。

(四)合规主题的商业性

合规主题所涉及的诸多事项与企业的日常经营活动联系紧密,这包括但不限于企业的经营战略和商业模式制定、交易对象和商业合作伙伴选择、数字化转型等。合规主题的商业性要求企业在开展合规管理时,需要将遵守规范与商业逻辑有效结合,在控制风险的同时保障企业经营活动的健康开展。

以垄断为例,垄断行为与企业的商业模式紧密相关,尤其是在企业的价格政策、不同区域经销商的管理、竞争对手关系的处理等方面。合规官在参与商业模式设计时,应当充分关注具体商业模式中所可能蕴含的构成垄断行为的风险并做充分提示。但同时,合规官也应当对企业所处行业的特点、该行业的垄断风险、该行业在历史上的反垄断执法规律和惯例、企业在相关市场中的地位等进行综合的评估,在控制风险的基础上,推动业务向前发展,并实施跟进和监管,确保业务的健康和安全。

(五)合规主题的道德性

合规主题所涉及的事项除了具有商业性外,其中有部分事项也具有朴素的道德属性,这与企业本身也受到道德伦理的约束以及企业需要承担社会责任有关。比较典型的是反歧视和反骚扰、人权保障等。与此同时,一些具有商业性的合规主题本身也具有道德属性,如反垄断、反贿赂、反舞弊等,这些合规主题除了是法律所禁止的以外,本身也为伦理道德所反对。

企业对于具有道德属性的合规主题的有效管理能够维护企业自身的正义性,让企业树立并维持正确的价值观,建立起健康的企业文化、保障工作环境的安全、提升员工对于企业的认可度和归属感。

(六)合规主题的国际性

合规主题所涉及的事项大都需要企业不仅局限于遵守企业注册地国家法律法规和监管的要求,也需要遵守其经营活动所涉及的国家或地区的法律法规和监管要求。这主要是基于如下原因:首先,在经济全球化的大背景下,企业在全球范围内开展经营活动,也因此受到了其经营活动所涉及的各个国家和地区法律法规和监管的管辖。其次,合规主题所涉及的事项大都在这些经营活动所涉及的国家和地区受到监管,比如世界上绝大多数国家和地区都对垄断、贿赂等行为持否定态度,并予以打击。最后,世界主要经济体基于政治、经济、军事和对外政策的需要,通过"长臂管辖"等方式加大了对于跨国企业的经营活动的监管、干预和执法,这在出口管制和制裁、数据安全和个人信息保护等方面表现得尤为突出。

以制裁为例,包括美国、欧盟和中国在内的世界主要经济体都通过立法建立起了制裁机制,并根据需要发布和更新制裁名单,对于与制裁名单上的企业或者自然人发生业务往来的主体进行处罚。在此情况下,企业即使没有被列入制裁名单,仍然需要时刻关注各主要经济体的制裁名单变化情况,并根据这些变化及时对于自己的第三方合作伙伴进行筛查，以保障对于各主要经济体制裁相关要求的遵守。

因此，合规主题的国际性要求企业在进行合规管理时需要具有国际化视野，要充分了解经营活动所涉及的国家和地区的法律法规和监管要求，并采取有效的措施予以应对。

第三节　企业合规的属性

正如本章第一节所述，企业合规是商业逻辑和遵守规范的有机结合，这是理解企业合规的基础。但是，对于企业合规的理解又不能仅限于简单的遵守规范，否则企业合规只是一种行为方式，它本身无法成为一个独立的研究对象。进一步来说，企业合规从被提出到在实践中逐步发展并被理论界所关注和研究的时间相对较短，但企业合规的内容又具有多个领域交叉融合的特点，这些领域包括管理学、经济学、法学、社会学和政治学等。与之相应，企业合规对应的合规主题主要包括反垄断、反贿赂、反舞弊、反洗钱、出口管制和制裁、数据合规、反歧视和反骚扰、人权保障等。由于企业合规与企业本身密不可分，对于企业合规的理解要从遵守规范出发，把它与企业的行为方式、独立管理体系、商业文化、伦理道德、宏观的国家治理和社会治理以及国际市场准入资格等方面进行结合。因此，企业合规具有着多重属性。本节将结合国内外企业合规的发展历程，分析企业合规的发展和演变，进而介绍企业合规的各项属性。

一、企业合规是一种行为方式

基于企业合规的基本概念，企业合规是企业及其员工要遵守规范。因此，企业合规最直接的属性是企业及其员工在日常经营和工作中的一种行为方式。在这一行为方式下，企业及其员工要在各项经营和工作中理解和愿意遵守和执行各类规范。这些规范包括但不限于国家制定的法律法规规章等正式法律渊源，企业自身的规章制度，外国的法律法规、国际条约、国际惯例以及国际组织制定的规则，企业所属行业的行业准则，商业惯例和道德规范等。

结合企业合规的发展历史可以看到，企业合规作为一种行为方式的属性是其在产生之初的主要表现形式。从目前已有的文献来看，美国是企业合规的发源地，企业在合规方面的实践和探索最早是在反垄断领域，这与美国在反垄断领域最早开始进行现代反垄断立法和执法活动有关。1890 年 7 月 2 日，美国联邦国会通过《保护贸易及商业以免非法限制及垄断法案》，即《谢尔曼反托拉斯法》（Sherman Antitrust Act），开始依法预防和制止垄断行为。1914 年 9 月 26 日，美国颁布了《联邦贸易委员会法》（Federal Trade Commission Act）。该法授权建立联邦贸易委员会（Federal Trade Commission，FTC），作为负责执行各项反垄断法律的行政机构。由于美国政府对企业垄断行为立法的逐步完善和执法的日益加强，美国企业为了遵守美国政府在反垄断方面的要求，开始了企业合规建设的实践和探索。这一实践和探索在起始阶段的形式就是明确企业及其员工需要以实际的行动来遵守规范，比如，1946 年通用公司首先采用了反垄断合规政策，所有公司官员均需要签署符合反垄断法从事活动的声明。[1] 因此，企业合规最直接的属性是一种遵守规范的行为方式。

二、企业合规是一种企业内部管理体系

企业合规要求企业及其员工在日常经营和工作中要遵守规范。企业作为法人，是一个拟制的法律主体，企业的意志和行为都需要通过企业内的自然人来完成。因此，企业如果要让自身和员工遵守规范，则需要通过建立一整套与合规相关的管理体系来实现。因此，从企业的内部管理角度，企业合规的属性之一是企业为实现依法依规经营、防控各类合规相关风险所设计、建立和实施的一种内部管理体系。

作为对于合规相关事项的管理体系，合规管理是企业管理的一个独立部分，与包括业务管理、人力资源管理、财务管理等其他管理机制相并列。在此基础上，企业需要为合规管理的建立和开展做一系列工作，这包括但不限于设定合规管理在企业管理中的层级；设立合规管理组织，配备专业人员；建立合规管理制度；充足的资源保障和开展合规管理的充分授权；设定合规考核和激励指标；开展合规培训和沟通宣传；设置保密的举报机制，实施有效的调查行动；形成合规管理体系持续改进和提升的机制等。与此同时，合规管理在其中虽然具有独立地位，但并非孤立，合规管理应当与其他的企业管理机制，尤其是与风险、内控等相关的管理机制形成协同联动，确保企业自身及其员工的遵守规范得到切实实现。正如《合规管理指引》第 4 条第 3 项中的规定："合规管理与法律风险防范、监察、审计、内控、风险管理等工作相统筹、相衔接，确保合规管理体系有效运行。"

---

〔1〕 邓峰：《公司合规的源流及中国的制度局限》，载《比较法研究》2020 年第 1 期。

值得注意的是，从上文对于合规管理体系的构成要素可以看出，企业要建立合规管理体系并开展合规管理活动需要企业投入适当的资源和成本。作为一个市场经济下的理性人，企业合规是企业综合评估了成本与收益后的一种自主且理性的选择。因此，企业合规也是企业进行自我管理、防控合规风险的一种形式。

综上所述，从企业管理的角度来看，企业合规是企业管理中的一个独立的管理机制，企业合规是企业为了实现遵守规范并有效防控合规风险的目标所自主建立的合规管理体系并开展的合规管理活动。

三、企业合规是一种商业文化

正如上文所述，企业合规倡导企业及其员工“遵守规范”，同时，要求企业自主建立合规管理体系并开展合规管理活动以保障“遵守规范”可以在正确的方式下实现。进一步来说，企业是市场经济中最主要的参与主体，企业自我管理的合规理念、要求和行为标准会通过企业与其他市场主体的合作、互动和交流等活动而发生传递和影响。这会让企业所属的整个市场中逐步形成遵守合规的商业文化。

比如，由于监管机关和司法机关在执法和司法上执行穿透原则，第三方合作伙伴所发生的不合规行为具有让与其建立合作的主体承担连带责任的可能性。当今世界的绝大部分知名企业都会制定诸如“第三方合作伙伴管理指南”“供应商管理指引”“经销商行为准则”等政策和条款，这些政策和条款会将这些企业所认可的合规理念和具体合规要求等予以清晰地罗列。同时，这些知名企业对于计划与其开展合作的第三方合作伙伴，包括商品或者服务的供应商，产品经销商、代理商等，在合作关系建立时需要他们签署并明确认可这些政策和条款。这些企业会定期向第三方合作伙伴提供合规培训，帮助他们理解、遵守和适用这些政策和条款；也会定期对于第三方合作伙伴开展审计，以审查他们是否在严格遵守和执行这些政策和条款。对于审计所发现的第三方合作伙伴未能遵守这些政策和条款的情况，企业将根据相关法律法规和合同约定及时做出适当的处理，包括警告、终止合作等。

以西门子的医疗业务板块对于经销商的管理为例进行介绍。委托经销商销售医疗器械产品是西门子医疗在中国重要的产品销售方式之一。委托经销商销售的模式可以帮助西门子医疗在中国拓宽销售渠道，加强市场推广能力，提高品牌影响力，增加销售机会，降低自身为了销售所需要付出的成本。但委托经销商销售的模式也会因为经销商所实施的违规行为而给西门子医疗增加发生合规风险的可能性,尤其是经销商为了获取医疗器械销售的机会所实施的商业贿赂行为,这可能会在特定情况下,让西门子医疗承担共同犯罪的刑事法律风险。即使经销商的该等行为被证明与西门子医疗无关,但顶着“西门子医疗经销商”的名号的经销商所实施的商业贿赂行为,在被新闻媒体曝光的时候,新闻媒体也往往愿意突出“西门子”或者“西门子医疗”的名称来吸引读者的眼球。比如,新浪财经就曾刊登一篇《西门子医疗再曝行贿代理商 90 万元将 GE 飞利浦踢出局》[1]的报道,将代理商违反合规的商业贿赂事件中强调了“西门子医疗”。这对于西门子医疗商誉的伤害极为严重,并最终会影响社会公众和监管机构对于西门子医疗的正向认知。因此,西门子医疗极为重视对于经销商的管理。对此,西门子医疗在中国组建了经销商管理团队,在法律合规团队、审计团队等的协同下,专门负责对经销商从准入时的尽职调查、合作期间的定期培训和审计、违规经销商处理等全流程的经销商管理。在管理经销商的过程中,西门子医疗会要求经销商签署“供应商及第三方中间人行为准则”“反腐败承诺”等一系列与遵守合规相关的政策、承诺或文件,进而要求这些经销商能够认同并遵守西门子医疗所认可的合规理念、要求和行为标准。通过长期的积累和培育,认同并遵守西门子医疗合规理念、要求和行为标准的第三方合作伙伴会与西门子医疗建立长久且稳定的合作关系,进而形成一个有着健康商业文化的生态圈。而那些不认同或者不遵守的,则会被排除在这一生态圈之外。

另外,自 2012 年 12 月 4 日中共中央政治局召开会议,审议通过了中央政治局关于改进工作作风、密切联系群众的“八项规定”以来,中国的国有企业也在参与市场活动中根据“中央八项规定精神”对于国有企业员工的行为进行了更为严格的约束。同时,这种约束也在与包括供应商、经销商、代理商等在内的第三方合作伙伴打交道的过程中传递给到了他们,比如在商务的礼品和招待等领域严格控制标准,禁止大办婚丧喜庆事宜等。这些党规党纪的要求在商业领域与企业合规所认可的理念、价值观等高度一致,其强力贯彻和执行也极大地净化了中国的商业文化和商业环境。

综上所述,从商业文化的角度来看,企业合规是市场上有着先进合规理念、要求和行为标准的企业通过自我管理以及在与其他市场主体的合作、互动和交流等过程中将这些合规理念、要求和行为标准影响了其他市场主体,并得到他

---

[1] 陈勇敢:《西门子医疗再曝行贿代理商 90 万元将 GE 飞利浦踢出局》,载微信公众号“财镜”2018 年 1 月 2 日,https://mp.weixin.qq.com/s/YVBC4Rd0lqp3bwjmDZdZkg。

们的认同和遵守,进而逐步形成的一种良性的商业文化。这也可以称为合规文化。

四、企业合规具有道德属性

正如本章第一节所述,企业合规与道德密不可分,道德是企业合规与生俱来的属性,也是企业合规中“规”的核心内容之一。虽然企业的基本属性之一是营利性,但在企业的发展过程中,尤其是当企业解决了生存问题步入长期发展的阶段以及进入国际市场后,企业会发现在外部的法律法规和内部的规章制度等“成文法”的规制之外,对于道德的倡导和遵守能够更好地保障企业拥有良好的外部经营环境,健康的内部员工关系,进而让企业行稳致远。同时,随着政治、经济、社会和文化的发展,企业除了要获取最大经济利益外,也被国家、政府和社会赋予了越来越多的社会责任,这也对企业在道德方面提出了更多的要求。对应地,企业合规是保障这些社会责任得以实现的重要手段。下面将通过多个角度来介绍企业合规的道德属性。

1. 企业合规在起源时就带有道德属性。正如本节第一部分所述,企业合规产生之初是为了应对美国在反垄断行为方面逐步完善的立法和以及日益强化的执法。打击垄断行为的目的在于塑造自由、公平的市场竞争秩序,这具有道德上的正当性。因此,企业合规在此起源,除了是企业要被动地遵守法律法规以外,也在遵守公平竞争规则时带有了道德上的色彩。进一步而言,企业合规的大发展与美国 FCPA 的出台和执法有着紧密的联系。FCPA 出台时的核心目的之一是打击美国企业和美国人对外国政府官员(Foreign Government Officials)的贿赂行为,这具有道义正当性。企业合规的重要职责之一就是在企业内部建立起预防、发现和应对海外腐败行为的机制,这既是法律的规定,也是道德的要求。

2. 大部分合规主题都具有道德属性。前已述及,大部分合规主题的底层逻辑都与道德相关。其中,反垄断体现了企业对于公平的守护;反贿赂体现了企业对于廉洁的追求;反舞弊体现了企业对于诚信的坚守;数据合规体现了企业对于隐私的保护;反歧视、反骚扰和人权保障体现了企业对于人的尊重等。

3. 企业被赋予的道德方面的要求呈上升趋势。随着政治、经济、社会和文化的发展,企业被国家、政府和社会赋予了越来越多的社会责任,比如可持续发展、环境保护、人权保障、打击腐败等,这也对企业在道德方面提出了更多的要求。对应地,企业需要将这些社会责任的落实融入企业的合规管理中,不断提高合规管理的能力。

五、企业合规是国家治理体系的一部分

国家治理主张政府在进行统治和管理时要释放一部分权力给到社会,由社会进行自我治理,进而实现政府与社会的合作共治。企业合规是国家治理体系的一部分,主要是基于以下几个方面的原因:

第一,企业合规所主张的价值观和方式与国家治理的要求高度一致。企业合规所主张的价值观主要包括守法诚信,公平竞争,公正廉洁,保护知识产权和商业秘密,倡导安全、多元和包容,保障人权,尊重劳动,保护隐私,承担社会责任等。在此基础上,企业合规主张通过透明、规则和对话等方式来处理与自身的员工以及第三方合作伙伴的关系。国家治理强调正当、透明、责任、法治、对话和效率。可见,两者在价值观和方式方面高度一致。

第二,国家已经深度介入企业合规在企业的建立和执行。企业是社会的细胞,对于社会的发展有着关键作用。因此,企业是与政党、政府、社会组织、社会公众和各类媒体等并列的国家治理的重要参与者之一。企业如果能够遵守企业合规的价值观以及按照企业合规的管理模式开展经营和管理活动,这能够让企业成为合格的"企业公民",具备承担国家治理职责的条件。因此,企业合规虽然起源于企业的自我管理,但世界主要经济体的政府都已经通过立法、执法或司法深度介入企业合规在企业的建立与执行,并据此作为有效治理商业环境的方式之一。

国家对于企业合规的全面深度包括但不限于:(1)将建立合规管理体系作为特定性质的企业的强制性或推荐性义务,比如国务院国资委发布的《合规管理办法》《合规管理指引》要求中国的中央企业建立合规管理体系;(2)制定评价企业合规管理有效性的标准,比如美国司法部刑事局发布并不定期更新的《企业合规管理体系评估》(Evaluation of Corporate Compliance Programs)等;(3)建立企业合规的激励机制,比如中国最高人民检察院推动的涉案企业合规第三方监管机制、中国行政执法机关曾经探索的行政和解机制、美国的审前转处协议(Pre-Trial Diversion Agreement)机制等。可见,由于国家的介入,企业合规已经不再是单纯的企业自我管理,而是国家基于开展治理的需要,对于所管理企业提出的要求以及对于所管理的整个商业环境所达到的理想中的样子。

综上所述,从国家治理的角度来看,企业合规所主张的价值观和方式与国家治理的要求高度一致,因此,国家对于企业合规予以了深度的介入,并推动企业按照国家的标准予以建立和遵守。换句话说,企业合规的存在和发展在一定程度上已经体现了国家意志,成为国家治理体系的一部分。

六、企业合规具有国际性

企业合规的国际性源于经济的全球化以及国际政治、法律和文化的冲突。一方面，经济的全球化让企业走出国门、走向世界，企业与其他国家或者地区的市场主体发生投资、开展合作，实现了资金、产品和服务等在全球范围内流动。这让企业具有了受到相关国家或者地区法律管辖的连接点。另一方面，国际政治、法律和文化的冲突使得企业在已经建立法律管辖连接点的国家或者地区存在受到监管和执法的可能性。

结合企业合规国际性的根源，企业合规的国际性主要体现在以下几个方面：

1. 企业合规所遵守的规范具有国际性，这些规范除了企业母国的法律法规规章等正式法律渊源外，还包括母国以外的其他国家或者地区的法律法规、国际条约、国际惯例以及国际组织制定的规则等。

2. 合规主题具有的国际性。这一点已经在本书第一章第二节中予以介绍。

3. 企业合规的管理原则和方式需要具有国际视野，满足国际标准。比如企业总部在制定管理制度时，应当充分兼顾企业各个业务所在国的法律、习俗和文化等情况，构建起整体的管理框架，在坚持原则和底线的基础上，给各个业务所在国留有一定的因地制宜的空间。此外，企业总部也应当在涉及合规调查和整改等合规管理领域加强总部的集中化管理，确保企业总部的价值观和标准在各个业务所在国得到贯彻。

综上所述，企业合规的国际性是经济的全球化以及国际政治、法律和文化冲突的产物。企业需要关注和加强在合规管理领域的国际化建设，这是企业参与国际国际市场竞争与合作的必备条件之一。

七、小结

本节从包括行为方式、企业管理、商业文化、道德与社会责任、国家治理角度和参与国际市场竞争等多个角度对企业合规的属性进行分析和介绍。综合这些不同的角度可以看到，企业合规的属性是多元且层层递进的，具体概括如下：

企业合规最基本的属性是一种行为规范，即企业和企业的员工在日常管理和经营过程中要遵守规范。为了实现遵守规范的目标，企业建立起了一整套合规管理体系。通过这套合规管理体系，企业将自我管理的合规理念、要求和行为标准通过与其他市场主体的合作、互动和交流等活动而发生传递和影响，进而让企业所属的整个市场中逐步形成遵守合规的商业文化。企业合规具有道德属性,这成为企业落实国家、政府和社会赋予的越来越多的社会责任的重要保障。在此基础上,国家也关注到了企业合规并从立法、行政执法或刑事司法等角度深度介入,让企业合规成为国家治理体系的一部分。与此同时,企业合规具有国际性,是企业参与国际市场竞争与合作的必备条件之一。

企业合规的多元属性奠定了其在企业经营管理中的独特价值,对此,本书将在下一节中予以详细介绍。

第四节　企业合规的价值

一、企业合规对于企业的价值

(一)有效预防不合规行为的发生

不合规行为是指企业和企业的员工在经营和管理活动中所实施的违反合规要求的行为。不合规行为的发生会使企业产生合规风险,使企业需要因此承担法律责任、受到相关处罚,进而给企业造成经济或声誉损失以及其他负面影响。企业合规的价值之一在于有效预防不合规行为的发生。这主要体现在以下方面:

1. 企业合规可以帮助企业有效识别合规风险。识别合规风险是企业预防不合规行为发生的前提,企业只有准确地识别合规风险才能在合规管理中有的放矢,对于发生不合规行为的高风险领域做好预防工作。企业合规在识别合规风险方面主要是通过四个途径进行:识别合规义务、应对不合规行为、开展日常的监督管理以及开展日常合规管理。这些识别的途径具体会在本书第五章中予以介绍。

2. 企业合规可以帮助企业建立主动预防的机制。企业合规通过建立合规管理体系可以帮助企业建立起对于不合规行为的主动防御机制。这一合规管理体系中除了合规风险识别与评估机制外,还包括合规管理制度体系,合规管理组织体系,合规管理运行机制,合规文化建设机制,合规举报、调查、处理和整改机制以及物质保障机制等。这一体系从制度、流程、组织、文化和物质保障等全方位角度让企业及其员工具备正确的合规意识、合规能力,进而在最大限度上防止企业发生不合规行为以及因此给企业造成的各种负面影响。

(二)降低因不合规行为给企业造成的损失

企业合规可以帮助企业有效管理合规风险、预防不合规行为的发生,但这并不意味着企业合规可以帮助企业完全预防或消除合规风险；也不意味着企业在建立起了合规管理体系后就可以完全避免发生不合规行为。企业发生不合规行为会给企业带来一系列的危害，这包括经济损失、人才流失、商誉损失、行政或者刑事法律责任以及失去参与相关市场竞争的资格等。但是，企业如果能够证明其建立的合规管理体系的有效性，这意味着企业在防控合规风险和不合规行为发生方面的尽责和努力。因此，这在很多国家的立法和执法实践中都被作为减轻对于企业实施不合规行为处罚的一个考虑因素。这就是企业合规的另一价值，即在满足一定条件的情况下，企业合规可以帮助企业降低因发生不合规行为给企业造成的损失。

比如，《美国量刑指南》(United States Sentencing Guidelines, U. S. S. G.)中《组织量刑指南》给予了建立有效合规管理体系的企业在罚金减免上的奖励。根据《组织量刑指南概览》中所提到的，当企业同时满足：(1)证明其在发生犯罪行为时具有一个有效的合规管理体系；(2)及时对于其犯罪行为向相关主管部门进行报告；(3)企业内高级别的人员没有参与该犯罪行为等条件时，对于这类涉案企业的罚金减免最高可以达到95%。[1] 当然，这并不会改变企业构成犯罪的定性以及应当承担的相应刑事法律责任。

(三)帮助企业不因员工个人行为承担责任

企业合规的又一价值在于帮助企业与员工个人的不合规行为之间进行区分，避免因员工个人的不合规行为而连带承担责任。企业是法律上拟制的主体，企业的经营和管理行为最终必须通过企业的员工来实施。根据公司法的基本理论，企业的员工在履行职务行为时，该等行为的法律效力最终归于企业。因此，当员工在履行职务时实施了不合规行为，企业原则上也需要承担因此所产生的法律责任。

但是，企业与员工之间对于相关事物的认知和利益取向并非在任何时候都完全保持一致。这里存在企业的员工因认知错误或者为了个人利益而在履行职务时实施了不合规行为的情况。对此，企业如果想要不受员工个人行为的牵连，则需要尝试将该员工的个人行为与企业行为之间进行明确的区分。这一区分的主要方式就在于企业合规。

当企业可以证明其在员工实施不合规行为时具有有效的合规管理体系，则企业可以充分且全面的从主客观两个角度对于员工个人行为与企业行为进行

---

〔1〕 Paula Desio, *An Overview of the Organizational Guidelines*, https://www.ussc.gov/sites/default/files/pdf/training/organizational-guidelines/ORGOVERVIEW.pdf.

切割。具体而言,这里的切割点可以包括但不限于:企业及其管理层在日常管理中对于这一类不合规行为所持续表明的态度;现有规章制度的管控规定;财务、风险、内控等管理机制的实际运行情况;相关培训和宣传的有效性以及企业对于这类不合规行为的处理先例等。通过这样的切割和区分,企业可以避免因员工个人的不合规行为而连带承担责任。

比如,被称为中国"合规无罪"第一案的雀巢公司员工侵犯公民个人信息一案。2017 年兰州市中级人民法院对于该案作出裁决时曾明确指出:"单位犯罪是为本单位谋取非法利益之目的,在客观上实施了由本单位集体决定或者由负责人决定的行为。雀巢公司手册、员工行为规范等证据证实,雀巢公司禁止员工从事侵犯公民个人信息的违法犯罪行为,各上诉人违反公司管理规定,为提升个人业绩而实施的犯罪为个人行为。"可见,兰州市中级人民法院的裁判逻辑与企业合规的理念相一致,将员工在履行职务过程中的个人犯罪行为与企业行为予以了区分,进而排除了企业因此承担刑事法律责任。

(四)让实施不合规行为的企业获得救赎的机会

一般而言,企业因实施不合规行为将受到监管机构的调查,并在查实后受到处罚,情节严重的,将受到刑事强制措施、承担刑事法律责任。无论是调查还是最终的处罚,这些都将对于企业的经营和管理造成巨大影响,包括流动资金被冻结、巨额的罚款、关键岗位人员承受刑罚、失去市场准入资格以及企业声誉和形象受到破坏等,最为严重的将会导致企业因此失败。

企业合规的一大价值在于让实施不合规行为的企业通过向监管机构和司法机关申请以建立或完善合规管理体系为条件来获得达成和解、中止/终止调查或者起诉、减轻处罚等合规激励。这一方面为企业提供了改过自新的机会,增强了国家对于企业管理的弹性和理性,避免企业因不合规行为而在公权力的干预下陷入万劫不复的深渊;另一方面,企业也可以借此建立或完善合规管理体系,弥补原先在理念、制度、管理和监督等方面的缺陷,进而让企业实现新生。

企业合规的这一大价值最早是在美国开始实践,目前已经得到世界主要经济体的认可。比如,美国检察机关在对企业开展刑事调查时运用频率较高的 DPA。美国检察机关往往会将要求企业建立或者完善合规管理体系作为达成暂缓起诉协议的一个重要条件。在达成暂缓起诉协议的情况下,检察机关会暂缓对于企业的起诉,企业除了要完成协议中的各项要求外,其经营并不会受到额外的影响。同时,当企业完成暂缓起诉协议的各项要求后,检察机关会与法院沟通,由法院裁定允许检察机关撤回已经移送起诉的案件,这样企业也不会留下刑事犯罪的记录,其经营活动中的资格方面也不会受到实质性的损害。除美国外,我国也在涉案企业合规不起诉方面进行着实践,由最高人民检察院在2021年主导推动试行的涉案企业合规第三方监督评估机制给了符合条件的涉案企业通过在承诺的时限内完成专项或者多项合规计划并通过第三方组织的检查、评估和考核的方式,作为检察机关对于涉案企业及相关涉案人员作出批准或者不批准逮捕、起诉或者不起诉以及是否变更强制措施等决定,提出量刑建议或者检察建议、检察意见的重要参考。

(五)让企业安全地参与国际市场竞争

除了国内市场的合规需求外,企业在参与国际市场的合作与竞争时同样需要合规的保驾护航。相比于国内市场,企业在国际市场上面临的合规风险也更具多元性和复杂性。这主要表现在:(1)在国际经济活动中,企业还会受到来自相关国际组织所制定的合规要求和业务所涉及的国家的法律法规和监管要求的管辖;(2)除前述外,企业与自己在域外的员工、第三方合作伙伴和竞争对手在信仰、文化、习俗、语言、宗教、种族、民族等方方面面都极为迥异。

如果企业未能充分认识到国际市场的多元性和复杂性,并且未能就此提前做好应对措施,则国际市场的这些特点将极大突破企业原有的认知,让企业误认为在国内行之有效的管理方式或手段也可以放之四海而皆准。这最终会导致企业被国际组织或所在国处罚,这些处罚方式包括但不限于暂停或取消市场准入的主体资格、巨额的罚款、对企业管理人员的刑事处罚等。这些处罚会给企业带来极为严重的后果,包括商誉和信誉的损害、经济损失以及管理人员人身自由被剥夺等,甚至可能会直接导致企业的失败。

企业合规是应对国际市场的多元性和复杂性的有效方式之一。这是因为企业合规天然地具有国际化的基因,企业合规所倡导的价值观主要包括守法诚信、公平竞争、公正廉洁、遵守和保护知识产权和商业秘密、遵守出口管制和经济制裁、保障人权、尊重劳动、保障数据安全和保护个人信息等。同时,企业合规所要求的合规管理体系也能够有效地预防、发现和应对来自国际环境下的合规风险。

除了通过合规管理体系的建设来有效应对国际市场的合规风险外,企业合规也是企业应对域外调查或制裁时的重要方式,即当企业被国际组织或者所在国执法机构启动调查或者进行制裁时,企业承诺建立或者完善合规管理体系并诚信地落实往往是国际组织或者所在国执法机构可以与企业达成和解、中止/终止调查的关键要素之一。自中国加入WTO以来,中国企业因缺乏合规意识而在国际市场上实施不当行为并被制裁的案例不少，其中世界银行对于湖南建工集团有限公司(以下简称湖南建工)欺诈行为进行制裁一案[1]是一个典型案例，下面将介绍湖南建工如何通过建立有效的合规管理体系而使得世界银行解除制裁。

湖南建工因在世界银行提供贷款的"Tanzania Transport Sector Support Project"项目的一个道路修复的招投标项目中伪造了公司业务经验文件而被世界银行在查实后实施了附条件解除禁止的制裁(Debarments with conditional release)。制裁的内容包括湖南建工及其直接或间接控制的关联公司在制裁做出后的不少于2年内：(1)不能在世界银行提供资金支持的合同中以任何形式获得收益或者其他利益；(2)不得在世界银行提供资金支持的合同中被有资格的公司指派为转包商、顾问、生产商、供应商或服务提供商；(3)也不能从世界银行获取任何通过贷款所产生的收益或者参与受世界银行采购指引、咨询指引或反腐败指引所管辖的任何项目的准备或者执行中。同时，世界银行也在制裁决定书中提到，当湖南建工可以完成两个条件，则世界银行可以解除对其实施的制裁。这两个条件是：(1)湖南建工采取了适当的救济措施来解决引起它被世界银行所规定的应予制裁的行为；(2)湖南建工建立并实施了一个有效的诚信合规管理体系，该体系得到了世界银行的认可。

世界银行对于湖南建工的制裁是2013年10月1日作出的。湖南建工开启了对先前应予制裁行为的整改以及世界银行所要求的诚信合规管理体系的建设。通过3年的时间，依据世界银行诚信合规指南，结合实际，湖南建工构建了诚信合规体系；建立健全了职责清晰、分工明确的合规组织体系；制定完善了运行有效的合规制度体系和工作流程。该集团各单位积极实施内部整顿和管理提升，在经过与世界银行和第三方独立合规监督人的数轮交流磋商和现场监督检查后，在诚信合规方面所付出的巨大努力和不懈坚持，得到了世界银行的高度认可。通过努力，湖南建工在2017年6月29日收到世界银行的通知，正式确认成功解除资格制裁，自2017年6月29日起从世界银行制裁名单中取消。与此同时，世界银行还向与其缔结了《共同执行制裁决定》的其他多边开发银行一并发出通知，告知该解除制裁决定已生效。这标志着世界银行对湖南建工实施的资格制裁正式告终，也意味着湖南建工作为湖南省首家推行诚信合规体系的国有企业获得了国际权威认可。

---

[1] The World Bank, Sanctions Case No. 268.

综上所述,从参与国际市场竞争的角度来看,企业合规天然地适合要参与国际市场竞争的企业,它是企业参与国际市场竞争的重要基础,也是企业让国际组织或者域外国家认可并解除制裁的重要方式。

(六)企业合规能帮助企业提升可持续发展能力

企业合规是企业可持续发展能力的关键组成部分。正如《合规管理体系指南》(GB/T 35770—2017/ISO 19600:2014)开篇第一句“合规是组织可持续发展的基石”。除了企业合规对于企业的上述价值和积极作用外,企业合规能够提升企业的软实力,尤其是帮助企业树立包括守法、诚信、开放、担当等企业的正面形象。企业在合规方面所持续投入的成本以及所付出的努力会在潜移默化中自然而然地成为企业对外所展现的良好的精神和风貌,这是赢得员工、第三方合作伙伴、投资人、国家和社会等信任和支持的关键因素之一,这些是企业可持续发展能力的重要基础。企业合规在帮助企业提升可持续发展能力方面主要体现在以下四个方面:

1. 企业合规能够帮助企业吸引和保留人才。一方面,企业合规倡导企业对外以守法和诚信的方式开展经营活动。这可以让员工在企业工作时具有安全感,不用担心自己所工作的企业会主动实施违法犯罪行为,也不用担心企业会要求员工为了达到特定的目的实施违法犯罪行为。另一方面,企业合规倡导企业对内保障安全、包容和多元的工作环境。这可以让员工避免受到歧视和骚扰。企业合规为企业所营造的内外环境能够真正做到对于员工个人的尊重和认可,也可以让员工对于企业产生真正的信赖感和归属感,进而可以帮助企业吸引和保留人才,为企业的可持续发展提供人才的保障。

2. 企业合规是让企业拥有优质第三方合作伙伴的前提。社会分工越来越细化是现代社会和经济发展的大趋势,因此,企业的生产、经营和管理都离不开与第三方合作伙伴的合作。这些第三方合作伙伴既有帮助企业推销产品或者服务的经销商、代理商;也有为企业提供原料、产品和服务的供应商。企业合规可以让企业以守法、守约、诚信、公平和透明等方式与第三方合作伙伴进行往来,尊重第三方合作伙伴的技术能力、服务水平和产品质量,并能在企业员工对于第三方合作伙伴实施不合规行为时给予第三方合作伙伴有效地申诉和救济渠道。这些都可以让第三方合作伙伴与企业之间建立起信任,让与企业具有相同价值观的第三方合作伙伴与企业开展合作。这也可以让企业在第三方合作伙伴的支持下实现可持续的发展。

3. 企业合规是让企业获得志同道合的投资人的重要因素。一方面,企业获得投资人的青睐是企业可持续发展的一个重要保障。投资人在选择投资标的时所需要考虑的因素中除了高收益以外,还有对于投资的安全性和长期价值。企业合规对于规范的遵守、伦理道德的尊重、社会责任的承担等都是让投资人对于企业具有安全感并认可其长期价值的重要因素。另一方面,企业合规为企业赋予的价值观也会吸引与之志同道合的投资人。这类投资人在投资时关注企业所经营的业务的伦理性,引入 ESG[1] 理念及评价体系,并在此基础上进行"责任投资"。进一步而言,这类投资人在对于企业进行投资后,也会进一步要求企业在发展的同时重视企业的社会责任履行和企业的可持续发展。这样,企业与投资人之间会在对于企业可持续发展的战略方向方面形成量性互动,进而帮助企业实现可持续发展。

4. 企业合规是企业获取国家和社会信任的重要保障。企业合规帮助企业在经营和管理做到遵守规范、诚信守约、公平竞争、保障人权、承担社会责任。这些对于国家的治理、经济秩序的规范以及社会公共利益的保护等都有着重要且积极的作用。在此基础上,企业也可以赢得来自国家和社会的信任,这可以帮助企业获得和加强所在国政府和社会公众的支持,进而提升企业的可持续发展能力。

二、企业合规对于国家的价值

企业合规对于国家的价值,即企业合规在宏观角度对于国家和社会公共利益的价值。企业合规对于国家的价值主要包括以下几个方面。

(一)企业合规有助于增强国家的综合实力

企业合规有助于增强国家的综合实力。一方面,企业合规有助于提升国家治理体系和治理能力;另一方面,企业合规也有助于提升国家在全球的综合竞争力。这主要体现在以下几个方面:

1. 企业合规可以让企业更好地参与国家治理。企业合规所主张的价值观和方式与国家治理的要求高度一致。企业是国家治理的重要参与者,各种行业、类型、规模和性质的企业如果能认可企业合规所主张的价值观,据此建立合规管理体系并切实地去落实和执行,则企业合规将帮助企业成为合格的"企业

[1] ESG 是英文 Environment(环境)、Social(社会)、Governance(治理)的缩写,是一种关注企业在环境、社会和治理方面的绩效而非单纯的财务绩效的投资理念和企业评价标准。根据 ESG 评价,投资者可以通过观察企业的 ESG 绩效,评估其投资行为和企业在推动可持续发展和履行社会责任等方面的贡献程度。

公民”,以守法、诚信、公正、廉洁、透明、包容和多元等方式来参与经济和社会活动,关爱和尊重员工,遵守和履行社会责任;作为社会中一方主体为提升国家治理体系和治理能力贡献力量。

2. 企业合规也是国家治理中国家对于企业进行管理和保护的一种创造性方式。企业是经济活动的主要参与者、就业机会的主要提供者、技术进步的主要推动者,在经济发展中发挥着十分重要的作用。只有企业“活下来”“留得住”“经营得好”,就业才能稳,社会才有稳的基础。[1] 企业作为一个商业组织,即使拥有强大的经济、科技和人才等方面的实力,在国家机器面前仍然十分脆弱。正如有一种形象的表述:仅仅是对一家企业展开调查或者进行起诉,就具有了足以摧毁一家企业的可能性,不论该企业的大小。可见,在国家治理中,对企业的监管和干预如果存在不当,则这可能会直接导致企业的失败,进而引发人员的失业、经济的损害以及衍生的社会责任等。因此,如何对企业进行有效的管理,这是在国家治理中一个必须要回答的关键问题。

企业合规则为国家在既有的刚性监管外,提供了一种相对柔性的替代性管理模式,即国家的监管机构对于发生违法违规行为的企业进行评估后,以该企业承诺在一定期限内建立或者完善合规管理体系为条件,让企业获得一定的激励,这包括但不限于监管机构中止/终止对于企业的调查或者起诉、减轻对于企业的处罚等。在这一管理模式中,监管机构以与企业的沟通和对话代替了单方的干预和执法,对于企业违法违规行为根据其性质和严重程度予以区别对待,通过企业合规作为企业获得中止/终止调查或者起诉、减轻处罚等激励条件,让企业具备建立或者完善合规管理体系的动力,从“要我合规”变成“我要合规”。这一管理模式给予了企业在违法违规后改过自新的机会,在最大限度上保护了企业,使企业通过合规管理体系的构建和完善提高内部管理能力,增强外部经营的合法合规性,避免特定企业因违法违规行为而被“一刀切”地退出市场以及因此给国家、经济和社会带来的一系列的负面影响。最终让国家对于企业的治理在政治效果、法律效果、社会效果和经济效果等方面的要求得到全面实现。

3. 企业合规有助于增强国家在全球的综合竞争力。正如上文所述,企业合规的功能在于帮助企业成为合格的“企业公民”,以守法、诚信、公正、廉洁、透明、包容和多元等方式来参与经济和社会活动。这就要求企业持续不断地提升科技水平、管理能力、经营模式等,以增强自身在国内和国际的竞争力。同时,

---

[1] 童建明:《充分履行检察职责努力为企业发展营造良好法治环境》,载《人民检察》2020 年第 19 期。

企业是一个国家国民经济最为重要的贡献者,企业自身的健康发展以及企业在全球范围内竞争力的提升也将对国家的综合国力产生正面的作用,进而增强国家在全球的综合竞争力。

(二)企业合规有助于维护社会公共利益,保障经济的健康和可持续发展

企业合规有助于维护社会公共利益,保障经济的健康和可持续发展,这主要体现在以下两个方面:

1. 企业合规要求企业做对社会公共利益以及经济的健康和可持续发展有益的事。首先,企业合规要求企业要遵守规范,进行自我管理,防止实施违法违规或者不符合道德要求的不当行为,如垄断、商业贿赂等。其次,企业所建立的合规管理体系能够有效预防和监测企业及其员工所实施的不当行为,并及时采取救济措施对于不当行为予以纠正,从而控制或者减轻这些不当行为对于社会公共利益和经济的负面影响。最后,企业合规的道德属性会要求企业积极履行社会责任,为社会公共利益以及经济的健康和可持续发展主动承担责任并贡献力量。

2. 企业合规所形成的合规文化能够为社会公共利益以及经济的健康和可持续发展提供保障。企业合规所倡导的合规文化要求企业在开展经营管理时应当守法诚信、公平竞争、公正廉洁、保护知识产权和商业秘密以及承担社会责任等。合规文化所影响的不再是个别企业,而是企业群体、企业所处的整个产业链,即企业集体。当企业集体认可合规文化并以此实施经营和管理行为时,这所能产生的效果之一是保障社会公共利益以及经济的健康和可持续发展。

三、小结

企业合规对于企业自身、企业的投资人、第三方合作伙伴和员工等利益相关方,以及国家、社会等都有着极为重要的价值。这些价值可以从对企业自身价值的微观方面层层递进到对于国家和社会的宏观方面。

从微观方面,其一,企业合规可以有效预防不合规行为的发生;其二,企业合规对于不合规行为的预防并不能起到完全避免的效果,但企业合规管理体系的有效性可以成为帮助企业降低因发生不合规行为给企业造成损失的一个重要条件;其三,企业合规也可以帮助企业不因员工个人行为承担责任;其四,企业合规也可以让实施不合规行为的企业通过以建立或者完善企业合规管理体系为条件获得救赎的机会;其五,将目光从国内转向国际,企业合规也是让企业安全地参与国际市场竞争的基础之一;其六,在前述各项价值的基础上,企业合

规对于企业最具深远意义的作用在于提升企业的可持续发展能力。

转到宏观方面,企业合规能够让企业更好的参与国家治理,这一价值被重视,国家通过立法、行政执法和刑事司法等国家意志和手段将企业合规变成了对于企业进行管理和保护的一种创造性方式。在此基础上,国家中企业的健康发展将直接增强国家在全球的综合竞争力。与此同时,企业合规对于伦理道德和社会责任的遵守也将要求企业服务于社会公共利益,保障经济的健康和可持续发展。

企业合规对于促进中国企业治理和社会治理,对于经济高质量发展和更高水平对外开放,对于全面推进依法治国,全面推进国家各方面工作法治化,具有重要意义。

第二章　企业合规中的概念

企业合规是一个系统性的工程,企业合规中有着丰富的概念和模块。由于中国理论界和实务界对于企业合规的理论研究和实践探索仍在一个快速发展的过程中,外文翻译和实务应用共同创造了很多与企业合规相关的名词,这些名词的内涵和外延非常多元。目前的现状是,同一个名词可能有着多重含义,这些既有对西方企业合规已有实践成果的直译,也有本土实践的自我创造。这种情况对于一个对于企业合规的中外发展历史不甚了解的人来说会产生理解上的不便。

对此,本章将结合中国的法规、规范性文件和各类标准,美国法项下对于企业合规的相关法律文件以及合规实践经验,通过对于企业合规中的常用名词做解释和介绍,帮助读者对企业合规有一个全面的了解和掌握。需要注意的是,本章是从企业合规理论的角度出发,基于比较法的研究路径,对于目前各类实务和学术著作中所常用的与企业合规相关的名词进行综合的介绍,本身并不评价这些名词命名的正确与优劣。下面的内容也并不一定与中国已经发布的法规、规范性文件和各类标准中的表述完全一致,而是结合国内外的企业合规理论与实务成果进行的归纳和总结。同时,本章会在介绍企业合规相关概念时,同步标注特定概念的英文称谓。这主要是考虑到企业合规本身是舶来品,很多企业合规概念的中文称谓都是直接从英文翻译过来,通过标注英文称谓可以帮助读者对于这些概念进行更为直观的理解。

第一节　企业合规的基本概念

一、合规管理

合规管理(Compliance Management),是企业为了有效防控合规风险以确保企业的安全、健康和可持续发展,以企业和员工经营管理行为为对象,通过建设和完善合规管理体系,开展的有组织、有计划的管理活动。

合规管理的具体内容主要包括但不限于:合规从高层做起、合规制度和流程建设、合规计划制订与执行、合规组织建设、合规风险识别和评估、合规审查、合规检查、合规报告、合规调查、合规处理、合规整改、合规考核、合规培训和宣传、合规承诺、合规文化建设、合规信息管理和系统建设、合规激励等。

国务院国资委在2018年和2022年先后发布的《合规管理指引》以及《合规管理办法》中也都对于合规管理进行了定义。其中,《合规管理指引》中的合规管理定义为"以有效防控合规风险为目的,以企业和员工经营管理行为为对象,开展包括制度制定、风险识别、合规审查、风险应对、责任追究、考核评价、合规培训等有组织、有计划的管理活动"。《合规管理办法》中的定义为"企业以有效防控合规风险为目的,以提升依法合规经营管理水平为导向,以企业经营管理行为和员工履职行为为对象,开展的包括建立合规制度、完善运行机制、培育合规文化、强化监督问责等有组织、有计划的管理活动"。

二、合规管理体系

合规管理体系(Compliance Management Systems),是企业管理体系中的一个独立体系,是企业开展合规管理时所建立的方针和目标以及实现这些目标的过程中所涉及的人、财、物和配套的管理制度、流程等各种要素的总和。合规管理体系是合规管理的具体实现形式。

"合规管理体系"一词主要源于中国的法规和国家标准。2018年7月1日实施的国家标准《合规管理体系指南》(Compliance management systems—Guidelines)(GB/T 35770/ISO 19600:2014)中使用了"合规管理体系"一词。2021年发布的《合规管理体系 要求及使用指南》(Compliance management systems—Requirements with guidance for use)(ISO 37301:2021)对此继续沿用。《合规管理办法》也继续使用"合规管理体系"一词。

值得注意的是,在包括美国司法部(U. S. Department of Justice)和美国裁判委员会(U. S. Sentencing Commission)等美国官方机构发布的各类文件中都没有直接使用"Compliance Management Systems"。因此,"合规管理体系"(Compliance Management Systems)一词是包括ISO及中国等国际组织和相关国家对于企业合规作为企业的一个管理体系时所使用的称谓。

另外,在合规实务领域也会看到"合规体系"一词。总体来看,合规体系与合规管理体系之间所指代的内容是相同的。由于中国的正式法律渊源和国家标准中都开始使用"合规管理体系"一词,因此,在目前的理论界和实务界,"合规管理体系”一词的使用最为广泛。

三、合规计划

（一）中国官方文件中的合规计划

在中国的官方文件中，合规计划出现在2021年6月3日发布的《关于建立涉案企业合规第三方监督评估机制的指导意见（试行）》（高检发〔2021〕6号，以下简称《指导意见》）。

根据《指导意见》第11条的规定，合规计划是涉案企业结合与其涉嫌犯罪有密切联系的企业内部治理结构、规章制度、人员管理等方面存在的问题，制定可行的合规管理规范，构建有效的合规组织体系，健全合规风险防范报告机制，弥补企业制度建设和监督管理漏洞，防止再次发生相同或者类似的违法犯罪。合规计划可以是专项，也可以是多项。第三方组织可以定期或者不定期对涉案企业合规计划履行情况进行检查和评估，可以要求涉案企业定期书面报告合规计划的执行情况。可见，《指导意见》中所界定的合规计划，是当企业涉嫌刑事犯罪时，企业通过对造成其发生犯罪行为的原因的分析，有针对性地制定的一套计划并采取相应的合规管理措施，以达到弥补漏洞并形成对相同或类似违法犯罪行为的有效预防机制为目的。企业制订的合规计划需要受到第三方组织的检查和并接受第三方组织对于该合规计划有效性的评估。

2022年4月19日发布的《涉案企业合规建设、评估和审查办法（试行）》（全联厅发〔2022〕13号，以下简称《办法》）中提出了一个与合规计划类似的名词，即专项合规整改计划。专项合规整改计划主要是结合涉案企业所涉犯罪而制订专门的合规计划整改，包括但不限于反商业贿赂类、反垄断类、知识产权类、涉税类、生态和环境保护类、数据安全类、安全生产类、食品安全类、反洗钱类等。同时，《办法》也明确了涉案企业合规项下专项合规整改计划与合规管理体系的关系，即专项合规整改计划是合规管理体系的组成部分，合规管理体系的有效运行离不开专项合规整改计划的落实。

（二）美国法项下的“Compliance Program”

“Compliance Program”是美国法项下企业合规的核心要素，也是监管机构评估一个企业是否有有效的合规管理体系的重要方面，更是美国司法机关评估是否对企业开展调查，提起公诉、达成辩诉交易或者达成其他协议，减轻刑事责任等的关键因素之一。“Compliance Program”的这些作用可以体现在美国司法部发布的“Evaluation of Corporate Compliance Programs”[1](以下简称《企业合规管理体系评估》);美国司法部和美国证券交易委员会(U. S. Securities and Exchange Commission,SEC,以下简称美国证交会)联合发布的“A Resource Guide to the U. S. Foreign Corrupt Practices Act, Second Edition”[《美国反海外腐败法资源指南》(第 2 版)]以及美国裁判委员会(U. S. Sentencing Commission)发布的“Guidelines Manual 2021”。

在美国法项下,Compliance Program 是企业根据自身以及所处行业的特点来专门定制的。有效的 Compliance Program 能够强化企业的内部控制;能在侦测和预防违法违规风险方面发挥重要作用,并能够提升整个企业遵守道德和法律的合规文化环境。为此,有效的 Compliance Program 一般都会具备这些要点:(1)定期的风险评估;(2)政策和流程建设;(3)有效的培训和沟通;(4)具有保密性的合规报告途径;(5)合理且有效的内部调查;(6)对第三方的实际管理;(7)中高管理层对于遵守合规的承诺;(8)合规激励;(9)定期审计;(10)持续改进和提升管理和流程;等等。可见,在美国法项下,一个有效的 Compliance Program 并不是一些单独且分割的行为,而是一整套组织、制度、流程等综合的体系。

四、合规风险

风险是不确定性对于目标的影响。合规风险(Compliance Risk),就是与合规相关的不确定性给企业经营目标的实现造成的影响。合规风险的存在及其对企业经营目的实现的关键影响是企业开展合规管理的核心基础。下面,我们将对合规风险中的各个构成要素分别进行分析。

(一)与合规相关的不确定性

与合规相关的不确定性包括因企业外部因素引发的不确定性和企业内部因素所造成的不确定性两个方面。

1. 因企业外部因素引发的不确定性的主要情形

(1)企业业务所在国或地区的政府机构、监管部门等在宏观立法和具体执法标准和方式等方面的变化,比如美国财政部海外资产控制办公室(The Office of Foreign Assets Control of the US Department of the Treasury,OFAC)不定期发

[1] 美国司法部发布的“Evaluation of Corporate Compliance Programs”会不定期更新,目前最新的版本为 2020 年 6 月版本。下文对于“Evaluation of Corporate Compliance Programs”内容的引用都以 2020 年 6 月版本为准。

布的制裁名单,这会即刻关系企业对于现有的特定商业合作伙伴之间的业务活动是否会被制裁。

(2)企业业务所在国或地区所对应的社区诉求、社会文化、风俗习惯等方面的变化,比如所在国达成的对于一些特殊的群体,如性少数者群体(LGBTQ)、少数族裔等给予额外的关注和照顾的共识。在此情况下,企业在该等经营地点需要在员工关系、公平就业和工作环境等方面及时做出必要的调整,避免发生歧视或者骚扰等损害员工权益、破坏企业声誉的情况。

(3)科技的发展和技术的革新,比如,在数字化和人工智能快速发展的大环境下,企业对于通过大数据驱动业务发展的需求越来越高,在此过程中,随着世界各国对于数据安全和个人信息保护的立法逐步完善、执法日益频繁,企业对于数据和个人信息的收集、使用、存储和跨境传输等活动所需要遵循的合规要求就越来越多,因违规所受到的处罚也越来越重。

2. 因企业内部因素所造成的不确定性的主要情形

企业内部因素所造成的不确定性主要来自企业和企业员工。

(1)企业。主要是指企业内部未能建立起有效的合规管理体系,包括但不限于未能建立合规管理制度、未能配备专业的合规管理人员、未能落实合规风险管控流程、未能形成良性的企业合规文化等,进而导致企业在开展经营活动中对于不合规行为无法得到有效的控制和约束,最终让企业遭受经济损失、商誉损害以及行政或者刑事法律责任。比如,在 2013 年葛兰素史克商业贿赂案中,葛兰素史克及其管理层和员工所实施的商业贿赂行为与葛兰素史克在当时合规管理资源投入的不足、管理层和员工合规意识淡薄以及财务管理部对于市场活动费用的真实性和合规性管理不到位等有着密切联系。正是因为葛兰素史克未能建立起有效的合规管理体系,放任了其管理层和员工实施违法犯罪行为,导致葛兰素史克被追究相应的法律责任。

(2)企业的员工。一般而言,企业在内部建立有效的合规管理体系能够通过制度建设和流程控制防范员工实施不合规行为;也能够通过合规文化培育增强员工的合规意识,进而让员工自发地按照合规的方式开展工作。但是,在此情况下,如果企业员工个人仍然实施了不合规行为,则这仍会给企业带来合规风险。只是在此情况下,企业所需要承担的责任可能会相对减轻。其中,不合规行为包括但不限于商业贿赂、垄断、洗钱、出口管制和贸易制裁、舞弊、利益冲突、歧视与骚扰等违反法律法规或者扰乱外部市场经济秩序或者损害内部员工的合法权益的行为。比如,美国通用公司有着世界领先的合规管理体系,也因为它的美国公司的特殊身份,通用公司还受到美国 FCPA 的管辖。因此,通用公司有着全面的合规管理制度,有着庞大的合规管理专业团队,有着高度数字化的合规管理系统和完善的合规培训项目。简单来说,通用公司具备有效的合规管理体系。但是,经检索仍然可以在公开渠道看到,通用公司的员工在全球各地因实施商业贿赂活动被处罚的案例。比如浙江省嘉善县人民法院(2006)善刑初字第97号“叶某某受贿案”的判决书中提道:“2003年至2005年6月,被告人叶某某担任县一院九病区(骨科)主任,并对该科采购骨科内植入物的业务有决定权。其间,在科室与通用(上海)医疗器材有限公司的骨科内植入物业务的往来中,为该公司谋取利益,利用职务上的便利收受该公司销售代表葛某某数次所送的回扣,共计人民币20余万元。”在这个案件中,我们虽然没有看到通用(上海)医疗器材有限公司因其员工的行贿行为受到直接的处罚,但是,这样的结果可能是因为我国在特定时期对于涉及商业贿赂犯罪处理时更注重对受贿一方处理的司法政策造成的,并不能当然认为该员工的行贿行为不会给通用(上海)医疗器材有限公司带来合规风险。并且在本案中,虽然通用(上海)医疗器材有限公司并未直接承担刑事或者行政法律责任,但是,由于判决书公开,该公司员工的行贿行为可以被社会公众所知晓,这仍然会给该公司的商业信誉带来负面的影响。

(二)给企业经营目标的实现造成的影响

与合规相关的不确定性给企业经营目标的实现造成的是消极影响。具体而言,与合规相关的不确定性可能会使企业遇到以下情况:(1)来自监管机构的调查;(2)所在社区的抗议、示威;(3)所处相关行业的抵制;(4)企业内部员工之间互相失去安全感、丧失信任。在此情况下,这可能会导致企业发生以下不利后果:(1)企业的正常经营秩序被破坏,无法开展有效的经营活动;(2)企业承担行政或者刑事法律责任;(3)相关市场准入资格丧失;(4)人才流失;(5)经济损失;(6)商业信誉损害;(7)甚至因此破产。

在法国企业阿尔斯通被美国FCPA调查的一案中,阿尔斯通曾被誉为法国工业“皇冠上的明珠”,曾是与德国的西门子公司和美国的通用公司旗鼓相当的世界能源巨头。该公司由于在埃及、巴哈马群岛和印尼等国家和地区开展业务的过程中存在行贿当地官员以获取业务订单的商业贿赂行为,被美国FCPA的“长臂管辖”立案调查。在该案的调查过程中,阿尔斯通的多位高管被逮捕,与调查相关的业务领域直接停滞。最终,阿尔斯通向美国司法部做了妥协,达成了认罪协议,因此需要支付高达7.72亿美元的罚金,并要求阿尔斯通必须以在10天内以当时尚未被收购的法国资产来支付。鉴于当时阿尔斯通的经营情况,根本没有能力支付该笔罚金。在此情况下,阿尔斯通被迫将其核心的能源业务出售给了美国通用公司。

(三)小结

综上所述,合规风险是指因企业外部原因的变化或者企业和企业员工实施的不合规行为,企业产生需要承担法律责任、受到相关处罚、造成经济或者商誉损失、引发人才流失或者其他负面影响的可能性,进而阻碍企业经营目标的实现。《合规管理指引》、《合规管理办法》以及《中小企业合规管理体系有效性评价》(T/CASMES19—2022)中都有对合规风险的定义。其中,《合规管理指引》对于合规风险的定义为"中央企业及其员工因不合规行为,引发法律责任、受到相关处罚、造成经济或声誉损失以及其他负面影响的可能性"。《合规管理办法》的定义为"企业及其员工在经营管理过程中因违规行为引发法律责任、造成经济或者声誉损失以及其他负面影响的可能性"。《中小企业合规管理体系有效性评价》的定义为"因未遵守组织合规义务而发生不合规的可能性及其后果"。

五、合规组织

合规组织是企业内部履行合规管理职责、开展合规管理工作的主体。合规组织的架构需要根据每个企业所建立的企业治理结构来设计,一方面确保合规管理的组织架构与原先的企业治理结构之间的融洽;另一方面也确保合规组织可以得到充分的授权,进而可以有效地履行合规管理职责、开展合规管理工作。从企业治理结构和合规管理权限的角度,企业的合规组织一般包括:合规管理最高权力组织、合规管理执行组织、合规管理协调组织和合规管理监督组织。本部分将主要对前述合规管理组织做基本介绍,对于其各自承担的合规管理职责将在本书第五章中做详细介绍。

(一)合规管理最高权力组织

企业管理是对于企业内部各项权力和资源的分配和使用,进而实现企业利益的最大化。合规管理是企业管理中的核心组成,同时,合规管理因为涉及企业在商业伦理、员工切身利益等企业存续和发展的根本性内容,合规管理最高权力组织需要与企业内部最有权威性的组织相结合。因此,合规管理最高权力组织通常有两种情形:一种是企业的最高权力机关直接作为合规管理最高权力组织。根据企业性质的不同,合规管理最高权力组织可以是股东会、董事会或监事会。正如《合规管理办法》第 8 条规定:"中央企业董事会发挥定战略、作决策、防风险作用。”另一种是企业的最高权力机关设立的与合规管理相关的特别委员会(如合规委员会)[1]。

(二)合规管理执行组织

合规管理执行组织是根据合规管理最高权力组织的授权负责企业合规管理工作的开展,这一般包括三类主体:企业经理层、合规管理牵头部门以及其他各职能部门和业务部门。其中,企业的经理层是指董事会所聘任的经理以及企业经营管理的核心管理团队,包括企业的实际控制人、主要负责人等。合规管理牵头部门一般为企业内部设立的专业合规管理部门和人员。根据不同企业的组织设置,合规管理牵头部门有被称为合规部、法律合规部、纪检合规部、合规风控部、审计合规部等,合规管理牵头部门的负责人一般被称为“首席合规官”或者“合规负责人”。企业可以根据自身的规模大小和所处行业的风险高低等来决定是否要设置专职的合规管理牵头部门,或者由法务部、风险管理部等职能部门内部安排人员进行兼职。其他各职能部门和业务部门在各自负责的合规管理职责范围内开展合规管理工作并全面落实来自合规管理最高权力组织、经理层和合规管理牵头部门所布置的各项合规管理要求。正如《合规管理办法》第 9 条、第 13 条和第 14 条的规定,中央企业经理层发挥谋经营、抓落实、强管理作用;中央企业业务及职能部门承担合规管理主体责任;中央企业合规管理部门牵头负责本企业合规管理工作。

合规管理执行组织的设置与合规管理“三道防线”的建设要求相匹配。根据“三道防线”的设计,业务部门(如销售人员、市场管理人员)等是第一道防线,他们需要理解、遵守和执行企业的各项合规管理要求;法务、合规、财务等职能部门是第二道防线,他们为第一道防线提供专业支持;审计、纪检(适用于国有企业)是第三道防线[2],对于前两道防线在合规管理的履职方面进行监督。“三道防线”指明了企业合规管理的一项基本原则,即企业合规并非合规管理人员的合规,而是每一位管理者和员工都有职责来理解、遵守和执行的合规。因此,企业的每一个部门、每一位管理者和每一位员工都是合规管理的执行者和责任人。

(三)合规管理协调组织

合规管理涉及面很广,合规管理牵头部门在开展合规管理工作时需要与其

---

[1] 合规委员会也有可能会作为合规管理协调组织,下文会作对应介绍。

[2] 第三道防线一般也被认为是“合规管理监督组织”,下文会作对应介绍。

他相关职能部门进行协同。比如,在合规管理牵头部门对于一名涉嫌费用报销舞弊的员工进行调查时,合规管理牵头部门为了查清事实,需要与财务管理部进行合作。财务管理部需要向合规管理牵头部门提供的支持包括但不限于:对与案件相关的财务管理政策、制度和流程等进行解释;该员工的涉案报销材料以及从财务管理角度对于这些报销材料的合理性和财务合规性等给出专业分析意见。通过企业内部建立有效的合规管理协调机制,合规管理牵头部门可以最大限度地得到财务管理部在政策依据和证据收集等方面的支持,进而保障员工的违规行为的定性与定责的准确。

由于合规管理牵头部门与其他相关职能部门属于平行组织,本身并不被授权直接领导其他部门开展工作,而合规管理最高权力组织在客观上也不具备事无巨细的处理合规管理协调事务的可能性。因此,在具备条件的企业中,合规管理最高权力组织会下设合规管理协调组织,确保与合规管理相关的职能部门在合规管理牵头部门提出与合规管理相关的要求时,可以充分调动和协调相关资源,保证合规管理工作得到有效开展。该组织主要会由与合规管理相关的职能部门指派成员共同组成,包括合规管理协调部门、财务管理部、法务部、人力资源部、审计部、安全部等。这类组织的名称常见的有"合规委员会""道德合规委员会""合规管理委员会"等。正如《合规管理办法》第11条的规定:"中央企业设立合规委员会……统筹协调合规管理工作,定期召开会议,研究解决重点难点问题。"

(四)合规管理监督组织

合规管理监督组织是对于企业的合规管理最高权力组织、合规管理执行组织和合规管理协调组织的工作和履职情况进行监督的主体。合规管理监督组织在企业中一般不专设。这一职能通常由企业内部履行监督职责的机构来负责,比如企业的监事会、审计委员会等。正如《合规管理办法》第15条规定:"中央企业纪检监察机构和审计、巡视巡察、监督追责等部门依据有关规定,在职权范围内对合规要求落实情况进行监督,对违规行为进行调查,按照规定开展责任追究。"

六、合规制度

合规制度即合规管理制度,包括合规的政策和流程(Compliance Policy and CoP),是企业管理制度中的一个重要组成部分,也是与所在国的正式法律渊源、国际条约和惯例、企业所属行业的行业准则等并列的企业开展合规管理活动的基本依据之一。合规制度由企业根据自身特点自主制定,针对合规组织和合规管理活动的体系性安排的规范性文件的总称。合规制度体现了企业在合规经营和管理方面的承诺、目标和理念,明确了企业合规组织的职责,为企业的管理者和各级员工遵守合规要求和开展经营活动提供有针对性的指引。

相较于所在国的正式法律渊源、国际条约和惯例、企业所属行业的行业准则,合规制度在合规管理中的作用包括:

1. 合规制度是合规管理的必要条件。一方面,企业对于所在国的正式法律渊源、国际条约和惯例、企业所属行业的行业准则等的遵守和执行需要通过合规制度实现。企业是法律拟制的主体,企业的行为需要企业的员工根据企业制定的规章制度来实施。因此,企业对于所在国的正式法律渊源、国际条约和惯例、企业所属行业的行业准则中对于企业的合规要求的落实,离不开企业所建立的完备且有效的合规制度。另一方面,合规制度会将合规管理的每一个事项、程序、责任主体、权责体系等予以明确,从而让合规管理可以有序开展。

2. 合规制度能够让合规管理更符合企业的实际需要。所在国的正式法律渊源、国际条约和惯例、企业所属行业的行业准则具有普适性,它们本身并不为了某一个企业而制定。相应地,合规制度是由企业结合风险识别,根据自身的治理结构来制定的一系列规范性文件。合规制度能够更好地契合企业的实际需求,为企业及其员工开展工作提供指引。

3. 合规制度也能让企业不断追求更为优秀的合规管理标准。合规制度体现了企业在合规经营和管理方面的承诺、目标和理念。对于那些有着雄心壮志且对自身有着严格要求的企业,他们往往会通过合规制度制定比所在国的正式法律渊源、国际条约和惯例、企业所属行业的行业准则中提出的要求更高的合规管理标准。

合规制度的建立和运行是评估企业合规管理体系是否经过良好设计的一个重要标准。正如美国司法部在《企业合规管理体系评估》Ⅰ.B.中所提到的:"企业良好设计的合规管理体系与政策和流程的建设密不可分。政策与流程一方面可以通过其内容和效力来建立企业的道德标准,另一方面可以应对和降低通过风险评估所识别的风险。"〔1〕

---

〔1〕英文原文:*Evaluation of Corporate Compliance Programs*(*Update June* 2020)Ⅰ.B. Policies and Procedure: Any well-designed compliance program entails policies and procedures that give both content and effect to ethical norms and that address and aim to reduce risks identified by the company as part of its risk assessment process。

七、合规文化

合规文化(Compliance Culture),是指企业在生产经营和管理的过程中逐步积累和形成的,为企业全体成员所知晓、认同和遵守的与合规经营相关的价值观、精神和理念。常见的合规价值观、精神和理念包括但不限于:守法、诚信、透明、公平、公正、安全、包容、多元、责任、担当、创新等。

合规文化与合规管理有着紧密的联系。合规管理的目标之一是让企业形成健康的合规文化;与之相对应,健康的合规文化能够让全体企业成员具有合规意识、认同合规理念,自觉遵守合规要求,进而有助于合规管理的全面开展。

合规文化对于企业的存续和发展都有着至关重要的作用,具体来说,可以包括以下几个方面:

1. 合规文化的形成是企业合规管理体系有效运行的重要保障。合规文化的核心在于企业全员能够具有合规意识,这能够让员工们在对内对外开展生产经营活动时遵纪守法,避免不合规行为的发生。相反,如果企业员工合规意识薄弱,则即使企业建立了完善合规管理体系,也无法对员工产生有效的约束,无法全面预防合规风险。在实践中,有些企业纸面上的规章制度非常完善,但这些制度却没有向员工公开或者没有给员工做过充分的沟通和培训,管理层也从不以身作则地遵守。这导致员工无法对这些规章制度的内容和所反映的价值观了解或产生认同,进而无法形成合规文化,企业的规章制度也变得形同虚设。

2. 合规文化的形成能够降低企业的合规管理成本。合规文化的形成可以让员工自觉遵守合规要求,防范合规风险。这就可以让企业对日常监管、应对政府执法和调查等方面的成本得到有效的控制。在实践中,有些企业因为经常开展合规培训,这让员工都充分了解企业的合规价值观和具体要求,包括让他们清晰的知道哪些是企业认为正确的事,哪些是企业禁止的事。在此基础上,员工能够在日常的工作中,在遇到需要他们做出决定的现实场景时,做正确的事。这让企业可以减少对员工在日常监管方面的资源投入,也可以减少触发政府执法或者调查事件。

3. 合规文化是企业核心竞争力的重要组成部分。合规文化能够给企业带来的核心竞争力包括:让企业的生产经营活动安全、稳定且有序开展;吸引和留住人才;助力企业的市场宣传和品牌建设。在实践中,越来越多的劳动者在进行就业机会选择时都会将企业是否有着良好的合规文化作为关键考量因素之一。相比于诱人的薪资,能否有一个安全、包容、多元的工作环境成为劳动者决定建立劳动关系的重要因素。

第二节　企业合规日常管理中的概念

一、合规承诺

合规承诺(Compliance Commitment),是指企业的管理层和员工对于同意遵守企业所建立的合规文化、制度、政策和标准等做出的明确的意思表示。合规承诺是企业合规管理体系的必要环节,也是培育合规文化中的首要措施。正如《合规管理指引》第27条的规定:“积极培育合规文化,通过制定发放合规手册、签订合规承诺书等方式,强化全员安全、质量、诚信和廉洁等意识,树立依法合规、守法诚信的价值观,筑牢合规经营的思想基础。”《合规管理办法》第31条规定:“中央企业应当加强合规宣传教育,及时发布合规手册,组织签订合规承诺,强化全员守法诚信、合规经营意识。”

合规承诺是否可以定期按计划在企业内部实施是评估企业合规管理体系有效性的重要依据。这主要是因为,企业在开展合规承诺时会将企业所倡导的与合规相关的核心价值观以及合规要求进行系统的总结和罗列,这可以让企业各级员工及时学习和掌握。同时,当各级员工以特定的动作,如书面签名或者电子签名等做出了承诺时,这会让各级员工直接产生遵守这些与合规相关的核心价值观和合规要求方面的义务。一旦员工发生违反承诺中内容的违规行为时,员工做出的合规承诺本身就将成为处理员工违规行为的依据。

合规承诺中最为典型的是遵守企业行为准则的承诺。同时,在许多企业中也有着一些专项承诺,比如廉洁承诺、反贿赂承诺等。

合规承诺的建立和运行是评估企业合规管理体系是否被认真且善意的适用的一个重要标准。正如《企业合规管理体系评估》Ⅱ. A. 中所提到:“超出企业的合规结构、政策和流程之上,在企业的各个层级上建立和推动以遵守法律为基础的道德和合规文化极为重要。合规管理体系的有效运行要求企业的领导团队对于从企业中层到高层共同贯彻合规文化做出高级别的承诺。”[1]

---

[1] 英文原文:*Evaluation of Corporate Compliance Programs* (*Update June* 2020) Ⅱ. A. Commitment by Senior and Middle Management: Beyond compliance structures, policies, and procedures, it is important for a company to create and foster a culture of ethics and compliance with the law at all levels of the company. The effectiveness of a compliance program requires a high-level commitment by company leadership to implement a culture of compliance from the middle and the top。

二、合规培训

合规培训(Compliance Training),是指企业定期或者不定期组织的,面向内部员工或者外部合作伙伴所开展的,与企业合规管理体系相关的培训。合规培训的目的在于让内部员工和外部合作伙伴对于企业的合规管理体系,包括合规文化、合规组织、合规制度、合规流程等方面有了解,增强员工和外部合作伙伴的合规意识,进而指引员工和外部合作伙伴在日常工作中做正确的事,防范和减少合规风险。正如《合规管理指引》第26条的规定:"重视合规培训,结合法治宣传教育,建立制度化、常态化培训机制,确保员工理解、遵循企业合规目标和要求。"《合规管理办法》第30条规定:"中央企业应当建立常态化合规培训机制,制定年度培训计划,将合规管理作为管理人员、重点岗位人员和新入职人员培训必修内容。"

合规培训机制的建立和运行是评估企业合规管理体系是否经过良好设计的一个重要标准。正如《企业合规管理体系评估》Ⅰ.C.中所提到的:"检察官应当对于公司所采取的相关措施的有效性进行评估,这些措施是确保公司的政策和程序被整合进入组织内,包括通过定期的给与所有的董事、管理者、相关员工和第三方代理人、商业合作伙伴等提供培训并出具培训的证明。"[1]

三、合规沟通与宣传

合规沟通与宣传(Compliance Communication),是相较于合规培训,企业采取的向内部员工或者外部合作伙伴介绍企业合规管理体系的另一种形式。合规沟通和宣传的目的在于让内部员工和外部合作伙伴对于企业的合规管理体系,包括合规文化、合规组织、合规制度、合规流程等方面有了解,增强员工和外部合作伙伴的合规意识,进而指引员工和外部合作伙伴在日常工作中做正确的事,防范和减少合规风险。当然,相较于合规培训,合规沟通与宣传有着更为灵活多样的内容和形式,正如《合规管理指引》第26条所指出的:"结合法治宣传教育……确保员工理解、遵循企业合规目标和要求。"《合规管理办法》第31条指出:"中央企业应当加强合规宣传教育,及时发布合规手册,组织签订合规承

---

〔1〕 英文原文:*Evaluation of Corporate Compliance Programs* (*Update June* 2020) Ⅰ. C. Training and Communication: Prosecutors should assess the steps taken by the company to ensure that policies and procedures have been integrated into the organization, including through periodic training and certification for all directors, officers, relevant employees, and, where appropriate, agents and business partners。

诺,强化全员守法诚信、合规经营意识。”

合规沟通与宣传机制的建立和运行是评估企业合规管理体系是否经过良好设计的一个重要标准,这包括合规沟通和宣传的内容、形式和针对性程度等。正如《企业合规管理体系评估》Ⅰ.C.中所提到的:“检察官应当检验企业的合规管理体系是否得到有效的宣传和传播,让员工们能够得到充分的理解。这样的合规管理体系才能被认为是真正有效的。”[1]

四、合规审查

合规审查,是指企业通过制度和流程在特定的经营管理活动中所设置的强制合规性审查活动。企业应当在对于企业具有重要影响的项目,比如重大事项决策、重要人事任免、重大项目投资决策、重大合同签订、大额资金使用、规章制度制定等,或者根据风险识别与评估确认为中高风险领域的项目,通过制度和流程建立起强制合规性审查机制,这些项目如果未经合规管理组织审核通过不得实施。

合规审查是合规管理中的一个必要环节,正如《合规管理指引》第 20 条的规定:“建立健全合规审查机制,将合规审查作为规章制度制定、重大事项决策、重要合同签订、重大项目运营等经营管理行为的必经程序,及时对不合规的内容提出修改建议,未经合规审查不得实施。”《合规管理办法》第 21 条更是对合规审查做了进一步规定:“中央企业应当将合规审查作为必经程序嵌入经营管理流程,重大决策事项的合规审查意见应当由首席合规官签字,对决策事项的合规性提出明确意见。业务及职能部门、合规管理部门依据职责权限完善审查标准、流程、重点等,定期对审查情况开展后评估。”

五、合规咨询

合规咨询(Compliance Consultation),是指企业所建立的保障各级员工能够在遇到合规方面的疑问或者顾虑时可以及时获得解答和指引的一系列制度和工作方式。合规咨询是企业合规制度和合规文化在企业内让员工知晓和理解的重要方式之一,也是帮助员工应对遇到的合规难题,防范合规风险,保障企

[1] 英文原文:*Evaluation of Corporate Compliance Programs* (*Update June* 2020) Ⅰ. C. Training and Communication: Prosecutors, in short, should examine whether the compliance program is being disseminated to, and understood by, employees in practice in order to decide whether the compliance program is “truly effective.” JM 9-28. 800。

业业务发展的有效手段之一;更是企业合规管理部门了解业务,识别风险并做出应对的重要渠道之一。

合规咨询的建立与合规本身的特性有关。一方面,合规有着一个专业且庞大的体系,这既包括外部的法律法规的要求,也包括企业所建立的一整套合规组织和合规制度(政策和流程等)。对于这些内容,仅通过培训和沟通无法确保让员工全面的理解和掌握并有效指导他们的日常工作。因此,企业需要给员工一个可以即时对合规相关的法规、政策不清楚的情况进行咨询的渠道,让他们及时得到指导。另一方面,合规所面对的是一个“有灰度的世界”,合规所对应的问题大都并不是非黑即白,而是需要凭借着专业知识和行业经验等提出一套解决方案的。通过合规咨询,企业的员工可以与合规管理部门进行有效地沟通,由合规管理部门根据具体的事项情况给予专业的合规咨询意见和处理措施。比如,企业的销售代表在处理所管辖的区域内的经销商违反公司的产品价格政策而需要采取应对措施时,这不仅需要基于商业逻辑做出决策,也要同步考虑不违反所在国的竞争法规。这就需要负责的员工在商业利益最大化和法律规则的边界之间做好把控。对于不具备专业合规知识和经验的企业员工来说,他们要平衡好这些方面的责任和风险是有困难的。企业通过建立合规咨询,鼓励员工在遇到与合规相关的疑问或者顾虑时能够主动寻求企业内部合规管理部门的专业意见,这样就可以让业务部门与合规管理部门形成有效协同,让企业安全的前进。

合规咨询是企业合规管理体系的一个必要组成部分,也是评估企业合规管理体系是否经过良好设计中培训与沟通环节下的一个重要标准。正如《企业合规管理体系评估》Ⅰ.C.中所提到的:“指导的可获取性。企业会通过什么样的资源来向员工提供与合规政策相关的指导?企业是如何评估它的员工是否知晓在何时去征求意见以获得指导以及员工是否愿意去提出这样的需求?”[1]

六、合规报告

合规报告(Compliance Reporting),是指企业所建立的企业或员工向其上级管理主体或者投资人就特定合规事项进行定期或不定期报告的一系列制度

---

[1] 英文原文:*Evaluation of Corporate Compliance Programs* (*Update June* 2020) Ⅰ.C. Training and Communication: Availability of Guidance-What resources have been available to employees to provide guidance relating to compliance policies? How has the company assessed whether its employees know when to seek advice and whether they would be willing to do so?

和工作方式的总称。合规是企业的基石,也是企业的管理主体或者投资人对于企业的经营管理情况和投资价值进行评估时所关注的核心要点之一。

合规报告包括定期报告和不定期报告两种形式。其中,定期报告一般是常规性的报告,比如合规管理部门所准备的半年度或者全年合规工作的总结。不定期的报告主要是针对企业所面临的突发性的合规事件,通过合规报告,企业的管理层或者企业的上级管理主体可以及时调动资源予以处理。

合规报告能够让企业的管理主体或者投资人及时了解企业的合规情况,包括但不限于:企业所面临的主要和重大合规风险类型和事件、合规工作优先项、合规管理工作开展所遇到的困难和所需要的各类支持,以及合规管理工作所取得的成果等。

合规报告是企业合规管理体系的一个必要组成部分。正如《合规管理指引》第 28 条所指出的:"建立合规报告制度,发生较大合规风险事件,合规管理牵头部门和相关部门应当及时向合规管理负责人、分管领导报告。重大合规风险事件应当向国务院国资委和有关部门报告。合规管理牵头部门于每年年底全面总结合规管理工作情况,起草年度报告,经董事会审议通过后及时报送国务院国资委。"《合规管理办法》第 22 条规定:"中央企业发生合规风险,相关业务及职能部门应当及时采取应对措施,并按照规定向合规管理部门报告……中央企业发生重大合规风险事件,应当按照相关规定及时向国资委报告。"

七、合规考核

合规考核,即合规绩效考核,这是指企业的管理主体对于企业以及企业对于其管理层和员工在履行合规管理职责和承担合规管理责任方面所设定的绩效指标,并对该等绩效指标的遵守和完成情况进行定期考察和审核的一系列制度和工作方式。合规考核的对象包括企业和企业员工两个方面。

合规考核与合规激励有着密切的联系。其中,合规考核是开展合规激励的基础和必要手段;合规激励则是合规考核所产生的主要结果之一。

合规考核对于企业合规管理体系的运行有着极为重要的作用,这包括:(1)合规考核通过对与合规相关的绩效指标进行适当的设定,使得企业和员工在履行合规管理职责和承担合规管理责任方面有了明确且清晰的指引,进而便于提升他们在开展合规管理或者遵守合规要求方面的积极性和执行力。(2)合规考核的执行也可以让遵守合规的企业和员工与不遵守的进行明确的区分,让遵守的获得应有的合规激励;让不遵守的获得相应的合规处理。进而让企业逐步形成积极且健康的合规文化和合规环境。

合规考核是企业合规管理运行的必要环节,正如《合规管理指引》第 23 条的规定:“加强合规考核评价,把合规经营管理情况纳入对各部门和所属企业负责人的年度综合考核,细化评价指标。对所属单位和员工合规职责履行情况进行评价,并将结果作为员工考核、干部任用、评先选优等工作的重要依据。”《合规管理办法》第 17 条规定:“中央企业应当制定合规管理基本制度,明确总体目标、机构职责、运行机制、考核评价、监督问责等内容。”

合规考核也是评估企业合规管理体系是否被认真且善意的适用的重要标准。正如《企业合规管理体系评估》Ⅱ. C. 中所提到的:“一些企业也已经发现通过提供正向的激励,比如对于那些提升和发展合规管理体系或者展现合规领导力的员工提供个人的职位晋升、奖励和奖金等,能够有力的驱动合规管理体系运行。甚至有一些企业将合规作为管理层的奖金和/或职业发展的一个重要的指标。”[1]

八、合规激励

与合规考核有着在企业和企业员工两个对象的情况方面的一致,合规激励包括两个方面,一方面是企业的管理主体通过设定的考核标准和流程对于在合规管理方面有着出色表现的企业所给予的认可和奖励;另一方面是企业对于在遵守合规要求或者发展企业合规管理方面有着卓越表现的员工通过设定的考核标准和流程所进行的认可和奖励。

合规激励在企业中有两种设置方式:一种为设置具体的激励措施,这包括对于合规经营的企业,企业的管理主体给予其精神或物质方面的奖励;对于发展企业合规管理体系或者通过以身作则遵守合规来提升企业整体合规文化等的员工给予荣誉称号、职位晋升、薪酬和奖金奖励等。另一种是将合规作为企业或员工绩效的否决项,比如在企业或者员工年初的绩效考核设计中,企业或员工在一个会计年度内如果出现违规行为,则企业或者员工当年度的绩效考核成绩将直接为零。

合理的合规激励对于整个市场的合规文化培育和企业自身的发展有着极

---

〔1〕 英文原文:*Evaluation of Corporate Compliance Programs* (*Update June* 2020) Ⅱ. C. Incentives and Disciplinary Measures: some companies have also found that providing positive incentives-personnel promotions, rewards, and bonuses for improving and developing a compliance program or demonstrating ethical leadership-have driven compliance. Some companies have even made compliance a significant metric for management bonuses and/or have made working on compliance a means of career advancement。

为重要的作用，主要包括：

1. 合理的合规激励能够让尊重合规理念和遵守合规要求的企业和个人得到充分的认可，让企业和个人得到相应的物质上和精神上的奖励，让“好人”得到应有的回报。同时，这也可以让他们为企业合规管理的发展持续付出努力、做出贡献。

2. 合理的合规激励可以成为形成榜样的效果，让其他企业和个人认识到遵守合规的价值，从而可以鼓励更多的企业和个人重视合规、认同合规、遵守合规，进而让企业的合规管理工作获得更多的支持，也可以减少开展合规管理的过程中所遇到的阻力。

3. 合理的合规激励也可以帮助企业挑选出在合规方面的人才，企业的业务发展和合规管理归根结底需要人来落实和执行。通过合规激励机制，让在合规方面表现优秀的员工脱颖而出，并受到企业管理层的关注和任用，进而可以更有利地推动企业的合规经营，发展企业的合规管理体系。

合规激励是企业合规管理运行的必要环节，正如《合规管理指引》第 23 条的规定：“对所属单位和员工合规职责履行情况进行评价，并将结果作为员工考核、干部任用、评先选优等工作的重要依据。”同时，合规激励也是评估企业合规管理体系是否被认真且善意适用的重要标准。正如《企业合规管理体系评估》Ⅱ. C. 中所提到的：“有效运行的合规管理体系的另一个特征在于企业建立了对于遵守合规的激励机制……”正如《美国量刑指南》中的规定：“企业的合规管理体系应当在整个企业中持续被促进和加强，这将通过（A）基于合规管理体系所开展的适当的激励……”〔1〕

九、合规信息管理

合规信息管理是指企业对于在合规管理过程中所产生的相关信息进行处理的一系列制度和工作方式。

合规信息是与企业在合规管理过程中所产生的各类信息，包括企业的风险识别信息、企业管理层所做出的各项合规决策、企业合规管理项目的进展信息、培训和沟通信息、合规举报信息、纪律处分和合规激励信息等。合规信息的管

---

〔1〕 英文原文：*Evaluation of Corporate Compliance Programs*（*Update June* 2020）Ⅱ. C. Incentives and Disciplinary Measures：Another hallmark of effective implementation of a compliance program is the establishment of incentives for compliance. the organization's compliance program shall be promoted and enforced consistently throughout the organization through（A）appropriate incentives to perform in accordance with the compliance and ethics program。

理包括对于这些信息的生产、记录、采集、保密、存储、归档、使用、加工、传输、提供、公开、删除、销毁等。

合规信息与合规管理密不可分,其中,合规管理是合规信息持续产生的源头。而合规信息也是合规管理开展的有着极为重要的作用,主要包括如下几个方面:第一,合规信息可以为企业的管理者在对日常合规管理活动、员工的纪律处分或激励以及合规管理体系建设等方面做出正确的判断提供基础;第二,合规信息的有效管理可以帮助企业及时发现、识别合规风险,也可以阻止或者预防员工不合规行为的发生;第三,合规信息也可以为企业证明其合规管理体系运行的有效性提供依据。

在数字化时代,合规信息的管理需要注重合规管理的信息化建设。正如《合规管理指引(试行)》第24条的规定:"强化合规管理信息化建设,通过信息化手段优化管理流程,记录和保存相关信息。运用大数据等工具,加强对经营管理行为依法合规情况的实时在线监控和风险分析,实现信息集成与共享。"同时,《合规管理办法》更是设置专章〔1〕将合规管理的信息化建设作为一个重点发展的领域,推动中央企业运用信息化手段将合规要求嵌入业务流程,利用大数据等技术对重点领域、关键节点开展实时动态监测,实现合规风险即时预警、快速处置。

合规信息管理也是贯穿于评估企业合规管理体系是否被良好设计、是否被认真且善意的适用以及是否在实践中是否能够真正起作用的重要标准等各个方面。比如《企业合规管理体系评估》Ⅰ.D.中所提到的:"企业采取了哪些措施来确保调查的独立性、客观性、适当地开展以及恰当的被记录和留档?"〔2〕《企业合规管理体系评估》Ⅱ.中所提到的:"检察官应当决定'企业是否已经为员工个人充分提供了对于企业在合规方面的努力而产生的成果的审计、记录、分析和应用'。"〔3〕《企业合规管理体系评估》Ⅲ.B.中所提到的:"一个有效的调查架构也会建立一套对于企业的应对进行记录的形式,包括对于企业所采取

〔1〕《合规管理办法》第六章为信息化建设专章。

〔2〕英文原文:*Evaluation of Corporate Compliance Programs*(*Update June* 2020)Ⅰ.D. Confidential Reporting Structure and Investigation Process: What steps does the company take to ensure investigations are independent, objective, appropriately conducted, and properly documented?

〔3〕英文原文:*Evaluation of Corporate Compliance Programs*(*Update June* 2020)Ⅱ. prosecutors should determine "whether the corporation has provided for a staff sufficient to audit, document, analyze, and utilize the results of the corporation's compliance efforts。"

的纪律处分或救济措施的记录。"[1]

第三节　不合规行为管理相关概念

一、合规举报

合规举报(Speak Up),是指企业所建立的让员工和外部第三方可以就其所发现或知晓的员工所已经实施或正在实施与企业相关的违规行为或者违法犯罪行为(以下简称不合规行为)通过特定的渠道或者方式向企业的管理层或者合规管理部门进行报告的一系列制度和工作方式。值得注意的是,实践中也存在着将"合规举报"纳入"合规报告"的范畴,这主要是因为两者都有提供合规相关的信息的共性。在本节中,为了对合规信息的报告机制做详细的介绍,我们用了"合规报告"一词,仅用于指代合规信息的报告。但为了便于表述,在本书的其他章节中会存在使用"合规报告"一词来指代"合规举报"和"合规信息的报告"这两种情况。因此,对于在本节以外的其他具体章节中使用的"合规报告"一词,需要结合上下文语境对于其所指代的对象做具体分析和判断。

企业与员工之间的利益并非总是一致,这是导致员工实施与企业相关的不合规行为的根本原因。因此,虽然企业制定了政策和流程等合规制度来对员工的行为进行约束,但是,这不能在根本上避免或者消除员工实施与企业相关的不合规行为。同时,员工实施了不合规行为并不意味着企业的合规管理体系就失效了。在此情况下,我们需要综合观察企业的合规管理体系是否可以及时发现这类情况,并积极采取补救措施。在此情况下,合规举报就是帮助企业及时发现员工实施了不合规行为的核心渠道之一,也是启动合规调查最为重要的信息来源。

如果企业建立了令人信服的合规举报,这会让员工和外部第三方敢于及时就发现的其他员工的不合规行为向企业的管理层或者合规管理部门进行报告,这可以帮助企业及时采取补救措施,对于特定的不合规行为进行发现或阻止,降低或者消除相关合规风险,进而保障企业和广大员工的合法权益。

合规举报是企业合规管理中一个至关重要的组成部分,正如《合规管理指引》第21条规定:"强化违规问责,完善违规行为处罚机制,明晰违规责任范

---

[1] 英文原文:*Evaluation of Corporate Compliance Programs* (*Update June* 2020) Ⅲ. B. Investigation of Misconduct: An effective investigations structure will also have an established means of documenting the company's response, including any disciplinary or remediation measures taken。

围,细化惩处标准。畅通举报渠道,针对反映的问题和线索,及时开展调查,严肃追究违规人员责任。"《合规管理办法》第24条规定:"中央企业应当设立违规举报平台,公布举报电话、邮箱或者信箱,相关部门按照职责权限受理违规举报,并就举报问题进行调查和处理,对造成资产损失或者严重不良后果的,移交责任追究部门;对涉嫌违纪违法的,按照规定移交纪检监察等相关部门或者机构。中央企业应当对举报人的身份和举报事项严格保密,对举报属实的举报人可以给予适当奖励。任何单位和个人不得以任何形式对举报人进行打击报复。"

合规举报也是评估企业合规管理体系是否经过良好设计的一个重要标准。正如《企业合规管理体系评估》Ⅰ.D.中所提到的:"良好设计的合规管理体系的另一个特征在于企业建立了一个有效率且值得信赖的报告机制。在这一机制下,员工可以通过匿名或者保密的方式提出控告,以针对违反企业行为准则、政策的行为或者涉嫌或事实上已经发生的违规行为。"[1]

二、合规调查

合规调查(Compliance Investigation),是指企业所建立的,在收到关于存在不合规行为的举报或发现了存在不合规行为的线索后,由企业内部特定部门或者委托外部专业第三方对该等不合规行为的真实性和严重性等进行查证的一系列制度和工作方式。

企业在通过合规举报、日常监管和其他相关途径发现了员工存在已经实施或者正在实施不合规行为的线索后,不能放任该等情形的发生,而是应当主动采取措施予以应对。在此情况下,企业首先应当查明的是该等不合规行为是否真实存在以及该等不合规行为的严重程度。这些需要通过合规调查的形式予以实现。

合规调查能够帮助企业的管理层充分了解不合规行为的实际情况。据此,管理层可以做出正确的判断并制定相应的应对方案、采取适当的救济措施。同时,合规调查也可以帮助企业最大限度地防止冤假错案的发生,营造安全的工作环境,保障企业和员工双方的合法权益。

合规调查是企业合规管理运行的必要环节,正如《合规管理指引》第21条

---

〔1〕英文原文:*Evaluation of Corporate Compliance Programs* (*Update June* 2020) Ⅰ. D. Confidential Reporting Structure and Investigation Process: Another hallmark of a well-designed compliance program is the existence of an efficient and trusted mechanism by which employees can anonymously or confidentially report allegations of a breach of the company's code of conduct, company policies, or suspected or actual misconduct。

的规定:"畅通举报渠道,针对反映的问题和线索,及时开展调查,严肃追究违规人员责任。"《合规管理办法》第25条规定:"中央企业应当完善违规行为追责问责机制,明确责任范围,细化问责标准,针对问题和线索及时开展调查,按照有关规定严肃追究违规人员责任。"

合规调查也是评估企业合规管理体系是否经过良好设计以及该体系在实践中是否能够真正起作用的重要标准。正如《企业合规管理体系评估》Ⅰ.D.中所提到的:"检察官也应当对于企业就收到的举报所开展的调查的流程进行评估,这包括由合适的人选来处理举报;及时的完成调查以及对于调查结果的适当跟进和做出适当的纪律处分。"[1]以及《企业合规管理体系评估》Ⅲ.B.中所提到的:"另一个企业合规管理体系在实践中能够真正起作用的特征是企业具有一个功能良好且有充足资金支持的合规调查机制,这一机制能够对于任何指控或者企业及其员工或者企业的代理人所涉嫌违规的行为开展及时且彻底的调查。"[2]

三、合规处理

合规处理,是指企业在完成合规调查后,对于被查证构成不合规行为的员工以及对于员工不合规行为发生具有管理责任的中高级管理人员(以下简称违规员工)根据法律法规和企业的规章制度进行处理的一系列制度和工作方式。

合规处理的表现形式主要包括两个方面:对违规员工予以纪律处分和对员工的不合规行为依法向监管机构进行报告。其中,常见的纪律处分方式包括口头警告、书面警告、严重书面警告,在一定期限内不能晋升、降职、降级、奖金调整、开除等。向监管机构报告的主要情形包括对员工的违法行为向行政主管部门进行报告,以及就其涉嫌犯罪行为向公安机关、监察机关等有权机关进行报案等。

合规处理与合规调查有着紧密的联系。合规调查是企业管理层实施合规

---

[1] 英文原文:*Evaluation of Corporate Compliance Programs* (*Update June* 2020) Ⅰ.D. Confidential Reporting Structure and Investigation Process: Prosecutors should also assess the company's processes for handling investigations of such complaints, including the routing of complaints to proper personnel, timely completion of thorough investigations, and appropriate follow-up and discipline。

[2] 英文原文:*Evaluation of Corporate Compliance Programs* (*Update June* 2020) Ⅲ.B. Investigation of Misconduct: Another hallmark of a compliance program that is working effectively is the existence of a well-functioning and appropriately funded mechanism for the timely and thorough investigations of any allegations or suspicions of misconduct by the company, its employees, or agents。

处理的前提和事实基础,合规处理是企业管理层基于合规调查后所必须履行的职责之一。

适当的合规处理对于企业有着极为重要的作用,主要体现在:(1)对发生违规行为的员工进行及时且有效的处理,阻止不合规行为的持续以及该等行为对于企业所造成的各种不利影响。(2)让全体员工认识到企业合规管理的严肃性,以及违规所需要承担的严重后果,通过树立反面典型对于企图实施不合规行为的员工进行震慑,进而起到预防员工不合规行为的发生。(3)通过对员工的不合规行为依法向监管机构进行报告则可以让企业最大限度地减轻或者不承担因员工的不合规行为而需要承担的行政或者刑事法律责任。(4)可以保障企业以及其他遵规守纪的员工的合法权益,防止发生企业内部劣币驱逐良币的恶性循环。

合规处理是企业合规管理运行的必要环节,正如《合规管理指引》第 21 条规定:"强化违规问责,完善违规行为处罚机制,明晰违规责任范围,细化惩处标准。"《合规管理办法》第 25 条规定:"中央企业应当完善违规行为追责问责机制,明确责任范围,细化问责标准,针对问题和线索及时开展调查,按照有关规定严肃追究违规人员责任。"

合规处理也是评估企业合规管理体系是否被认真且善意的适用的重要标准。正如《企业合规管理体系评估》Ⅱ. C. 中所提到的:"有效运行的合规管理体系的另一个特征在于企业建立了对于遵守合规的激励机制和对于违反合规的惩罚的机制。检察官应当评估企业是否有明确的正在适用的纪律处分程序,这一程序是否能够持续在整个企业中予以贯彻,以及这一程序是否与相应的违规行为相称。检察官也应当评估企业在向员工传递对于违反合规的行为绝不容忍这一信息的程度,即不论某一员工具有怎样的职位或者职称,当其被证明违反合规时,企业将快速采取措施予以处理。"〔1〕

〔1〕 英文原文:*Evaluation of Corporate Compliance Programs*（*Update June* 2020）Ⅱ. C. Incentives and Disciplinary Measures: Another hallmark of effective implementation of a compliance program is the establishment of incentives for compliance and disincentives for non-compliance. Prosecutors should assess whether the company has clear disciplinary procedures in place, enforces them consistently across the organization, and ensures that the procedures are commensurate with the violations. Prosecutors should also assess the extent to which the company's communications convey to its employees that unethical conduct will not be tolerated and will bring swift consequences, regardless of the position or title of the employee who engages in the conduct。

四、合规整改

合规整改，是指企业通过对于违规行为的发生原因进行根源性分析或者对现有合规管理体系开展定期的审计、检测和审查等方式，查明企业合规管理体系上的漏洞和缺陷，进而采取救济措施予以弥补或者改进的一系列制度和工作方式。

合规整改主要有两种形式，即体系化整改和针对性整改。这两种表现形式是针对不同企业所处的不同的合规管理状况下所采取的相应的整改形式。其中，体系化整改是指按照一定的标准，结合企业自身的特点，对于企业的合规管理体系进行全方位的设计、制定和实施。体系化整改往往发生在企业根据违规行为的发生根源性分析识别到了企业现有合规管理体系的缺失或者失效，进而要"从头"开始进行合规管理体系建设。针对性整改是指在企业对于违规行为的发生原因进行根源性分析或者对现有的合规管理体系开展定期审计、检测和审查的过程中，发现了企业的合规管理体系在某些特定领域或者控制点上存在漏洞，因而有针对性地开展整改行动。比如，有些企业发生交通费用虚假报销的情况特别多，企业通过对于员工违规行为的调查发现，企业原先的报销制度中并不要求员工们就网约车费用的报销材料中提供行程单，这就给了员工将其他的网约车费用作为因公的交通费用报销的空间。在此情况下，企业完善了报销制度，将网约车行程单作为了报销的必要材料，让员工的每一笔交通费用报销的实际发生情况都变得清晰明确。这一完善措施实施后，企业交通费用支出金额有了一定程度的降低。

适当的合规整改对于企业有着极为重要的作用，包括：(1)适当的合规整改对于识别的企业合规管理体系的缺失或者失效的情况进行及时的处理，让企业的合规管理体系得以恢复，进而使企业可以有效发现、预防、阻止和应对企业整体的合规风险；(2)适当的合规整改对于识别的企业合规管理体系在某些特定领域或者控制点上存在的漏洞予以及时的弥补，进而使企业可以有效发现、预防、阻止和应对企业具体的合规风险；(3)当企业建立起有效的合规整改机制后，这也可以成为企业在因不合规行为需要承担行政或者刑事法律责任时，行政机关或司法机关对于其从轻、减轻或者免予处罚的重要考量因素。

合规整改是企业合规管理运行的必要环节，正如《合规管理指引》第22条规定："开展合规管理评估，定期对合规管理体系的有效性进行分析，对重大或反复出现的合规风险和违规问题，深入查找根源，完善相关制度，堵塞管理漏洞，强化过程管控，持续改进提升。"《合规管理办法》第23条规定："中央企业应当建立违规问题整改机制,通过健全规章制度、优化业务流程等,堵塞管理漏洞,提升依法合规经营管理水平。"

合规整改也是评估企业合规管理体系是否在实践中是否能够真正起作用的重要标准。正如《企业合规管理体系评估》Ⅲ. A. 中所提到的:"企业合规管理体系在实践中能够真正起作用的特征之一是它所具备的提升和改进能力……检察官可以对努力推进合规管理体系改进和可持续发展的企业给予回报。正如《司法部执法手册》所规定:在评估一个特定的合规管理体系在实践中的运行情况时,检察官应当考虑'合规管理体系基于发生的经验教训所做出的改变'(JM9-28. 800)……像这样主动付出努力来推进合规管理体系的改进和可持续发展,这不仅可以让企业在接受处理决定或公诉时获得回报(比如根据《美国量刑指南》,获得采取救济措施的奖励点数或者一个较低的适用罚金的区间)……"[1]

---

[1] 英文原文:*Evaluation of Corporate Compliance Programs* (*Update June* 2020) Ⅲ. A. Continuous Improvement, Periodic Testing, and Review: One hallmark of an effective compliance program is its capacity to improve and evolve...Prosecutors may reward efforts to promote improvement and sustainability. In evaluating whether a particular compliance program works in practice, prosecutors should consider "revisions to corporate compliance programs in light of lessons learned." JM 9-28. 800...Proactive efforts like these may not only be rewarded in connection with the form of any resolution or prosecution (such as through remediation credit or a lower applicable fine range under the Sentencing Guidelines)。

第三章　企业合规的域外考察[1]

第一节　国际组织

一、联合国

反腐败包括反贿赂和反舞弊,这是全球范围内企业合规所需要应对的一个重要领域。《联合国反腐败公约》(United Nations Convention Against Corruption)于2005年12月14日开始生效,这是唯一一份具有法律约束力的国际性反腐败法律文件。该公约于2006年2月12日对中国生效。公约中的方法意义深远,其中许多条款具有强制性,为全面解决世界全球反腐败问题提供了独特的蓝本。

公约主要涵盖五个方面:预防措施、定罪和执法、国际合作、资产的追回,以及技术援助和信息交流。这五个方面中与企业合规直接相关的内容主要是《联合国反腐败公约》第二章预防措施中的第12条私营部门以及第14条预防洗钱的措施。

相关公约内容如下[2]:

第十二条　私营部门

一、各缔约国均应当根据本国法律的基本原则采取措施,防止涉及私营部门的腐败,加强私营部门的会计和审计标准,并酌情对不遵守措施的行为规定有效、适度而且具有警戒性的民事、行政或者刑事处罚。

二、为达到这些目的而采取的措施可以包括下列内容:

---

〔1〕华东政法大学2021级刑事诉讼法学博士研究生杨慧妍对于本章“国际组织”和“其他具有代表性的国家”的内容的搜集、整理作出了重大贡献。

〔2〕《联合国反腐败公约》,载联合国官网,https://www.un.org/zh/issues/anti-corruption/uncac_text.shtml。

（一）促进执法机构与有关私营实体之间的合作；

（二）促进制订各种旨在维护有关私营实体操守的标准和程序，其中既包括正确、诚实和妥善从事商业活动和所有相关职业活动并防止利益冲突的行为守则，也包括在企业之间以及企业与国家的合同关系中促进良好商业惯例的采用的行为守则；

（三）增进私营实体透明度，包括酌情采取措施鉴定参与公司的设立和管理的法人和自然人的身份；

（四）防止滥用对私营实体的管理程序，包括公共机关对商业活动给予补贴和颁发许可证的程序；

（五）在合理的期限内，对原公职人员的职业活动或者对公职人员辞职或者退休后在私营部门的任职进行适当的限制，以防止利益冲突，只要这种活动或者任职同这些公职人员任期内曾经担任或者监管的职能直接有关；

（六）确保私营企业根据其结构和规模实行有助于预防和发现腐败的充分内部审计控制，并确保这种私营企业的账目和必要的财务报表符合适当的审计和核证程序。

三、为了预防腐败，各缔约国均应当根据本国关于账簿和记录保存、财务报表披露以及会计和审计标准的法律法规采取必要措施，禁止为实施根据本公约确立的任何犯罪而从事下列行为：

（一）设立账外账户；

（二）进行账外交易或者帐实不符的交易；

（三）虚列支出；

（四）登录负债账目时谎报用途；

（五）使用虚假单据；

（六）故意在法律规定的期限前销毁账簿。

四、鉴于贿赂是依照本公约第十五条和第十六条确立的犯罪构成要素之一，各缔约国均应当拒绝对贿赂构成的费用实行税款扣减，并在适用情况下拒绝对促成腐败行为所支付的其他费用实行税款扣减。

第十四条　预防洗钱的措施

一、各缔约国均应当：

（一）在其权限范围内，对银行和非银行金融机构，包括对办理资金或者价值转移正规或非正规业务的自然人或者法人，并在适当情况下对特别易于涉及洗钱的其他机构，建立全面的国内管理和监督制度，以便遏制并监测各种形式

的洗钱,这种制度应当着重就验证客户身份和视情况验证实际受益人身份、保持记录和报告可疑交易作出规定;

(二)在不影响本公约第四十六条的情况下,确保行政、管理、执法和专门打击洗钱的其他机关(在本国法律许可时可以包括司法机关)能够根据本国法律规定的条件,在国家和国际一级开展合作和交换信息,并应当为此目的考虑建立金融情报机构,作为国家中心收集、分析和传递关于潜在洗钱活动的信息。

二、缔约国应当考虑实施可行的措施,监测和跟踪现金和有关流通票据跨境转移的情况,但必须有保障措施,以确保信息的正当使用而且不致以任何方式妨碍合法资本的移动。这类措施可以包括要求个人和企业报告大额现金和有关流通票据的跨境转移。

三、缔约国应当考虑实施适当而可行的措施,要求包括汇款业务机构在内的金融机构:

(一)在电子资金划拨单和相关电文中列入关于发端人的准确而有用的信息;

(二)在整个支付过程中保留这种信息;

(三)对发端人信息不完整的资金转移加强审查。

四、吁请缔约国在建立本条所规定的国内管理和监督制度时,在不影响本公约其他任何条款的情况下将区域、区域间和多边组织的有关反洗钱举措作为指南。

五、缔约国应当努力为打击洗钱而在司法机关、执法机关和金融监管机关之间开展和促进全球、区域、分区域及双边合作。

二、经济合作与发展组织

经济合作与发展组织(以下简称经合组织)的《打击国际商业交易中贿赂外国公职人员公约》(Convention on Combating Bribery of Foreign Public Officials in International Business Transactions,以下简称《公约》)于1999年2月15日生效。该公约要求约四十个成员方制定法律,将贿赂外国公职人员的行为定为犯罪。

《公约》附件二是"针对公司建立和确保内部控制、道德和合规计划或措施的有效性,以防止和发现国际商业交易中的外国公职人员贿赂行为"。附件二的"公司良好做法指南"列出了一些步骤,作为"对公司建立有效的内部控制、道德和合规计划或措施以防止和发现外国贿赂的非法律约束力的指导"。此外,作为《公约》的后续行动,经合组织发表的一篇文章指出,"合规计划"作为一种商业工具使用时,"确保公司的价值观得到最高管理层的大力支持,员工得到培训和教育,对需要判断的情况有指导,公司内部和公司的有效信息和报告被授予”。

经合组织虽然无权根据《公约》直接对于违反《公约》规定的行为进行执法，但其可以监督签署国对于《公约》的执行情况，包括《公约》内容在签署国国内法上的全面内化以及对于内化后的国内法的实际执行情况。

《公约》签署国包括阿根廷、澳大利亚、奥地利、比利时、巴西、保加利亚、加拿大、智利、哥伦比亚、捷克共和国、丹麦、爱沙尼亚、芬兰、法国、德国、希腊、匈牙利、冰岛、爱尔兰、以色列、意大利、日本、卢森堡、墨西哥、荷兰、新西兰、挪威、波兰、葡萄牙、俄罗斯、斯洛伐克、斯洛文尼亚、南非、韩国、西班牙、瑞典、瑞士、土耳其、英国、美国。中国、秘鲁、印度尼西亚和马来西亚作为观察员参加了工作组。

三、国际标准化组织

国际标准化组织(ISO)在2014年12月15日出版了世界上第一个关于合规管理的国际标准，即《合规管理体系指南》(ISO 19600:2014)，简称为“ISO 19600合规管理体系标准”或“ISO 19600标准”。“ISO 19600标准”与ISO的其他标准一样，基于P-D-C-A循环(Plan-Do-Check-Act Cycle)，为想要建设合规管理体系的企业提供标准框架和全面指导。2021年4月，ISO发布了《合规管理体系要求及使用指南》(ISO 37301:2021)，这是ISO 19600的修订替代版，是对于ISO 19600的继承、完善和发扬。同时，ISO 37301是ISO的A类标准，可以用于企业进行合规管理体系认证。

此外，ISO于2016年10月15日正式出版了《反贿赂管理体系——要求及使用指南》(ISO 37001:2015)，简称为“ISO 37001反贿赂管理体系标准”或“ISO 37001标准”。ISO出台“ISO 37001标准”，意在指导企业设计其自身反腐败管理体系。“ISO 37001标准”将近两百页，其内容细致入微，企业可以对照该标准建设合规体系，也可以通过聘请经过认证的独立第三方，辅导企业建设一套有效的立体合规体系，并在合规体系建设完成后获取认证，成为通过“ISO 37001”认证的企业。可以预见，在将来国际投标活动中，获得ISO 37301和“ISO 37001标准”认证证书会是证明企业自身具有较强合规竞争力的标准之一。

四、世界银行集团

世界银行集团长期以来颁布了一系列与其提供贷款的投资项目相关的采购规则以及违反相应规则的制裁制度，如《世界银行制裁指引》等。受到制裁的企业将被列入世行“黑名单”，在一定期限内（通常 3 年）被禁止参与由世界银行提供融资的项目，被制裁范围还将及于被制裁企业的关联企业，包括该企业的母公司、子公司、兄弟公司等，不论其是否直接参与被制裁的不当行为。具体程序上，世界银行在决定被控方是否将受到制裁以及将实施何种制裁之前，会向被控方提供两级审核程序。首先由世界银行廉政局（INT）负责调查，由资格暂停与取消办公室（OSD）的资格暂停与取消主管（SDO）对制裁案件进行初步审核并将向被指控参与制裁行为的调查对象发出“制裁审理通知”。如果调查对象对指控或建议的制裁措施提出异议，则案件交由世界银行制裁委员会处理后对案件做出最终的裁定。在制裁委员会发布最终的裁定之前，调查对象可以廉政局进行谈判以达成和解。在和解协议执行过程中，协议签署方必须严格遵守约定进行自查自纠，未来项目投标或执行过程中不能再出现违规行为。

2010 年，世界银行集团、亚洲发展银行、非洲发展银行集团、欧洲复兴开发银行、美洲开发银行集团签订《共同实施制裁决议的协议》，根据该协议，被世行制裁的企业将遭受上述机构的交叉制裁。同年，世界银行集团颁布《诚信合规指南》（Integrity Compliance Guidelines），该指南在吸纳了被许多机构和组织认为是良好治理和反欺诈与腐败的良好实践的标准、原则和内容的基础上，建立了一套有效的合规体系。它罗列了十一项要素，包括明令禁止不当行为、合规职责明确、以风险评估为基础、详尽而明晰的内部合规政策、将业务伙伴纳入合规体系、内控制度、培训制度、奖惩激励机制、举报制度、补救措施及企业上下共同行动。

世界银行集团《诚信合规指南》尤其对于经常参与世行项目的企业，在建立其合规体系时，具有极其重要的参考意义。根据世行制裁程序，在制裁决定作出前，被调查企业具有抗辩机会，此时被调查企业应该聘请有经验的律师顾问，积极主动与世行进行沟通，陈述企业合规体系建设情况，并积极采取纠正措施，这将使企业有可能避免被列入制裁黑名单或者被减轻制裁等级。如果已被列入“黑名单”，企业就需要切实建立和完善令世行满意的合规体系，以尽快满足解除条件，争取提前从“黑名单”中移除出去。中国有若干企业因违规而被世界银行制裁，除了湖南建工集团有限公司被制裁案以外，下面将再介绍两个案例。

案例一：2019 年 6 月 5 日，世界银行宣布对中铁建集团（CRCC）及其全资子公司中铁二十三局（CR23）、中国铁路建设集团（国际）有限公司（CRCC International）就格鲁吉亚东西高速走廊改善项目中存在的不当行为实施为期 9 个月的制裁。该制裁令还拓展到中铁建集团下属 730 家子公司。根据和解披露的情况,在该公路建设项目的资格预审和招标过程中,上述三家公司编制并提交了中铁二十三局人员和设备虚假陈述信息,以及使用中铁建集团内其他单位业绩的资料。在世界银行的制裁体系中,这些行为被视为世界银行采购指南所定义的欺诈行为。

案例二:世界银行在 2013 年 5 月批准向浙江省第一水电建设集团股份有限公司(以下简称浙水股份)在广西来宾的水环境综合治理项目提供贷款,通过升级该地区相关河流沿岸的防洪措施、安装防洪和水质综合监测系统、提供技术援助等,改善该地区的排水,降低洪水灾害风险。该治理项目于 2020 年 1 月完成,总费用 1.27 亿美元。根据世界银行调查,浙水股份通过其在该治理项目的代理商和分包商向两名政府官员行贿以换取项目合同,对其调动执行合同所需资源的意图,以及其投标中所提议的专家的可用性做了不实描述。而这些都被世界银行认定为腐败和欺诈行为。因此,世界银行集团于 2021 年 6 月 16 日在官网发布消息称,因浙水股份在广西来宾水环境综合治理项目中存在行贿行为,对该公司及其子公司实施禁令制裁,禁止其在 2 年内参与世界银行资助的项目。这一禁令使得浙水股份及其子公司在 2 年内无法参与由世界银行资助的项目。根据世界银行在 2010 年 4 月 9 日签署的《共同执行取消资格决定协议》(the Agreement for Mutual Enforcement of Debarment Decisions),浙水股份在禁令期间也将无法参与亚洲开发银行、欧洲复兴开发银行、美洲开发银行和非洲开发银行资助的项目。最终,浙水股份最终同意与世界银行达成和解,承认对潜在的可制裁行为负有责任,承诺按照世界银行诚信合规指引规定的原则开展诚信合规计划,继续与世界银行廉正副总裁展开充分合作,并同意以满足指定的合规要求作为解除制裁的条件。

第二节 美 国

理论界与实务界对于企业合规的起源有着多种观点。经过检索,目前能够找到的对于企业合规的起源最早的观点是“合规最早可以追溯到成立于 1906 年的美国食品和药物管理局。该局对食品和药物安全的监管促使部分企业开始将合规视为企业运营的一部分”[1]。

---

[1] 最高人民检察院涉案企业合规研究指导组编:《涉案企业合规办案手册》,中国检察出版社 2022 年版,第 13 页。

除此以外，对于企业合规的起源，还有其他诸多说法。比如，有人主张，"企业合规最早出现在美国。早在20世纪60年代以前，合规就出现在美国的商业监管实践之中。当时，一些企业针对社会对公司不信任的情况，试图通过规范员工的行为来加强自我监管，督促员工依法依规行事"[1]。也有人主张，"美国是企业合规的母国。美国的合规管理最早可以追溯到20世纪60年代企业为避免反垄断处罚而实施的合规措施，后来合规理念传播到金融业，银行采取合规措施预防员工违法给银行带来损失——金融业合规后来成为成熟的合规领域"[2]。也有人主张，"企业合规源于1977年美国《反海外腐败法案》"[3]。

综上可见，理论界与实务界虽然对于企业合规起源的具体时间点尚未形成统一的认识，但是在企业合规的起源上仍有许多共识，尤其是大家都认可企业合规起源于美国，发展于美国，也是从美国走向了世界。因此，下文将结合具有里程碑意义的立法、行政执法和刑事司法事件来介绍美国企业合规的发展历史。

一、美国企业合规的探索发展

从目前已有的文献来看，美国的企业在合规方面的实践和探索最早是在反垄断领域，这与美国在反垄断领域最早开始进行现代反垄断立法和执法活动有关。1890年7月2日，美国联邦国会通过《保护贸易及商业以免非法限制及垄断法案》，即《谢尔曼反托拉斯法》(Sherman Antitrust Act)，开始依法预防和制止垄断行为。1914年9月26日，美国颁布了《联邦贸易委员会法》(Federal Trade Commission Act)。该法授权建立联邦贸易委员会，作为负责执行各项反垄断法律的行政机构。其职责范围包括：搜集和编纂情报资料、对商业组织和商业活动进行调查、对不正当的商业活动发布命令组织不公平竞争。

由于美国政府对企业垄断行为立法的逐步完善和执法的日益加强，美国企业为了遵守美国政府在反垄断方面的要求，开始了企业合规建设的实践和探索。比如，1946年通用公司首先采用了反垄断合规政策，所有公司官员均需要签署符合反垄断法从事活动的声明。[4] 与此同时，美国反垄断监管机构也在进行着企业合规方面的探索。比如，1966年，FTC主席保罗、兰德·狄克逊(Paul Rand Dixon)提出，如果公司存在符合法律的内部体系，在有效监督和诚

---

[1] 陈瑞华：《论企业合规的性质》，载《浙江工商大学学报》2021年第1期。

[2] 华东师范大学企业合规研究中心编：《企业合规讲义》，中国法制出版社2018年版，第15页。

[3] 郭青红：《企业合规管理体系实务指南》，人民法院出版社2019年版，第3页。

[4] 邓峰：《公司合规的源流及中国的制度局限》，载《比较法研究》2020年第1期。

实运营下,如果违规仅仅是粗心造成的,并迅速得到了纠正,那么公司对监管机关的承诺是可信的。

可见,在 20 世纪 60 年代前后,美国的企业对于企业合规的开展方式以及监管机构对于企业合规在发生违法违规行为的企业所具有的作用都在通过实践逐步进行探索。

二、美国企业合规的立法进展

除了反垄断领域的合规探索,从 20 世纪 70 年代开始,美国企业合规在反腐败领域开始发力,尤其是反海外腐败。在此阶段,美国的立法机关、执法机关和司法机关共同发力,制定了一批在企业合规领域有代表性的法规,并在一系列标志性的案件处理中推动企业合规的发展。以下将选择其中一些最主要的法规和事件进行介绍。

(一)美国《反海外腐败法》

1977 年美国国会颁布了《反海外腐败法》(FCPA),该法在 1988 年和 1998 年有过两次修订。FCPA 的出台与“水门事件”紧密相关。美国证券交易委员会(U. S. Securities and Exchange Commission,以下简称美国证交会)在对涉及“水门事件”相关的企业进行调查时发现,有超过 400 家美国企业曾经支付了数以亿计的资金来贿赂外国政府官员,以保障他们在美国以外的业务安全。与此同时,美国证交会在调查报告中提到,这些美国企业使用秘密基金(Slush Funds)在美国境内进行非法的竞选献金,也用这些基金来向外国政府官员行贿。同时,他们通过伪造财务记录来掩盖这些资金的实际用途。FCPA 出台的主要目的在于打击美国企业对于外国政府官员的贿赂行为。

从上述 FCPA 出台的背景可以看到,美国企业的海外腐败行为主要由两个要素构成:一是对外国政府官员的贿赂行为;二是通过伪造财务记录的方式从企业套取的贿赂资金。因此,FCPA 是由两部分条款组成:反贿赂条款和会计条款。同时,FCPA 的执法机关是由美国司法部(DoJ)和证交会组成,其中涉及刑事犯罪的行为,由美国司法部管辖;涉及违反会计条款构成虚假陈述的民事责任的,由美国证交会管辖。

在 FCPA 执法的过程中,美国司法部会根据《司法部执法手册》(Justice Manual,JM)[1]中对商业组织联邦公诉原则(the Principles of Federal Prosecu-

---

〔1〕《司法部执法手册》(Justice Manual)原名为《美国检察官手册》(United States Attorneys' Manual),《美国检察官手册》在 2018 年进行了彻底的修订和重命名,新名称为《司法部执法手册》(Justice Manual)。

tion of Business Organizations)以及《FCPA 企业执法政策》(FCPA Corporate Enforcement Policy)将企业建立的合规管理体系的情况作为对涉案企业做出开展调查、提出指控以及协商辩诉交易或者其他协议、罚金数额等决定的必要因素之一。如果在调查过程中发现企业有一个有效的合规计划,则该企业因违反 FCPA 的处罚可能会被减少。同时,美国司法部也会根据企业现有的合规管理体系情况对涉案企业提出合规管理体系建立或者改进的要求。

(二)《美国量刑指南》中的《组织量刑指南》

《美国量刑指南》("U. S. S. G.")是由 1984 年的《量刑改革法》专门成立的隶属于国会的"美国量刑委员会"提供,经国会审查后在美国联邦法院系统适用的量刑政策。[1] 1991 年,美国量刑委员会制定了《组织量刑指南》(Sentencing of Organizations),并将其编入《美国量刑指南》,作为第八章。量刑委员会编写这一章的目的是通过公正的处罚、适当的威慑和激励来维护企业内部用于预防、发现和举报犯罪行为的机制,也包括对企业合规管理体系的建设提供指导性的标准。

在 1991 年首次颁布时,《组织量刑指南》在 A 部分第 1 节第 2 条曾明确提出"防止和发现违法行为的有效措施",即《组织量刑指南》要求法官在对于实施犯罪行为的组织进行审查时,应当关注组织是否合理地制定、贯彻及实施在通常情况下能够有效地防止和发现犯罪行为的措施。这些措施包括:(1)组织必须已经建立能合理减少犯罪行为发生可能的,供其雇员或其他代理人遵循的服从规范和程序。(2)组织必须已经授予其高层人员中的一人或数人,全权负责监督对上述规范和程序的服从情况。(3)组织必须已经尽到合理注意,不把重大决策权授予该组织通过合理努力而明知或应当知道具有从事非法活动倾向的个人。(4)组织必须已经采取有效措施,将其规范和程序告知所有雇员或其他代理人。例如,要求参加培训计划,或者分发实际可行的宣传手册。(5)组织必须已经采取合理措施使其规范得到遵守。例如,利用合理设计的监测和审计制度,用以发现其雇员或其他代理人的犯罪行为;建立并公布报案制度,使得其雇员或其他代理人能够报告他人的犯罪行为,而无须担心遭到报复。(6)组织必须已经采用恰当的惩戒机制贯彻执行其规范,这些惩戒机制包括合理的、对未能发现犯罪行为的个人负责制。给予对犯罪行为负有责任的个人以适当惩戒,是执行中的必需要件。但是,惩戒的方式应视特定案情而定。

---

〔1〕 美国量刑委员会编:《美国量刑指南——美国法官的刑事审判手册》,逄锦温、刘振亚等译,法律出版社 2006 年版,第 4 页。

(7)在发现犯罪行为之后,组织必须已经采取所有合理措施对该犯罪行为作出应对,并防止类似犯罪的再次发生——包括对其防止和发现违法行为措施的必要修改。[1] 同时,根据《组织量刑指南》在C部分第2节第5条中的明确规定,如(组织)已有防止和发现违法行为的有效措施,但仍然发生某犯罪行为,则在罪责评价时减扣3分。[2] 罪责评价分值越低,罚金越少,可见,企业实施防止和发现违法行为的有效措施能够让企业在发生犯罪时减轻罚金的数额。

在这一阶段,虽然《组织量刑指南》中并未直接使用"合规"(Compliance)一词,但上述关于"防止和发现违法行为的有效措施"与合规管理体系的核心要素相一致,这些包括但不限于:合规政策和流程;具有充足的授权和资历的企业管理组织和人员;培训和沟通;审查、监控和举报机制;纪律处分机制和改进机制等。同时,《组织量刑指南》也创造性地设置了对企业建立合规管理体系的激励机制,即当企业采取了有效措施来防止和发现违法行为后,如果企业仍然发生犯罪,则这可以作为法院减轻企业罚金刑数额的法定因素之一。《组织量刑指南》的这些做法对于企业建立、执行和发展合规管理体系起到了推动作用。

2004年,《组织量刑指南》进行了修订,在B部分"对犯罪行为造成之损害的救济"中增加了"有效合规与道德管理体系"(Effective Compliance and Ethics Program),修订后的B部分为"对犯罪行为造成之损害的救济和有效合规与道德管理体系"。[3] 本次修订强调,一个组织的有效合规与道德管理体系除了应当能够有效地预防和发现犯罪行为外,还应当能够提升一个组织的合规文化,包括鼓励以符合道德的方式行事和作出遵守法律法规等规范的承诺。同时,美国量刑委员会副总法律顾问保拉·德西奥(Paula Desio)发布的关于《组织量刑指南概览》[4]一文中也概括了衡量有效合规管理体系的七个关键指标,包括:(1)组织所建立的合规标准和流程具有合理地预防和发现犯罪行为,进而减少组织犯罪行为发生的可能性。(2)该合规管理体系是由企业内高级

---

[1] 美国量刑委员会编:《美国量刑指南——美国法官的刑事审判手册》,逄锦温、刘振亚等译,法律出版社2006年版,第421页。

[2] 美国量刑委员会编:《美国量刑指南——美国法官的刑事审判手册》,逄锦温、刘振亚等译,法律出版社2006年版,第455页。

[3] Amendment 673, https://www.ussc.gov/guidelines/amendment/673.

[4] Paula Desio, *An Overview of the Organizational Guidelines*, https://www.ussc.gov/sites/default/files/pdf/training/organizational-guidelines/ORGOVERVIEW.pdf.

别的人员来负责和掌管,这个高级别的人员[1]是指能够对于组织有实质性控制权的人或者在组织内制定政策具有实质性权力的人,这包括企业的董事、执行官、负责企业的主要业务或者职能部门的人,比如销售负责人、行政主管或者财务主管,以及其他对于企业有着实质上所有权的人。(3)在将实质性的裁量权进行授权时应尽到适当的注意义务,这里接受了实质性裁量权是指能直接代表企业实施行为的权力。[2] (4)能够对于各个层级的全体员工进行合规方面的有效沟通。(5)采取合理的手段来实现合规管理,这包括监控体系、审计以及不用惧怕被报复的对于可疑不法行为的报告机制。(6)合规管理,包括纪律处分机制等在执行标准上保持一致。(7)组织采取了适当的措施来对于已经发生的犯罪行为吸取教训,并防止在未来发生类似的犯罪行为。

另外,《组织量刑指南》在2004年的修订中也给予了建立有效合规管理体系的企业在罚金减免上的奖励。根据《组织量刑指南概览》中所提到的,当企业同时满足"(1)证明其在发生犯罪行为时具有一个有效的合规管理体系;(2)及时对于其犯罪行为向相关主管部门进行报告;(3)企业内高级别的人员没有参与该犯罪行为"等条件时,对于这类涉案企业的罚金减免最高可以达到95%。[3] 当然,这并不会改变企业构成犯罪的定性以及应当承担的相应刑事责任。

《组织量刑指南》对于推动美国企业合规的发展具有里程碑意义,这是因为《组织量刑指南》一方面为企业在建立有效的合规管理体系方面提供了一套完整且全面的标准;另一方面也对那些建立合规管理体系,为防止和发现违法行为而采取有效措施的企业给予了适当奖励。这让美国企业在建立和发展合规管理体系方面既有权威的引导又有足够的激励。"可以说,《组织量刑指南》的实施,成为美国企业合规制度发展的'分水岭'。自此以后,美国企业普遍开始按照该项指南的标准来建立有效的合规计划,这被视为企业有效治理的重要标志"。[4] 无论是外国公司还是国内公司,只要其合规计划符合《组织量刑指南》的规定,就不太可能违反FCPA的规定。

---

[1] Commentary 3 (B) of § 8A1. 2. in CHAPTER EIGHT-SENTENCING OF ORGANIZATIONS, https://www. ussc. gov/guidelines/2021-guidelines-manual/annotated-2021-chapter-8.

[2] Commentary 3 (C) of § 8A1. 2. in CHAPTER EIGHT-SENTENCING OF ORGANIZATIONS, https://www. ussc. gov/guidelines/2021-guidelines-manual/annotated-2021-chapter-8.

[3] Paula Desio, *An Overview of the Organizational Guidelines*, https://www. ussc. gov/sites/default/files/pdf/training/organizational-guidelines/ORGOVERVIEW. pdf.

[4] 陈瑞华:《论企业合规的性质》,载《浙江工商大学学报》2021年第1期。

(三)《萨班斯—奥克斯利法案》

从2001年开始,随着安然公司(Enron Corporation)、世通公司(World COM, Inc.)等上市公司财务造假事件的曝光以及后续更多美国上市公司财务舞弊事件的曝光,投资者对资本市场的信心彻底被摧毁。为了平息社会公众的愤怒,重塑投资者的信心,2002年7月30日,美国布什总统签发了《2002年公众公司会计改革和投资者保护法案》,又称《萨班斯—奥克斯利法案》(Sarbanes-Oxley Act of 2002)。这一法案的出台是对美国《1930年证券法》和《1934年证券交易法案》作出大幅修订,旨在让美国的上市公司遵守证券法律以提高公司披露的准确性和可靠性,从而保护投资者及其他目的。《萨班斯—奥克斯利法案》的出台标志着美国对于上市公司的治理从信息披露转变为实质性监管,注重通过提高上市公司的信息披露的准确性和可靠性来保护投资者的利益。

这一法案与企业合规相关的内容主要是:(1)提高了对于上市公司及其管理层进行监管的审计委员会的独立性,确保审计委员会的监管不受干扰。(2)上市公司的首席官员,包括首席执行官、首席财务官,需要对于上市公司每季度公开披露的财务报告签署证明,并对报告的准确性和有效性负责。(3)在上市公司的年度财务报告中应当有对于内部控制体系运行状况的报告,包括对于上市公司管理层对于内部控制体系有效性的结论。同时,上市公司的独立审计师也应当在该财务报告中就该上市公司的内部控制体系的有效性做证明。(4)对于篡改财务资料的追究刑事责任。该法案禁止通过篡改、销毁、部分毁坏、隐瞒或伪造财务记录、文件或有形资料以达到拖延、阻碍或影响潜在的或实际进行的联邦调查;也禁止会计师故意或者蓄意违反关于审计或者审查的资料应当保存5年的要求。(5)鼓励"吹哨人"就上市公司违反该法案的行为进行举报,并禁止上市公司对于举报人进行打击报复。

《萨班斯—奥克斯利法案》的出台对于美国的上市公司合规管理体系的发展有着重要的推动作用。这主要体现在:该法案对于审计委员会独立性的加强;上市公司管理层对于财务报告准确性和有效性的认证和背书;内部控制体系有效性的定期评估和独立审计师的第三方证明;对篡改上市公司财务报告的刑事责任以及鼓励和保护"吹哨人"举报等方面。同时,该法案与FCPA的会计条款有着紧密的联系,FCPA的会计条款采纳了该法案对于上市公司管理者的职责要求,这也成为美国司法部和美国证交会在进行FCPA执法时的重要依据之一。

(四)《多德—弗兰克华尔街改革与消费者保护法案》

2008年9月15日,美国雷曼公司的申请破产引爆了投资者信心的崩溃,美国次贷危机全面爆发。为了应对这场金融危机,并吸取教训加强对金融消费者的保护以重塑他们的信心,2010年7月21日,时任美国总统奥巴马签署了《多德—弗兰克华尔街改革与消费者保护法案》(Dodd-Frank Wall Street Reform and Consumer Protection Act,以下简称《多德—弗兰克法案》)。这一法案出台的目的在于通过提高美国金融系统的责任和透明度来提升美国金融的稳定性,终结金融机构“大到不能倒”的局面,通过终结紧急财政援助来保护美国纳税人的资金不用于救市,保护美国的金融消费者免受滥用金融服务行为的伤害等。这一法案被认为是自美国20世纪30年代的“大萧条”以来最全面、最严厉的金融改革法案,被称为与《格拉斯—斯蒂格尔法案》(Glass-Steagall Act)一样地位的金融监管基石。

《多德—弗兰克法案》的出台在企业合规领域的发展在于创新了举报激励机制,该法案在美国《1934年证券交易法》(The Securities Exchange Act of 1934)增加了一款名为“证券吹哨人激励和保护”的规定(SEC. 21F. Securities Whistleblower Incentives and Protection)。根据这一款的规定,对于那些自愿向美国证交会提供高质量且原始的信息,并就此让执法活动产生超过100万美元罚款的个人“吹哨人”,美国证交会会将罚款的10%到30%作为奖励提供给“吹哨人”。同时,该法案也禁止雇主对于“吹哨人”实施打击报复。这一对“吹哨人”激励和保护的规定,引发了更多对于违规企业的调查和诉讼,其中有很大一部分都是FCPA管辖的案件。

三、政府及司法机关对于企业合规的推动

徒法不足以自行,除了上述立法外,美国政府机关和司法机关也对于美国企业建立和执行企业合规管理体系并让合规变成普遍的公司治理方式之一起到了至关重要的作用。这主要是通过美国国家机关在行政执法和刑事司法等行动过程中的各项激励措施以及为落实美国法律法规中关于企业合规的要求所制定的各类专业指引等来实现。

(一)行政执法对于美国企业合规发展的推动

美国的行政机关是推动美国企业建立和发展合规管理体系的重要力量,这些机关的相关情况见表3-1。

表 3-1　美国企业合规执法机构

部门名称	监管事项
美国证券交易委员会(SEC)	保护投资者,维护公平、有序且高效的市场,促进资本形成;监管美国上市公司对于 FCPA 项下会计条款的遵守情况
美国联邦贸易委员会(FTC)	保护消费者权益,应对反垄断行为、反不正当竞争行为
美国商务部(Department of Commerce)下设的工业与安全局(BIS)	维护和强化能够适应情况变化且高效的出口管制和条约的合规管理体系,同时,在国际的出口管制体系中建立领导和参与
美国财政部(Department of the Treasury)下设的海外资产管理办公室(OFAC)	管理和执行所有基于美国对外政策和国家安全目的的经济和贸易制裁,对象包括:目标国家和政权、恐怖分子、国际毒贩,以及那些涉及大规模杀伤性武器扩散行为的主体和其他威胁美国的国家安全、对外政策或经济活动的主体
美国国家环境保护局(U. S. Environmental Protection Agency,EPA)	维护自然环境和保护人类健康不受环境危害影响;开展环境保护执法以及在特定案件中对特定主体实施与环境相关的合规监管项目
美国卫生和公共服务部(U. S. Department of Health & Human Services)下设的美国食品药品监督管理局(Food & Drug Administration,FDA)	保障美国的食品和药品的安全,保护、促进和提高国民健康

在美国的行政执法实践中,行政机关会结合各自所制定的执法指导手册或者指南主动对于涉案企业的合规管理体系建立与否以及建设的具体情况进行评估。通常来说,企业如果建立起了有效的合规管理体系,那么这类企业在发生违法违规事件时,往往能得到更多的与行政机关达成行政和解和/或减轻、免除处罚的机会。同时,如果企业在发生违法违规事件时没有建立起有效的合规管理体系,但在行政机关执法的过程中积极配合,真诚地表达愿意吸取教训并建立有效的合规管理体系,这也将是美国的行政机关与企业达成行政和解的一种条件。在此情况下,行政机关会将企业建立有效的合规管理体系作为条件写入行政和解协议,并设定考察期限进行监管。

(二)刑事司法对于美国企业合规发展的推动

在美国刑事司法领域,对于企业合规推动最为重要,也最具影响力的当属美国的审前转处协议(Pre-Trial Diversion Agreement)。这一机制最早适用于20世纪初美国的少年轻微犯罪案件。20世纪90年代初,美国的联邦检察机关将其扩展适用到了法人犯罪案件。这一机制的作用在于通过检察机关与被告人之间达成协议,在未经法院定罪和量刑的前提下,检察机关暂时不对被告人提起诉讼,但需要被告人在一定期限内完成检察机关所提出的各项要求,比如缴纳罚金、支付损害赔偿金、聘任独立董事、撤换公司高管、建立和完善合规管理体系等义务。经检察机关或者检察机关所委托的第三方考察通过后,企业可以避免被定罪量刑。这一机制的逻辑基础是要避免刑罚的水波效应——起诉和定罪法人对与法人犯罪行为无关的投资者、雇员、养老金领取者、客户等无辜的第三人利益的严重侵害。[1] 从21世纪初开始,美国在吸取了安然和安达信事件刑事处理结果所带来的负面效应的经验教训后,逐步将审前转处协议作为处理上市公司、跨国公司犯罪案件的主要模式之一。审前转处协议能够避免发生"起诉法人就相当于判处其死刑"的情形,进而避免给美国的经济和社会等带来灾难性的后果。

审前转处协议主要包括了DPA和NPA。暂缓起诉协议,是指检察机关与涉罪企业之间签订的一份附条件暂缓起诉的协议,协议的内容主要是要求涉罪企业承认不法行为、支付罚金、履行赔偿责任、配合相关调查、改善内部治理、建立和完善合规管理体系、聘任独立监事等。这一机制的特点是,检察机关需要制作刑事起诉书并提交给法院,但又不随即推进刑事诉讼程序,而是视涉罪企业在协议规定期间内的履行表现而定:如果涉罪企业在规定期间内履行协议约定的义务,则起诉撤销,诉讼终结;反之,如果涉罪企业未能履行协议约定的义务,则检察机关将恢复诉讼程序,进入刑事审判环节。值得注意的是,暂缓起诉协议在程序上需要提交给法院,因此,暂缓起诉协议实际上经过了法院司法审查并批准,而非完全由检察机关决定。不起诉协议是指检察机关与涉罪企业之间签订的一份附条件不起诉的协议。不起诉协议的内容与暂缓起诉协议相似。不同于暂缓起诉协议,不起诉协议发生在检察机关提起公诉之前,这一协议由检察机关决定,检察机关并不需要制作刑事起诉书提交给法院,法院也不参与这一程序。从现有的情况来看,暂缓起诉协议和不起诉协议的最大区别在于,

---

[1] 叶良芳:《美国法人审前转处协议制度的发展》,载《中国刑事法杂志》2014年第3期。

检察机关是否要制作刑事起诉书以及协议是否需要提交给法院审查。

需要注意的是，包括暂缓起诉协议和不起诉协议在内的审前转处协议与美国的辩诉交易具有相似性，但却有着一个本质的区别（见表3-2），即审前转出协议的适用可以让企业不被定罪，而辩诉交易的前提是企业需要认罪。由于定罪与否对于企业继续在市场上开展经营活动有着实质性的影响，从这个角度来看，涉罪企业更愿意获得审前转处协议的机会，以保障企业能够继续生存和发展。

表3-2　审前转处协议与辩诉交易的区别

区别	NPA	DPA	认罪协议（Plea Agreement）
是否起诉	不起诉	向法院申请延迟起诉	即时起诉
是否认罪	不认罪	承认不法事实	认罪
是否定罪	不定罪	不定罪	定罪减轻
监督实施主体	DOJ/SEC	DOJ/法院	法院
被告义务	罚款；合规计划（补救措施）；合作；放弃诉讼		

进一步而言，企业合规是检察机关在对涉案企业决定是否适用审前转处协议的一个关键考量因素。特别是安然和安达信事件后，美国检察机关开始大规模适用审前转处协议，尤其是暂缓起诉协议，并在诸多达成和解协议的案件中，将企业合规机制融入这种审前转处协议之中。进一步而言，那些涉嫌严重经济犯罪的企业承诺建立或完善合规管理体系或者在案发后已经着手建立或完善合规管理体系，这些已经成为检察机关与其达成审前转处协议的前提；这些企业对合规管理体系的完善情况，也是检察机关最终作出撤销起诉决定的重要依据。在一定程度上，与检察机关达成审前转处协议，并进而说服检察机关放弃对企业的刑事指控，这已经成为众多企业建立或者是完善合规管理体系的关键驱动力之一。

除了通过审前转处协议推动企业合规外，美国司法部也在近些年，根据U. S. S. G. 和《司法部执法手册》等关于商业组织犯罪中与企业合规相关的规定，结合案件办理的实践经验，发布了一系列评估企业合规管理体系的指引，为企业建立和完善合规管理体系以及特定领域的合规管理体系提供完整和全面的标准。这包括美国司法部刑事局2019年4月发布并在2020年6月更新的《企业合规管理体系评估》（Evaluation of Corporate Compliance Programs），美国司法部反垄断局在2019年7月发布的《在反垄断刑事调查中对于企业合规管理体系的评估》(Evaluation of Corporate Compliance Programs in Criminal Antitrust Investigations),美国司法部刑事局与美国证交会执法局在2020年7月更新的《美国〈反海外腐败法〉信息指引(第二版)》(A Resource Guide to the U. S. Foreign Corrupt Practices Act, Second Edition)等。

企业合规在美国的发展历史可以反映出,企业合规是企业及其员工要遵守规范。因此,企业合规是企业对自身所开展的一种自我管理行为并因此探索出了一套管理体系,进而逐步形成了一种特有的文化。随着国家和政府对于经济活动的干预不断加强,国家和政府发现,如果企业愿意接受合规管理体系以及合规文化,则这类企业发生违法违规的可能性就相对较低,这样可以降低管理经济秩序的成本,增强企业在国内外市场上的核心竞争力,也有利于整体经济的健康发展。因此,国家和政府开始着力推动企业合规,他们通过立法为企业合规的建设和发展提供法律基础,并在行政执法和刑事司法中以企业合规作为企业换取减免处罚的筹码来直接督促涉案企业引入合规管理体系,构建合规文化。

案例一:OFAC与法国兴业银行(Société Générale S. A.)在2018年11月19日达成和解协议案[1](编号:COMPL-2014-206959)。法国兴业银行在2007年到2012年间,曾通过其总部和各个分支机构以不正当不透明的方式执行了超过1077笔跨境美元付款,总价值为5,560,452,994.36美元。这些交易付款涉及古巴、苏丹、伊朗等在当时被美国制裁的国家的法律实体。法国兴业银行在处理相关交易时,对受制裁实体的信息进行了删除、省略、隐藏等处理,未将完整和透明的信息包含交易指令中提交给代理清算银行,从而严重影响了美国制裁项目的执行,为受制裁实体带来了巨大的经济利益。同时,虽然法国兴业银行建立了关于贸易制裁合规的机构和管理体系,并在2004年中期曾在多个下属单元采取一系列措施和努力以提升贸易制裁合规的管理,这些努力包括提高培训、发布贸易制裁合规的相关信息、更新政策和流程等。但是,经过审查,OFAC认为法国兴业银行的这些举措并未让其贸易制裁领域的合规管理体系真正变得有效。因为银行员工仍然在为被美国制裁的国家的实体开展交易付款。

---

〔1〕 Settlement Agreement between the U. S. Department of the Treasury's Office of Foreign Assets Control and Société Générale S. A., https://home.treasury.gov/system/files/126/20181118_socgen.pdf.

因此,除了支付53,966,916.05美元的罚款外,在OFAC与法国兴业银行达成的和解协议中,OFAC同意与法国兴业银行和解的关键条件与银行合规管理体系改进方面的诚意和努力密不可分。OFAC在和解协议第29条中详细地说明了法国兴业银行在案件发生后、调查完成前在合规管理体系改进方面所采取的努力,这主要包括:在2009年2月,法国兴业银行设立了集团贸易合规部门,这是一个中央化且独立的贸易合规职能部门。在2009年到2017年,法国兴业银行把集团贸易合规部门的人员从1人增加到多人,并把部门预算提升了3倍。在集团贸易制裁合规部门扩大的同时,法国兴业银行也对于这些部门人员的职责范围予以了更为明确的规定;同时,也明确了他们的汇报线,进而增强他们在信息上报、分享和报告流程等方面的能力。另外,法国兴业银行也在各个业务线设置了合规负责人,他们除了直接向集团合规部门报告外,也增加了一条直接通向总部高级管理人员汇报线。法国兴业银行也增加了他们在了解客户〔1〕、客户尽职调查〔2〕以及贸易制裁筛查控制等方面的能力,以保证银行能够识别那些直接或者间接具有贸易制裁风险的客户。法国兴业银行也适用了一套更为完整和全面的面向全集团且普遍适用的培训体系,涵盖包括集团总部和各业务线的全体员工。同时,对于那些在面对与贸易制裁合规方面有着较高风险的员工,银行也定制了专门的培训,为这些员工提供面对面的培训。

除了法国兴业银行已经在合规管理体系建设方面作出的努力外,法国兴业银行也向OFAC承诺就和解协议达成后会继续以最大的努力来确保它占多数股或者控股的分支机构会遵守和解协议的各项要求。可见,OFAC的执法对于法国兴业银行改进其合规管理体系具有极为重要的推动作用。法国兴业银行在合规管理体系提升方面的努力也成为它最终与OFAC达成和解的必要条件。

案例二:美国高盛集团公司(The Goldman Sachs Group, Inc.)就违反FCPA与美国司法部达成暂缓起诉协议(编号:20-437(MKB))〔3〕案

美国高盛集团公司及其子公司因向马来西亚和阿布扎比等国政府官员行贿超过10亿美元,构成了对FCPA的违反,因而被美国司法部启动刑事调查。

〔1〕 Know Your Customer(KYC),这是一个企业合规领域的惯常用语。

〔2〕 Customer Due Diligence(CDD),这是一个企业合规领域的惯常用语。

〔3〕 Deferred Prosecution Agreement entered into by the Goldman Sachs Group, Inc., the United States Department of Justice, Criminal Division, Fraud Section and Money Laundering and Asset Recovery Section, and the United States Attorney's Office for the Eastern District of New York, https://www.justice.gov/usao-edny/press-release/file/1329961/download.

在调查过程中，高盛集团公司与检察机关达成了暂缓起诉协议，除了支付高达29亿美元的巨额罚款外，企业合规是高盛集团公司与检察机关达成暂缓起诉协议的一个重要条件。这包括两个方面：

一方面，高盛集团公司本身具备合规管理体系，这也是检察机关同意与高盛集团公司签订暂缓起诉协议的必要前提，也是检察机关决定不需要在高盛集团公司开展独立的合规监管项目的原因。具体来说，在检察机关开展调查的过程中，高盛集团公司作出了在企业合规管理体系以及内控体系方面做好加强的承诺。同时，高盛集团公司在检察机关调查的过程中已经在合规方面采取了救济措施，包括：(1)加强控制措施、与电子监控和调查相关的额外的流程和政策以及对在各个业务线中所推荐的交易、客户、第三方中间人等进行尽职调查；(2)加强了对于全体管理人员和员工在反腐败方面的培训。

另一方面，检察机关也在暂缓起诉协议附件C中详细列明了高盛集团公司需要在合规管理体系上予以改进的方面，在暂缓起诉协议所设定的3年监管期内，高盛集团公司需要每年向检察机关就其合规管理体系的改进和执行情况进行报告，并由检察机关进行审查。这是高盛集团公司履行暂缓起诉协议并最终实现检察机关撤销起诉的一个重要条件。附件C中列明的高盛集团公司在合规管理体系上需要改进的方面包括：企业的董事和高级管理人员作出遵守合规的承诺并以身作则地践行；完善企业的制度和流程；定期开展基于风险的审查和评估并据此改进和完善企业的制度和流程；指派企业的高级管理人员开展适当的监管并赋予其自主权和独立性；加强内部的培训和对员工的指导；加强内部举报和调查；加强政策的执行以及对于违规员工的纪律处分；加强对于第三方合作伙伴的管理；在兼并收购等环节中做好基于风险的尽职调查；持续做好监管、监测和改进等。

第三节　其他具有代表性的国家

一、英国

(一)《反贿赂法案》

2010年4月8日英国王室通过了新的《反贿赂法案》(Bribery Act 2010, UKBA)，于2011年7月正式生效。该法案构建了更为严密的预防性贿赂犯罪刑事规制体系，在立法体例上开创了一体化的贿赂犯罪治理立法模式，除涉及贿赂犯罪的一般规定外,在管辖范围、追诉程序、罪名设定和刑事责任等内容上都有所更新。与美国 FCPA 不同的是,UKBA 不仅适用于对公共官员进行的贿赂,也适用于私人或者私营部门间的贿赂行为,并且,几乎所有与英国有密切关系的公司和个人都受到该法案的规制。此外,在 FCPA 中,为促成例行政府行为而支付的通融费或加速费是被允许的,而 UKBA 认为通融费是非法的,不属于豁免的情形,即使是小额的通融费也会违反 UKBA。正因如此,UKBA 被业界公认为“最严厉的反腐败法”,即使在今天,仍被普遍认为是世界上最为严厉的反贿赂法之一,而这均得益于其立法理念和设计。

从 UKBA 的内容来看,其规定主要涉及一般贿赂犯罪和预防商业机构贿赂失职犯罪两个方面,其中一般贿赂犯罪包括行贿罪、受贿罪、贿赂外国公职人员罪三个具体罪名,而预防商业机构贿赂失职犯罪项下则只包含预防商业机构贿赂失职罪一个具体罪名。虽然对自然人和法人都可以成立上述四项罪名,但是二者的相关犯罪行为构成要件并不完全一致。从该法对法人和自然人犯罪的认定来看,法人犯罪虽然也是由其内部相关人员实施的,但还必须满足其他两个条件:一是该人员与法人之间存在某种关联关系;二是该人员实施犯罪行为的目的是维护法人的利益。因此,当自然人出于维护法人利益的目的,且与法人之间存在关联关系时,其所实施的违法行为应归属于法人而非自然人本身;反之,自然人所实施的犯罪行为就应该构成自然人犯罪而非法人犯罪。值得关注的是,预防商业机构贿赂失职罪(Failure of Commercial Organization to Prevent Bribery),规定了商业组织因疏于构建内部行贿预防制度而导致行贿行为发生所需要承担的刑事责任。若一个商业组织的“关联人员”为了获取或保留该组织的业务,或者为获取或保留该组织在商业活动中的优势,而向他人行贿的,则该商业组织构成本罪,除非该组织能够证明其已制定了“充分程序”以预防“关联人员”从事行贿行为。该罪名采取了严格责任,在发生关联人员为商业组织利益行贿的情况下,商业组织除非能提出有效抗辩,证明已经制定了充分的预防行贿程序,否则将承担刑事责任。

与美国《组织量刑指南》中的合规评价体系“七要素”一样,UKBA 制定了“六大原则”来指导企业及其合规计划。这六项原则是:(1)商业组织的程序与贿赂风险相称;(2)“最高管理层”承诺;(3)商业组织评估其面临的潜在外部和内部风险的性质和程度;(4)商业组织适用尽职调查程序;(5)商业组织力求确保其程序和政策在整个组织内得到体现和理解;(6)商业组织监测和审查程序在必要时进行改进。此外,应该指出的是,如果商业组织能够证明,尽管发生了特定的贿赂案件,但它仍有足够的程序来防止与它有关的人进行贿赂,那么它将有充分的辩护。

（二）《2020年严重欺诈调查局操作手册——DPA部分》(SFO Operational handbook-DPA 2020)

近年来，英国的公司经济犯罪造成损失数额仍在持续上涨，2012年年底，英国司法部消息曾称，“单独诈骗犯罪一项，在英国每年造成约730亿英镑的损失，然而太少案件真正受到司法追诉”。为此，英国政府通过《2013年犯罪与法院法》(Crime and Courts Act 2013)引入了美国的DPA机制，为公诉方增加了处理经济犯罪新的重要途径。该法附件17详细规定了可撤回起诉协议，由英国严重欺诈调查局(Serious Fraud Office，SFO)适用DPA负责治理公司犯罪。因此，DPA更受司法实务部门和公司的欢迎，已经成为英国处理刑事合规案件的重要手段。[1]

SFO于2020年10月23日发布了有关延期起诉协议(Deferred Prosecution Agreements，DPA)的综合指南。DPA中明确，DPA是由法院批准的公司和SFO之间签订的协议，它允许公司在满足某些条件的前提下在一段时间内中止刑事诉讼(suspension of prosecution)。DPA允许公司与SFO达成和解，避免公司因贿赂、欺诈或其他经济犯罪行为而被起诉，并且DPA必须经法院批准才能生效。这一点与美国不同，法院在批准过程中需评估DPA条款的公平性、合理性和相称性。DPA只适用于特定的刑事犯罪，包括但不限于：共谋诈骗、洗钱、欺诈、贿赂等。根据2013年《犯罪与法院法》的规定，签订DPA的公司无须承认有罪。该指南申明对于被指控的罪行，对公司没有正式承认有罪的要求。但是，公司将需要接受DPA事实陈述中提及的关键文件的内容，这意味着，从意图和目的出发，公司都必须承认不当行为。指南中的DPA条款部分也提到，尽管公司无须就起诉书中所指控的罪行正式承认有罪，但应考虑在适当情况下公司可能会承认。

案例一：SFO在2015年11月30日宣布就Standard Bank plc(SB)的贿赂问题与其达成英国第一个延期起诉协议(DPA)，这也是英国《反贿赂法案》(UKBA)第7条在诉讼过程中被检察官首次予以使用。2015年2月1日，中国工商银行(ICBC)从Standard Bank Group Limited(SBG)获得了SB60%的股份，SBG仍保留了SB的40%的股份。贿赂问题发生时，ICBC尚未获取股份，所以ICBC并未卷入该起贿赂事件。贿赂事件发生于2013年3月，SB的前姐妹公

[1] 杨宇冠、张沈锲：《英国DPA在处理公司刑事合规案件中的适用及借鉴》，载《经贸法律评论》2021年第2期。

司 Stanbic Bank Tanzania（ST）向位于坦桑尼亚的商业伙伴 Enterprise Growth Market Advisors（EGMA）进行了 600 万美元的付款。该付款的目的在于诱使坦桑尼亚的政府官员同意 ST 和 SB 代表坦桑尼亚政府提出的 6 亿美元私人安置方案。这一安排产生了 840 万美元的交易费，由 ST 和 SB 进行分摊。

2013 年 4 月，SB 和 SBG 向 SFO 进行了自我披露，SB 的律师 Jones Day 向 SFO 具体报告了这一贿赂事实，并提交了贿赂事实的证明材料。Jones Day 还对内部进行了一系列调查，调查结果于 2013 年 7 月 21 日被送至 SFO。SFO 主任认为同 SB 达成 DPA 可能更符合社会公众利益，于是双方开始谈判，并于 2015 年 11 月 30 日达成 DPA。在 DPA 的结论部分，ST 及其相关员工被认为触犯了 UKBA 第 1 条的规定；ST 及其相关员工均为 SB 的关联人；SB 在预防贿赂行为时存在失职；SB 的反贿赂合规体系存在极大漏洞。DPA 约定 SB 支付 2520 万美元的财务付款，并且给予坦桑尼亚政府 700 万美元的赔偿，除此之外，SB 还同意给予 SFO 在本次贿赂事件中 33 万英镑的调查费用，以及承诺严格遵守 DPA 中的相关合规承诺。2018 年 11 月 30 日，SFO 宣布 SB（后来的 ICBC）确切执行了 DPA 中的合规体系建设承诺，该项 DPA 予以终止。

案例二：SFO 在 2017 年 1 月发布了与劳斯莱斯公司（Rolls-Royce PLC）的 DPA 协议，这是 SFO 迄今为止对企业进行的最大规模的调查。SFO 的起诉书草案反映了劳斯莱斯公司的违法行为，包括：1989 年至 2006 年间，在印度尼西亚和泰国出售民用飞机的航空发动机时，向代理商行贿；在 2005 年至 2009 年，隐瞒或混淆使用中间商（当时中间商的使用受到限制）以促进其在印度的国防业务；在 2006 年和 2007 年支付腐败款项，用以从印度收回劳斯莱斯公司在印度使用的中间商名单；2008 年 1 月至 2009 年 12 月，针对俄罗斯天然气压缩设备供应相关业务，与代理商达成行贿协议；未能在 2010 年《反贿赂法案》生效之后，以及 2013 年 5 月和 2013 年 7 月在尼日利亚和印度尼西亚开展能源业务时防止贿赂；以及在 2010 年《反贿赂法案》生效至 2013 年 12 月，在印度尼西亚、中国和马来西亚开展民事业务时未能防止贿赂。针对劳斯莱斯公司上述不当行为，SFO 经调查认为尚不能达到《皇家检察官守则》中的证据测试标准，定罪证据不够充分，且劳斯莱斯公司一直致力于企业内部合规体系的建设。因此，SFO 同意与劳斯莱斯公司达成 DPA 协议。在 DPA 协议中，劳斯莱斯公司同意上缴因非法行为所获得的利润共计 258，170，000 英镑，并且同意按照 SFO 所要求的方式和期限支付 239，082，645 英镑的罚金。

二、法国

2016年12月8日，法国宪法委员会批准通过了《关于提高透明度、反腐败以及促进经济生活现代化的2016-1691号法案》，并于同年12月10日在《政府公报》上发表，这表明法国进一步加大了打击腐败、贿赂行为的执法力度。该法案被称为"Sapin II Law"(《萨宾第二法案》)，其主要目的是在法国建立一个真正的反腐机制，要求企业在经济制裁的惩罚下参与这场斗争。《萨宾第二法案》共有9编，169个条款，既有新设条款，又有对法国刑法、刑事诉讼法、货币金融法等法律的修订条款。虽然该法案制定在很大程度上，以美国《反海外腐败法》为基础，但其同时也考虑了许多法国的特殊性。相比于其他国家的反腐败立法，《萨宾第二法案》更为严格，因为其明确规定建立合规制度是企业及其高管人员必须履行的积极义务，否则即使没有实施贿赂行为，企业或其高管也可能因此受到处罚。

《萨宾第二法案》修改了法国的刑法和刑事诉讼法。对于构成贿赂犯罪的企业，法国法院有权判令企业在规定期限内，按照《萨宾第二法案》第17条第2款的要求建立合规制度。反腐败局(Agence Française Anti-corruption，AFA)负责监督、协助企业建立合规制度，并定期(至少每年)向检察机关报告企业建立并执行合规制度的情况。AFA因此产生的费用由企业承担。如果企业未能建立符合要求的合规制度，法国法院有权对企业和相关自然人分别判处罚金，并对自然人判处2年以下监禁。与英国、美国类似，《萨宾第二法案》第22条确立了法国的推迟起诉协议制度。在案件进入正式审理前，检察机关可以与被指控涉嫌贿赂犯罪的企业达成和解协议，从而免于提起公诉。而达成司法和解的条件是，被指控的企业需要缴纳相当于过去3年平均年营业额30%的和解金，并且同意在AFA的管控下，于3年内建立有效的合规制度。如果有明确的受害人的话，被指控的企业还应按照和解协议约定的金额，在不超过1年的时间里，按照和解协议约定的方式弥补受害人的损失。企业同意达成和解后，检察机关会将和解协议文本提交给法院，经过法院听证程序后，和解协议生效。如果被指控的企业履行了和解协议规定的义务，检察机关将免于提起公诉。如果和解协议未能全面履行，检察机关可以向法院汇报，由法院决定恢复公诉程序。

总体来说，《萨宾第二法案》对法国的反腐败立法具有深远而重大的影响。《萨宾第二法案》对建立企业合规制度的要求，甚至比美国《反海外贿赂法》和英国《贿赂法案》还要严格。其主要贡献包括：(1)设立法国反腐败局(AFA)，负责监测私营和公共部门内部预防腐败方案（以下简称反腐败合规方案）的执行情况，并有权调查和实施制裁。（2）对具有一定规模的法国公司强制实施反腐败合规方案。（3）在不承认有罪的情况下确立刑事和解制度（《公共利益司法公约》，Convention judiciaire d'intérêt public，CJIP），主要针对腐败行为、洗钱和税务欺诈。（4）扩大和保护举报人地位。（5）大幅扩大了法国刑事法院对国际腐败行为的管辖权。

案例：汇丰银行私人银行（瑞士）有限公司（PBRS）与巴黎大审法院国家金融检察官于2017年达成了一项CJIP协议。双方达成的CJIP协议中，披露了PBRS在2006年和2007年间实施的非法招揽金融业务、洗钱等一系列违法行为。根据法国《货币金融法》和《刑法典》的规定，非法招揽金融和银行业务以及逃税的洗钱行为应当受到刑事追诉。PBRS承认了违法事实并接受法律定性，并提出其已经在2010年及2011年加大了企业内部合规体系的建设。国家金融检察官根据其年平均营业额估值、违法年度管理的总资产额推算出其应当承担的利益补偿金为86,400,000欧元，并且根据PBRS的合作程度、披露程度决定对其处以罚金的数额为71,575,422欧元。与此同时，法国政府于2013年5月2日被登记为受害者，国家税务部门通过参考其管理的资产数额以及根据处理规范化税务报表机构所提出的具体税率得出PBRS应向国家支付142,024,578欧元的损失。PBRS同意了该项协议，并承诺于协议生效后的十日内付清相关款项。

三、意大利

意大利政府于2001年6月8日通过首部企业合规相关的法令，名为《关于法人、公司、协会及非法人组织行政责任的法令》（Disciplina della responsabilità amministrativa delle persone giuridiche, delle società e delle associazioni anche prive di personalità giuridica，以下简称第231号法令）。该法令有效地解决了企业合规的法治化问题，使得司法机关在判定企业是否可因合规而出罪时有法可依。同时，该法令在指导企业制订有效合规计划、规定企业责任的判断标准、制定企业刑事激励机制等方面都独具特色。这部肇始于防范企业商业贿赂的合规法令发展至今，已经成为规制150余种犯罪的庞大合规体系，不仅在意大利法律体系中，甚至在世界企业合规法律体系中都占据重要地位。[1]

---

[1] 刘霜：《意大利企业合规制度的全面解读及其启示》，载《法制与社会发展》2022年第1期。

该法令建立了一个法律框架,违反该法令的大多数组织、公司和实体可能会被追究腐败和挪用公共资金的罪行,以及部分不相关的不合规活动。意大利政府制定该法令是为了遵守1997年经合组织颁布的《打击国际商业交易中贿赂外国公职人员公约》。

合规部分,第231号法令通过意大利法院倡导合规计划,并且从该法令中可以看出两个重要的概念。第一,如果合规计划在犯罪行为发生之前就已经到位,并且对犯罪行为发生的风险领域进行了"精心设计",那么公司很可能不会被认定负有责任。第二,在行为发生后实施"精心设计"的合规计划,可能有助于减轻处罚,并有助于避免司法部门启动"临时"措施。然而,即使公司在行为发生后才引入合规计划,也要承担相应的责任。

治外法权部分,第231号法令法律允许意大利当局在以下情况下对外国实体进行起诉:(1)外国公司自身行为违反第231号法令;(2)外国公司通过意大利代表或代理人违反第231号法令;或(3)外国公司虽然不在意大利境内经营,但参与了"进入"意大利的活动。

由于该法令已经颁布了多年,案例法和执法历史都很发达。虽然那不勒斯、罗马和米兰的法院都支持并执行了第231号法令,但实践中对第231号法令的执行的评价缺乏一致性。在某些情况下,意大利当局愿意保护公司不被追究责任,而在其他情况下,意大利当局倾向于对公司采取严厉的行动。与此同时,更值得关注的一个问题是,第231号法令没有规定公司必须实施合规计划。然而,行政级别的官员可能会因为没有实施和维护合规计划而违反其受托和管理职责而被追究个人责任。实践中,虽然第231号法令没有要求制订合规计划,但卡拉布里亚地区(类似于美国的一个州)确实要求在该地区经营的公司必须制订合规计划。

四、智利

智利国会于2009年通过了《公司刑事责任法》(Ley 20.393),该法适用于洗钱、资助恐怖主义和贿赂国内外公职人员的行为。《公司刑事责任法》第3条规定了"刑事责任的归属",这使得法人不可避免地为其利益或为其利益而实施的任何犯罪行为负责。与此同时,《公司刑事责任法》明确规定对公司合规计划(预防模式)给予奖励,合规部分条款规定管理层对组织中的每个人都负有"监督职责",如果因违反管理和监督职责而导致犯罪,组织或管理人员个人可能被追究责任,而如果在犯罪活动发生之前,管理层已经通过并实施了一项组织、管理和监督方案,以防止犯罪,那么就履行了监督职责。该法第4条第

2款规定，法人实体的管理层应向负责预防犯罪行为的个人提供足够的手段和权力，使其能够履行其职责，这至少必须考虑以下几点：(1)考虑到法人实体的规模和经济能力，提供必要的物质资源和手段，以充分履行其任务；(2)直接与法人实体的管理层联系，通过适当的方式及时告知其为履行其任务而实施的措施和计划并说明其管理情况；(3)至少每六个月提交一次报告。

智利法律允许在调查期间有条件地暂停诉讼，暂停诉讼基本上是基于检察官和公司实体之间的和解，和解须经过法院批准，然后确定必须满足的条件，这些条件可以包括采用合规计划、支付赔偿金的义务，或法院认为合适的其他要求。《公司刑事责任法》还规定，公司实体可以对其合规计划进行认证，认证主体是智利的证券和保险管理局所授权的当地公司，这些公司有权审查合规计划并证明其充分性。认证公司的名单会在证券和保险管理局的网站上列出。在智利，这些合规计划认证的效果仍是未知数。一些人认为，认证应该使公司获得完全的豁免权；另一些人则认为，对合规计划进行认证只是提高了违规案件的举证标准，将证明公司没有履行防止犯罪的义务的责任推给政府，尽管该公司已经获得了认证。但在实践中，很明显，当公司没有这种合规计划认证时，他们更难证明他们已经履行了法律义务。

五、日本

日本于1993年颁布了《防止不公平竞争法》(1993年第1号法案，Unfair Competition Prevention Act，UCPA)，旨在阻止公司在国外从事腐败行为，该法是日本对经合组织颁布的《打击国际商业交易中贿赂外国公职人员公约》的回应。UCPA将贿赂公职人员的行为定性为犯罪，但日本公司并不直接受制于UCPA，相反，该法主要针对个人。然而，公司可以因促成贿赂行为或未能采取适当措施防止其雇员的贿赂行为而被追究责任。虽然，该法案本身并没有特别提到合规计划，但人们普遍认为，个人责任由雇主承担，因为雇主有责任监测和监督其雇员。在确定对违反UCPA的处罚时，假定雇主在雇用和监督方面存在过失，雇主必须表现出严格的预防贿赂的谨慎态度，以避免重罚，包括证明对雇员进行过培训，以及对雇员进行防止贿赂的具体指示。

日本警方负责对贿赂行为进行调查，公诉人则对被告进行起诉。根据UCPA被定罪的个人将被处以500万日元的罚款或5年监禁，或两者兼而有之。在某些情况下，强大的公司合规计划可以帮助保护高级管理层和董事在发生违规行为时免于承担责任。

六、新西兰

(一)《反洗钱和打击资助恐怖主义金融法》

新西兰《反洗钱和打击资助恐怖主义金融法》(Anti-Money Laundering and Countering Financing of Terrorism Act)的任务是在全世界范围内打击国际洗钱、贿赂和腐败、不正当的内部交易、税务欺诈、资助恐怖活动以及其他非法活动。该法案的第一个要求便是建立一个合规方案。根据司法部的说法,“这包括:(a)任命一名合规官员;以及(b)制定一个报告和合规方案。合规方案的关键要素将包括全面的风险评估、管理人员的审查和培训义务、报告程序、记录保存、尽职调查和其他最大限度减少滥用风险的程序”。《反洗钱和打击资助恐怖主义金融法》适用于新西兰境外的任何居民或在新西兰做生意的任何组织,只要这种行为与新西兰的商品、服务或利益有关。违反《反洗钱和打击资助恐怖主义金融法》的后果是不可低估的。即使是较低级别的违规行为,处罚也是很严重的。如果未能充分监测账户和交易,可导致对个人的处罚高达 10 万美元,对公司实体的处罚高达 100 万美元;如果没有实施反洗钱或打击资助恐怖主义计划,没有对客户进行尽职调查或没有保存必要的记录,个人可被处以最高 20 万美元的罚款,法人团体可被处以最高 200 万美元的罚款,更严重的将导致受到刑事处罚甚至包括监禁。

(二)《公平交易法》

新西兰《公平交易法》(Fair Trading Act)的存在是为了禁止贸易中的某些行为和做法,并规定披露与商品和服务供应有关的消费者信息以促进产品安全。《公平交易法》强烈建议所有企业在内部实施一项合规方案。合规计划的存在也可以帮助企业对根据该法进行的任何起诉建立法律辩护。法院在对企业在勤奋监督下仍发生的违法行为进行处罚时,也可能会对合规方案的存在持有利态度。该法的执法机关是通信委员会,他们的调查和执法权延伸至所有企业,包括强制调查权、可执行的承诺、巨额罚款、管理禁止令和无证检查公共场所。

七、俄罗斯

俄罗斯第 273 号法令发布了《俄罗斯反腐败法》(Russia Anti-Corruption Law),该法要求在俄罗斯经营的国内和外国公司实施广泛的合规计划。该法的规定与美国《反海外腐败法》和英国《反贿赂法案》相似。根据第 273 号法令的规定,公司必须制定并实施以下合规措施:(1)负责预防腐败和其他违法行为的部门或官员的定义;(2)与各组织与执法部门合作;(3)制定和引进旨在确保合规的标准和程序;(4)通过适用于本组织雇员的道德和商业行为准则;(5)防止和解决利益冲突;(6)防止非官方的报告和使用伪造的文件。该法适用于所有在俄罗斯运作的“组织”。目前的俄罗斯判例法表明,随着公司制定强有力的合规计划,他们可能会在接受调查时使用这些计划作为辩护。

《俄罗斯反腐败法》虽然要求公司采取措施防止腐败,但该法所列的具体措施既不是强制性的,也不是唯一的。即使公司实施了该法中的所有 6 个步骤,仍然可能无法免除责任。根据法律规定,如果公司有机会遵守法律要求,但没有采取“一切可能的措施确保遵守”,则仍属于行政违法行为。

第二编

企业合规管理体系

第四章　企业合规管理体系概述

第一节　企业合规管理体系的概念与构成

一、企业合规管理体系的概念

根据2021年发布的《合规管理体系要求及使用指南》（ISO 37301:2021）第3.7条，管理体系是指一个组织所建立的方针和目标，以及为实现这些目标的过程中所设置的相互关联或者相互作用的各种要素[1]。一个企业根据不同的专业领域，可以建立多个不同的管理体系，其中也有诸多管理体系具有国际标准，比如《质量管理体系——要求》（ISO9001:2015）、《环境管理体系——要求及使用指南》（ISO14001:2015）、《信息技术—安全方法—信息安全管理体系——要求》（ISO/IEC27001:2013）等。因此，合规管理体系是企业管理体系中的一个独立体系，是企业开展合规管理时所建立的方针和目标以及实现这些目标的过程中所涉及的人、财、物和配套的管理制度、流程等各种要素的总和。

合规管理体系是企业开展合规管理的具体实现形式。这一体系从制度、流程、组织、文化和物质保障等全方位让企业及其员工具备正确的合规意识、合规能力；让企业的合规管理形成制度化、组织化和体系化，以真正实现经营管理各方主体之间权力的约束和平衡；进而帮助企业预防、监测和应对合规风险，最大限度让企业遵守规范，降低违法犯罪的可能性。

二、企业建立合规管理体系的原则

每个企业的合规管理体系并不是千篇一律，而是会根据企业的类型、规模、性质和行业特点以及所面临的风险状况等具体情况而存在差异。同时，企业开展合规管理需要付出相应的成本，这些成本包括但不限于人力、金钱、沟通、效

---

[1] 英文原文：set of interrelated or interacting elements of an organization (3.1) to establish policies (3.8) and objectives (3.9) and process (3.10) to achieve those objectives。

率、技术、基础设施等多个方面。合规管理体系设计的越复杂，企业因此要付出的各类成本就越高。如果企业所建立的合规管理体系与其客观情况不相匹配，则可能会反向对于企业的经营和管理产生负面作用，也不能让该体系发挥应有的功能。因此，企业可以结合自身的客观情况，基于如下原则来进行合规管理体系建设。

（一）风险导向原则

风险导向原则是指企业建立的合规管理体系应当与其所面临的合规风险相对称。企业建立合规管理体系的目的之一在于帮助企业有效管理合规风险，即预防、发现和应对合规风险。因此，企业首先需要识别出其所面临的合规风险，并以此为基础设计和建立合规管理体系。一方面可以保障企业对于合规风险的有效管理；另一方面也可以避免企业因建立“大而全”的合规管理体系而导致企业浪费资源、牺牲效率。

举例来说，负责药品推广和销售的企业在商业贿赂领域普遍具有高风险，但其在洗钱领域发生不合规行为的可能性则较低。因此，这类企业的合规管理体系中一般都会在反商业贿赂方面制定专门的合规计划，配备充足的资源，建立起完善的制度和流程以有效应对这方面的风险。但在反洗钱方面，则其往往是需要建立起一套“基本够用”的合规计划，而并不需要像金融机构一样，设置庞大的部门以专门开展反洗钱的合规管理。

（二）差异原则

差异原则是指企业的合规管理体系并不是千篇一律，也并非只有一种模式，在风险导向原则的指引下，企业可以基于其性质、类型、规模、组织架构、业务范围、行业特点、产品、服务、经营模式等客观情况，建立符合自身需求的合规管理体系。

举例来说，相较于民营企业，在国有企业中进行合规管理体系建设时，除了对董事会、监事会和经理层等进行合规管理职责的设置外，还需要考虑企业中党组织在合规管理方面的领导如何得到实现，比如在涉及与合规相关的重大决策、重要人事任免、重大项目安排等，应当建立起党委前置审议的程序。

（三）全面原则

全面原则是指企业的合规管理体系虽然可以有不同的模式，但企业合规管理体系的基本要素需要同时具备。从企业合规实践来看，企业合规管理体系得以有效运行需要同时具备最基本的要素有三个：一是合规管理的制度，这是企业开展合规管理的基础和依据；二是合规管理的组织和人员，这是企业开展合规管理的主体；三是面向全体员工的合规热线，这是企业发现不合规行为并及时采取措施予以救济的关键途径。

（四）有效原则

有效原则是指企业所建立的合规管理体系在同时具备了各个基本要素的基础上，企业需要为该体系的有效运行提供保障，防止该体系流于形式。这包括但不限于从企业最高管理层开始至全体员工的合规承诺、有效的宣传和培训、完善的考评体系、充足的经费保障、及时且有效的合规调查和不合规行为处理机制等。

（五）发展原则

发展原则是指企业在建立合规管理体系后，该体系需要具有发展能力，根据内外部环境的变化而不断改进和完善。合规管理体系的发展能力主要体现在企业对于发生的不合规行为的处理上，即企业能够通过对于不合规行为进行根源性分析，找到合规管理体系中的不完善之处，进而采取措施予以救济，防止这类不合规行为再次发生。

三、企业合规管理体系的构成

企业合规管理体系是一个集合了人、财、物和配套的管理制度、流程的系统性工程。企业合规管理体系的要素包括合规风险识别与评估、合规方针、合规计划、合规制度与流程、合规组织、合规咨询、合规审查、合规检查、合规报告、合规审计、合规考核、合规信息管理和系统建设、合规激励、合规承诺、合规宣传和培训、合规举报、合规调查、合规处理、合规整改等。这些要素又可以分别纳入对应的管理机制和子体系中，这包括合规从高层做起、合规风险识别与评估机制、合规管理制度体系、合规管理组织体系、合规管理运行机制、合规文化机制、不合规行为管理机制等方面展开。

（一）合规从高层做起

合规是一把手工程。合规管理体系的有效建立和运行与企业的实际控制人、主要负责人等（以下简称高层）对于合规的理解程度、认可程度以及执行力度都有着紧密的关联。只有当企业的高层能够真正认同企业合规的价值和理念，并以身作则的遵守和执行，这样才能真正带动和引导各级经营管理人员、关键技术人员、普通员工在日常生产经营和管理过程中遵守规范，让合规管理体系得到落实和长效开展。

（二）合规风险识别与评估机制

合规风险识别与评估机制是企业合规管理体系建立和运行的起点。因此，企业在开展合规管理时首先需要识别自己所面临的各项合规风险,评估这些合规风险的性质、严重程度,在此基础上,企业需要有针对性地建立合规管理制度体系、组织体系、运行机制并做好合规文化建设和物质保障。如果企业在开展合规管理时不注重对于合规风险的识别与评估,则企业的合规管理会存在范围过宽,无法及时且有效的管理和应对合规风险的可能性,进而导致企业的管理资源无法得到合理的利用。

另外,企业合规风险的识别与评估并非一次完成后即一劳永逸,而是要定期开展,并在企业内外部环境发生重大变化时做专项风险识别和评估,以确保合规管理的及时和有效。

(三)合规管理制度体系

合规管理制度体系是指企业针对合规管理活动所制定的不同层次和不同形式的一系列规章制度,这是企业开展合规管理以及员工履行合规职责、遵守合规要求的基础,也是对于违规员工进行处理的关键依据。

合规管理制度体系主要包括行为准则、治理文件、管理制度、操作规范等。其中,行为准则是企业合规管理制度体系中的纲领性文件,它彰显企业的核心价值观、合规方针和目标等,用以指导其他层次和形式的合规管理制度的制定。治理文件是规范企业内部治理活动的基础文件,决定企业内部的治理结构、决策机制等内容;管理制度是合规管理开展的基础,这包括基本制度,如企业的合规管理规定,也包括涉及各个合规管理主题的专项合规管理办法,如反垄断、反贿赂、反舞弊等;操作规范则是对于管理制度的细化,使其具有实际工作中的可操作性,这主要包括工作流程手册、工作指导手册、管理表单等。

(四)合规管理组织体系

合规管理组织是指企业内部履行合规管理职责、开展合规管理工作的机构和主体。合规管理组织是合规管理体系得以有效运行的关键要素之一。合规管理组织具有一个多层级的体系,一般包括:合规管理最高权力组织、合规管理执行组织、合规管理协调组织和合规管理监督组织。合规组织的架构一般需要根据特定企业所建立的企业治理结构来设计,一方面是确保合规管理的组织架构与原先的企业治理结构之间的融洽;另一方面也可以确保合规组织得到充分的授权,进而可以有效地履行合规管理职责、开展合规管理工作。

(五)合规管理运行机制

合规管理运行机制是指企业合规管理组织将合规管理的战略、合规管理制度、专项合规计划以及日常合规管理活动等予以执行和实现的具体方式和手段,这是企业合规管理体系中的主体部分。狭义的合规管理运行机制包括合规咨询和审查、专项合规计划的制定和执行、合规检查、合规报告、合规审计、合规考核、合规信息管理和系统建设、合规激励等。广义的合规管理运行机制则包括合规风险识别与评估机制、合规管理制度体系、合规文化建设机制、违规行为管理机制等在内的合规管理全过程。

(六)合规文化建设机制

合规文化是指企业在生产经营和管理的过程中逐步积累和形成的,为企业全体成员所知晓、认同和遵守的与合规经营相关的价值观、精神和理念。合规文化建设是企业合规管理体系中的一个必要组成部分,其目的在于让企业的各级管理者和员工能对于企业在合规方面的理念、规则和要求等予以充分的理解和认可,并以此来指导员工在日常工作中作出正确的判断和行为。合规文化建设机制主要包括合规承诺、合规培训、合规沟通和宣传。

(七)不合规行为管理机制

不合规行为管理是指企业监测、举报、调查和处理不合规行为,并据此进行整改的方式和手段。这主要包括合规检查、合规举报、合规调查、合规处理以及合规整改。企业虽然努力通过建章立制、合规管理运行以及合规文化建设等正向地开展合规管理,但这并不意味着企业可以完全杜绝不合规行为的发生。因此,企业需要正视不合规行为,一方面,通过有效应对将不合规行为给企业造成的损失降到最低;另一方面,通过对于不合规行为的根源性分析来发现现有合规管理体系中的缺陷,并在此基础上进行整改,让企业的合规管理体系得到不断改进和完善。

第二节　企业合规管理体系的主要模式

企业合规即企业遵守规范。企业在生产经营过程中所需要遵守的规范的范围极为广泛。在此基础上,不同企业会在建立合规管理体系时为该体系设置特定的合规管理职责范围,并以合规管理的名义开展职责范围内的管理活动。因此,在对特定企业的合规管理体系进行理解时,首先弄清楚该企业的合规管理体系所承担的合规管理职责范围,这样才能实现对于该企业合规管理体系的正确认识。为了便于读者在面对企业的合规管理体系时可以快速且准确的理解,本节结合企业合规的实践,以合规管理名义所包括的职责范围为标准,将企业的合规管理体系分为两个主要模式，即全面合规模式和专业合规模式。

一、全面合规模式

全面合规模式，是指企业将与生产经营相关的各类风险全部纳入合规管理体系中以合规管理的名义进行管理的模式。在实践中，这一模式也被称为“大合规”。在全面合规模式下，企业的合规管理职责范围涉及企业生产经营的各个方面，包括但不限于企业治理结构、合同管理、市场交易（包括反贿赂、反垄断、反不正当竞争等）、安全生产、环境保护、产品质量、劳动用工、财务税收、反洗钱、知识产权、商业伙伴、广告、数据安全和个人信息保护、出口管制和制裁、海外投资经营行为管理等诸多领域。

需要注意的是，全面合规模式并非是指企业内专门的合规管理职能部门需要承担上述列举的全部合规管理职责内容，而是将企业的其他职能部门，比如财务管理部、人力资源部、HSE 部（健康、安全和环保部）、投资管理部、信息安全部等所对应的相关管理职责纳入了合规管理的范围内，以合规管理的名义进行管理。

全面合规模式是目前中国从国家层面所积极推行的企业合规管理体系模式，这在中国的各类企业中均有关键的影响力。这主要体现在以下方面：

1. 国务院国资委于 2018 年 11 月 2 日发布了《合规管理指引》，并于 2022 年 8 月 23 日发布了《合规管理办法》。从规范性文件到国资委令，国务院国资委将合规管理与提升中央企业依法合规经营管理水平、打造法治央企等进行了紧密的结合，也将合规管理的职责和重点放在了企业生产经营相关的各类风险上。与此同时，国务院国资委结合了中央企业的公司治理结构，明确了中央企业党委（党组）、董事会、经理层、合规委员会、首席合规官、合规管理牵头部门以及业务部门等在合规管理方面的职责，建立起合规管理的“三道防线”，实现了合规管理在企业内各级机构、组织和人员等方面的全面覆盖。在《合规管理指引》以及《合规管理办法》的基础上，中央企业和各级地方国有企业所建设的即全面合规模式的合规管理体系。

2. 国家发改委、外交部、商务部、中国人民银行、国务院国资委、国家外汇管理局、全国工商联等七部委于 2018 年 12 月 26 日联合出台了《境外合规指引》。这一指引虽然侧重于企业在包括对外贸易、境外投资、对外承包工程等“走出去”相关业务的合规管理，但其在这些业务中所展现的也是全面合规模式，比如在对外贸易、境外投资、对外承包工程等三个业务，指引均明确规定“应确保经营活动全流程、全方位合规”，涉及的合规管理领域也包括市场准入、贸易管制、国家安全审查、行业监管、外汇管理、反垄断、反洗钱、反恐怖融资、投标管理、合同管理、项目履约、劳工权利保护、环境保护、连带风险管理、债务管理、捐赠与赞助、反腐败、反贿赂、数据和隐私保护、知识产权保护、财务税收等各个方面。

3. 从2020年开始，最高人民检察院、全国工商联、司法部、财政部、生态环境部、国务院国资委、国家税务总局、国家市场监督管理总局、中国国际贸易促进委员会等部委联合启动了涉案企业合规改革。结合最高人民检察院已经公布的典型案例来看，涉案企业合规改革所涉及的合规领域与全面合规模式相一致，这包括环境保护、知识产权、市场交易（商业贿赂、不正当竞争）、安全生产、海关监管、财务税收等。进一步而言，2022年4月20日，《涉案企业合规建设、评估、审查办法（试行）》正式发布，该办法在第21条中也明确规定："涉案企业应当以全面合规为目标、专项合规为重点，并根据规模、业务范围、行业特点等因素变化，逐步增设必要的专项合规计划，推动实现全面合规。"

二、专业合规模式

专业合规模式是指企业将生产经营中的各类风险予以区别管理，并将特定的风险纳入合规管理体系中进行管理的模式。在实践中，这一模式可以被称为"小合规"。专业合规模式在中国的外资企业中比较普遍。

区别于全面合规模式，专业合规模式中合规管理体系的职责范围，一方面将合规管理与包括财务、税务、安全生产、环境保护、产品质量、劳动用工等职能的管理进行了区分，这些职能管理不以合规管理的名义开展。另一方面，该模式也将合规管理与法务管理进行了分工。在专业合规模式中，合规管理更加集中在特定的合规主题上，这主要包括反垄断、反贿赂、反舞弊、反洗钱、出口管制和制裁、数据安全和个人信息保护、人权保障等。而像合同管理、诉讼仲裁管理等则不属于合规管理的范围。同时，合规管理对于这些合规主题进行管理的侧重点也区别于传统的法务管理，即不同于法务管理更侧重专业的咨询和指导，合规管理更注重对于这些合规主题在体制机制的建设、人员的管理以及商业模式的管理。

在此基础上，根据企业内部法务管理部门与合规管理部门之间的设置情况，专业合规模式在实践中又存在以下几类子模式：

1. 法务与合规合署的模式。在这一模式下，法务与合规隶属于同一部门，常见的部门名称为"法律合规部"，部门负责人为企业的法律合规负责人。同时，该部门中的法务管理团队与合规管理团队分别设置，分别承担法务管理职责和合规管理职责。这一模式是目前专业合规模式中较为普遍的类型。这一模式的优势在于,一方面可以突出合规管理的特殊性;另一方面可以保障法务管理与合规管理之间的有效合作和对外发出意见的一致性。但这一模式也存在一定的缺陷,即法务管理与合规管理之间在企业内部扮演的角色有差异,这可能会使法律合规负责人在同时履行法务与合规管理职责时发生利益冲突。其中法务管理偏重于业务伙伴,是企业业务发展的一部分,其职责在于通过法学专业知识帮助企业预防法律风险,并在法律所许可的范围内最大限度地推动业务的发展。合规管理既有业务伙伴的职责,但同时又是企业内部的监管者,既需要对具有不合规风险的事项予以阻拦,也需要对实施不合规行为的企业内部组织和员工进行处理。因此,合规在企业内部需要具有超脱于业务的相对独立地位,在特定情况下,甚至要站到业务的"反面"。因此,在法务与合规合署的模式下,企业的合规管理职能存在着因法律合规负责人同时扮演业务伙伴和中立监管者的角色而无法完全落实的可能性。

2. 法务与合规独立的模式。在这一模式下,法务与合规各自独立形成部门,法务负责人与合规负责人同时进入企业的管理层。这一模式主要发生在监管机构对于特定行业的企业有着强监管、企业所处的生产经营环境中合规风险较高或者企业被相关监管机构实际进行了处罚而根据监管机构整改要求进行合规管理单独设置等情况下,比如世界知名的制药公司诺华("Novartis AG"),该公司的首席道德、风险与合规官(Chief Ethics, Risk and Compliance Officer)从2018年开始成为诺华全球执行委员会的一员,作为公司的最高管理层成员开展合规管理。这一模式的优势在于合规管理部门在企业内部具有独立且崇高的地位,有强大的权威和力量确保合规管理的各项要求得到贯彻和落实。但这一模式也存在一定的缺陷,即法务管理部门与合规管理部门的相互独立会让两者之间需要使用更多的资源和成本来形成紧密的协同,进而会影响企业合规管理的效率和效果。

3. 不单独设置合规管理团队的模式。在这一模式下,企业通过法务部门或者财务部门、内控部门、审计部门等履行合规管理职责。企业中没有较为明确的合规概念,而是将合规管理职责分散在法务部门、财务部门、内控部门和审计部门中。这一模式一般发生在中小型企业,其优势在于将合规管理的成本予以有效控制,减轻企业的负担;其缺陷在于合规管理职能相对分散,无法形成体系性的效能,进而会影响企业合规管理的效果。

值得注意的是,本节中对于企业合规管理体系模式的划分是从各个企业中以合规管理的名义所确定的职责范围的角度出发,根据目前企业合规实践进行的类型化归纳，因此，这与实践中每个企业合规管理体系的实际设置情况并不会完全一致。同时，企业合规管理体系的建立原则和构成并不在本节的讨论范围内。

三、企业合规管理体系在中国的发展趋势展望

(一)企业合规管理体系在中国的各个发展阶段

企业合规管理体系在中国的发展大致先后经历了从专业合规模式引入中国、专业合规模式本土化以及全面合规模式兴起三个阶段。

1. 专业合规模式引入中国阶段

正如本书第一章开篇所述，企业合规并非起源于中国，而是舶来于欧美。因此，企业合规最初是在中国改革开放以后，随着大量外资企业进入中国而逐步走入大众的视野。专业合规模式是最早被中国的合规实务人士所接触到的合规管理体系模式。在这一阶段，外资企业所建立的专业合规模式是其在境外母公司的合规管理体系在中国的延伸。同时，从改革开放到21世纪初，中国政府从吸引和鼓励外资在华投资的角度出发，在对于外资的监管方面处于相对宽松的阶段。因此，外资企业的专业合规模式在当时主要具有两个侧重点：一是境外母公司用以对其在中国的投资实体进行监管的多种方式之一，以此确保母公司的战略和要求得以贯彻和落实；二是预防和应对来自母公司所在国、美国、英国、欧盟以及包括世界银行等在内的国际组织所实施的域外管辖权，其中最为人所熟悉的是美国政府所开展的FCPA执法。可见，专业合规模式从建立目的到实际行动，中国法律法规以及中国政府的监管和执法并不是其关注的重点。因此，在这一阶段，外资企业对于由母公司所延伸的专业合规模式并没有进行本土化的动因。

2. 专业合规模式本土化阶段

进入21世纪的第二个10年，随着中国在反商业贿赂、反垄断、反不正当竞争、反洗钱等领域的立法逐步完善，中国政府对于包括外资企业在内的各类市场经济主体的监管日益加强，执法活动也越发频繁。这一时期出现了一些在中国企业合规发展历史上有着标志性意义的案件，其中最为知名的是2013年6月开始的“葛兰素史克商业贿赂案”。中国司法机关判决葛兰素史克构成刑事犯罪，处以破纪录的罚金30亿元人民币，并对该公司多名外籍高管判处刑事法律责任。这直接让在中国的外资企业及其外籍高管们如梦初醒般地认识到，原来中国的法律和规则并不是“摆设”，中国的监管部门和司法机关对于违法违

规的企业及其主管人员、直接责任人员，不论其是否为外资企业或者外国人，都会依法依规予以处理。在这一背景下，外资企业开始重新审视其原有的专业合规模式，并进行本土化完善，这包括但不限于为在中国的合规管理部门配置了更强的力量，重视和学习中国法规的要求并据此修改相关的政策、制度和流程，加强基于中国法规要求的合规宣传和培训等。

与此同时，专业合规模式基于股权或者商业合作关系逐步被中外合资经营企业以及一些以与外资企业有着紧密合作的民营企业中得到适用。在此基础上，专业合规模式被具有更多中国基因的主体进行了更多元的本土化改造，这尤其体现在医药领域。

总体来说，这一阶段专业合规模式虽然开始有了一些本土化改造，但这些改造本身还是在原先的基础上进行的修补，更多的是对于外资企业在中国本应该做好的功课予以的弥补。中国的本土企业对于专业合规模式的态度更多的是学习和借鉴，尚未形成中国自己的企业合规管理体系模式。甚至很多本土企业是基于功利主义，为了满足与外资企业开展合作而做的"纸面合规"。另外，在与外资企业合作少或者专注于国内市场的本土企业，他们对于合规的理念并不关注和重视，甚至在这一阶段是一无所知的。

3. 全面合规模式兴起阶段

中国本土企业对于合规的重视始于 2018 年，这一年被称为"合规元年"。2018 年年底，《合规管理指引》和《境外合规指引》相继出台，这两部指引主张企业在经营领域要开展全流程和全方位的合规管理，并成为中央企业和"走出去"的中国企业建设全面合规管理模式的主要参考依据。随后，从 2020 年开始，在最高人民检察院的推动下，涉案企业合规改革正式启动。这一改革让企业合规对于涉嫌刑事犯罪的企业具有了激励价值，也提高了企业建立和发展合规管理体系的积极性和动力。与此同时，涉案企业合规改革对于企业合规的建设也要求"以全面合规为目标、专项合规为重点"来建设全面合规模式。2022 年的《合规管理办法》与《合规管理指引》一脉相承，以国务院国资委令这一部门规章的形式将全面合规模式建设纳入中央企业内部治理结构建设的法定职责。

（二）企业合规管理体系在中国的发展趋势

结合上述对于企业合规管理体系在中国的发展阶段的分析可以看出，专业合规模式主要是舶来于进入中国市场的外资企业。在改革开放以来，外资企业凭借着资金、技术、人才、管理模式等方面的巨大优势让中国本土企业开始接触合规、了解合规并被动地接受他们所制定的合规规则和要求。在这一阶段,专业合规模式是最为常见的合规模式。

随着中国企业的不断学习和成长;中国企业在"走出去"的过程中因违反合规而受到的处罚越来越多,后果越来越严重;中国国家机关在治理企业的过程中对于企业合规管理越来越关注和重视;以及国家机关通过在行政执法和刑事司法中将企业合规作为激励手段的探索和试点等多方面的因素,在原有的全面风险管理、内部控制、法治建设等既有的企业风险管控的管理模式基础上,中国自上而下将全面合规模式在各种性质和类型的企业中推动建立。

相比于专业合规模式,全面合规模式更深入企业整体的治理结构,涉及的领域也更为广泛。因此,企业的建设成本也会高于专业合规模式。但从整体上来看,全面合规模式会是中国企业在建设合规管理方面的发展趋势。这主要是基于以下几个方面的考虑:

1. 这是目前中国国家机关推动的方向。正如上文所述,国家机关发布的《合规管理指引》《境外合规指引》以及开展的涉案企业合规改革等均推动建立的是全面合规模式。因此,这一模式体现了国家意志,是大势所趋。

2. 这是目前中国企业的客观需要。中国本土企业自改革开放以来经历了高速发展,但相比于其在业绩方面所取得的成绩,中国企业在合规管理体系、商业伦理、可持续发展和社会责任等方面不论是在意识,还是行动上都相对滞后。但是,这些领域的建设对于企业走向世界以及成为基业常青的"百年老店"都至关重要。值得注意的是,外资企业的专业合规模式需要依托于一个有着良好且全面的企业管理机制,而目前中国本土企业尚未完成这一"地基"。这些客观因素也要求中国本土企业在发展合规管理体系时需要选择全面合规模式,以全面合规模式建设为契机,将企业的管理机制予以同步完善。

第三节　合规管理与企业内部相关管理模式的关系

在企业完整的管理体系中,合规管理经常与风险管理、内部控制、法务管理、内部审计等相互支持、联系紧密,共同保障企业对于风险的有效管理。这些管理模式有一个特点,即各自的管理方式或者内容之间会有一定的包含、重合或者高度相似。这导致在实践中,合规管理的一些表现形式会被认定为是对于前述其他管理模式的实施。因此,本节将对于这些管理模式与合规管理之间进行分析和比较，说明他们之间的区别和联系。

一、合规管理与风险管理

（一）风险管理概述

风险管理在国际上具有代表性的指引主要是美国反虚假财务报告委员会（The Committee of Sponsoring Organizations of the Treadway Commission，COSO）于2004年发布并于2017年最新修订的《企业风险管理框架》（Enterprise Risk Management Framework），以及ISO于2009年发布并于2018年更新的ISO31000：2018《风险管理——指南》（Risk Management—Guidelines）；在中国具有代表性的指引是2006年6月6日国务院国资委发布的《中央企业全面风险管理指引》（国资发改革〔2006〕108号，以下简称《风险管理指引》）。总体上来说，《企业风险管理框架》、《风险管理——指南》以及《风险管理指引》之间对于企业的风险管理在基本原则、管理范围、实施方式等保持一致。因此，为了方便介绍，下文将主要以《风险管理指引》为主体对于风险管理进行介绍。

在对企业风险管理进行理解时，首先要对企业风险进行界定。根据《风险管理指引》第3条的规定，企业风险是指未来的不确定性对企业实现其经营目标的影响。企业风险一般可分为战略风险、财务风险、市场风险、运营风险、法律风险等；也可以能否为企业带来盈利等机会为标志，将风险分为纯粹风险（只有带来损失一种可能性）和机会风险（带来损失和盈利的可能性并存）。

结合对于企业风险的界定，根据《风险管理指引》第4条的规定，全面风险管理是指企业围绕总体经营目标，通过在企业管理的各个环节和经营过程中执行风险管理的基本流程，培育良好的风险管理文化，建立健全全面风险管理体系，包括风险管理策略、风险理财措施、风险管理的组织职能体系、风险管理信息系统和内部控制系统，从而为实现风险管理的总体目标提供合理保证的过程和方法。可见，企业的全面风险管理涉及企业的各个方面，是企业对于各类企业风险的综合管理。

下面将根据上述对于风险管理的介绍对合规管理与风险管理之间的关系予以分析。

（二）合规管理与风险管理之间的区别

合规管理与风险管理的区别主要体现在以下方面：

1. 管理的风险范围不同。合规管理主要针对的是企业所面临的合规风险，是对于合规风险的专门管理，也具有极强的专业性；风险管理则是针对企业所面临的各类风险进行的综合管理。虽然《风险管理指引》并没有明确将合规风险作为一种风险类型予以列举，但合规风险当然属于风险管理中所涉及的一种风险。

2. 管理的侧重点不同。合规管理仅是对合规风险的管理，因此，合规管理体系会从政策、制度和流程，组织建设，文化建设，运行模式等各个构成对于合规风险做全面的管理。风险管理则是站在更为宏观的视角，围绕着总体经营目标，对于企业所面临的整体的风险情况进行的识别、评估和管理。

3. 管理的方式不同。合规管理中一个必要的构成部分是合规调查机制，即合规管理体系会设置合规热线，倡导直言不讳文化，鼓励员工对于其所发现或者遭受的不合规行为向合规管理部门进行报告，由合规管理部门按照程序进行调查，并基于调查结果作出处理的机制。风险管理由于是企业内部对于各类风险的宏观管理，因此，一般不直接采取合规调查。

（三）合规管理与风险管理之间的联系

除了区别外，两者之间有着紧密的联系，主要包括以下三个方面：

1. 合规管理是风险管理的必要组成部分。正如上文介绍，合规风险是企业所客观面临的一种风险。因此，合规风险是企业开展风险管理时所必须要关注和纳入管理的范围，比如在开展年度企业风险识别和评估时，该等识别和评估信息表中需要包括合规风险的相关内容，进而保障风险管理的全面性。企业的风险管理中如果不包括对于合规风险的管理，则该等风险管理会存在漏洞，也无法为企业提供全方位的风险预防、发现和应对。

2. 风险管理的基本流程和工作方式适用于合规管理。根据《风险管理指引》的相关规定，风险管理的基本流程主要包括收集风险管理初始信息、进行风险评估、制定风险管理策略、提出和实施风险管理解决方案、风险管理的监督和改进等五个方面；风险管理在开展的过程中主张把自身的各项要求融入企业管理和业务流程中；风险管理也主张建立以相关职能部门和业务单位为第一道防线、风险管理职能部门和董事会下设的风险管理委员会为第二道防线、内部审计部门和董事会下设的审计委员会为第三道防线的风险管理三道防线。这些也都是企业开展合规管理所使用的主要流程和工作方式。正如有学者在介绍合规管理与风险管理之间的关系时提到“风险与合规是一种综合的、整体的方法，用于组织范围内的公司治理、风险和合规管理，确保组织在道德上正确行事，并根据其风险偏好、内部政策和外部法规，通过战略、流程、技术和人员来提高管理效率”[1]。

3. 风险管理的有效开展对于合规管理有着正向推动作用。虽然合规风险的管理因其专业性而与风险管理并存，但这并不意味着合规管理可以完全独立于风险管理而存在。合规管理需要在风险管理全面开展的情况下，才能真正发挥其应有的作用。举例而言，除了合规风险，风险管理还会处理包括战略风险、财务风险、市场风险、运营风险、法律风险等在内的各类风险。其中战略风险会涉及对于第三方合作伙伴和竞争对手之间关系的处理；财务风险会涉及会计账簿的准确记录；市场风险会涉及供应链管理；运营风险会涉及产品定价和市场开发；法律风险会涉及外部政治、法律环境的变化等。这些风险的产生、发展和变化都会对于企业所要面对的合规风险产生实质性的影响。同时，这些风险的有效管理也将同步推动企业合规管理目标的实现。

（四）小结

结合上述分析可以看出，合规管理与风险管理之间既有区别又有联系，两者都是企业管理中不可或缺的必要组成部分。从广义角度来说，合规管理是风险管理中对于合规风险的专项管理。基于风险管理的宏观性和合规管理的专业性，风险管理在客观上不能直接取代合规管理，这是合规管理需要与风险管理并存的原因。同时，风险管理的基本流程和工作方式适用于合规管理，风险管理的有效开展也对于合规管理有着正向推动作用。

二、合规管理与内部控制

（一）内部控制概述

内部控制的理论和实务是由审计领域最先开始研究的，最初的目的主要是应对企业内部的舞弊行为。正如有学者研究总结：“围绕内部控制的理论与实务基本上基于审计视角，也就是把内部控制作为一种审计方法，突出其在财务报告可靠性方面的功能作用。可见，审计人员是内部控制理论研究的发起者和推动者，也是该理论发展至今的最大的使用者。”[2]随着企业的发展，尤其是资本市场的兴起，企业的所有权和控制权进一步分离。对此，内部控制也进一步发展到了对于组织和个人行为的控制。正如有学者研究总结：“随着公司治理的兴起，人们也越来越关注从组织管理角度，审视内部控制的权力制衡作用

---

[1] 王胜忠、郭建军主编：《合规管理理论与实务》，知识产权出版社2020年版，第26页。

[2] 谢晓燕、鲁珍、陈秀芳：《内部控制理论及实践的历史演进及发展》，载《内蒙古农业大学学报（社会科学版）》2009年第6期。

以及如何在现有的委托代理制度下保证代理方的尽责;这就又涉及了社会和个人的行为控制。"[1]

基于上述内部控制理论及实践的历史演进及发展,参考2008年财政部、中国证券监督管理委员会(以下简称证监会)、审计署、银监会(现为国家金融监督管理总局)、保监会(现为国家金融监督管理总局)发布的《企业内部控制基本规范》(财会〔2008〕7号)的规定,内部控制是指由企业董事会、监事会、经理层和全体员工实施的,旨在实现控制目标的过程。其中内部控制目标包括合理保证企业经营管理合法合规、资产安全、财务报告及相关信息真实完整,提高经营效率和效果,促进企业实现发展战略。

内部控制与风险管理有着不可分割的联系。虽然从出现时间角度来看,内部控制早于风险管理,但当风险管理被提出后,内部控制就成为了风险管理中的一个核心组成部分。比如COSO在1992年发布并在1994年修改了《内部控制——整体框架》(Internal Control-Integrated Framework),随后,在2004年COSO发布的《企业风险管理框架》中,内部控制成为企业整体化风险管理中主要关注如何有效的防范和控制财务经营风险的一个重要组成部分。[2] 在中国,内部控制与风险管理之间也保持着这样的关系。2006年国务院国资委发布的《风险管理指引》第4条中明确规定,内部控制系统与包括风险管理策略、风险理财措施、风险管理的组织职能体系、风险管理信息系统等共同构成了全面风险管理体系。

(二)合规管理与内部控制的区别

合规管理与内部控制的区别主要体现在以下两个方面:

1. 两者的性质不同。合规管理是一种企业管理形式,因此,合规管理会有一个同时包含了组织人员、制度流程、运行机制、物质保障等在内的综合管理体系。内部控制是一种过程,是实现特定目标的程序和方法。

2. 两者的侧重点不同。合规管理侧重于预防外部监管,如反贿赂、反垄断、反洗钱等领域的执法和监管活动。因此,合规管理要求企业及其员工遵守规范,并以此来防范企业及其员工因不合规行为而受到来自外部监管机构的处罚。内部控制则侧重于在企业内部的权力控制和治理,即建立一个贯穿决策、执行和监督全过程且覆盖企业及其所属单位的各种业务和事项的控制系统,该系统通过制定并执行规章制度、程序和措施,在治理结构、机构设置及权责分

---

〔1〕 张砚、杨雄胜:《内部控制理论研究的回顾和展望》,载《审计研究》2007年第1期。

〔2〕 张砚、杨雄胜:《内部控制理论研究的回顾和展望》,载《审计研究》2007年第1期。

配、业务流程等方面形成相互制约、相互监督，防止权力失控和舞弊，保证企业各级管理者和员工合理用权、诚信履职，进而保证企业对监管机构和社会公众所呈现的内容的真实性和完整性。

（三）合规管理与内部控制的联系

除区别外，两者之间有着紧密的联系，主要包括以下两个方面：

1. 内部控制所倡导的内部控制要素和控制措施对于合规管理的开展有着重要的参考价值。在长期的实践发展过程中，内部控制形成了一套成熟的内部控制要素，这包括但不限于：（1）内部环境。内部环境是企业实施内部控制的基础，一般包括治理结构、机构设置及权责分配、内部审计、人力资源政策、企业文化等。（2）风险评估。风险评估是企业及时识别、系统分析经营活动中与实现内部控制目标相关的风险，合理确定风险应对策略。（3）控制活动。控制活动是企业根据风险评估结果，采用相应的控制措施，将风险控制在可承受度之内的活动。（4）信息与沟通。信息与沟通是企业及时、准确地收集、传递与内部控制相关的信息，确保信息在企业内部、企业与外部之间进行有效沟通。（5）内部监督。内部监督是企业对内部控制建立与实施情况进行监督检查，评价内部控制的有效性，发现内部控制缺陷，应当及时加以改进。同时，内部控制也形成了一套有效的控制措施，这包括：不相容职务分离控制、授权审批控制、会计系统控制、财产保护控制、预算控制、运营分析控制和绩效考评控制等。

企业在探索合规管理开展方式的过程中大量吸收和借鉴了内部控制所倡导的这些内部控制要素和控制措施，比如本章第二节中所提到的合规风险识别与评估机制、合规管理制度体系、合规管理组织体系、合规管理运行机制、合规文化建设机制、不合规行为管理机制等。因此，内部控制是合规管理开展的重要参考。

2. 合规管理的发展也可以促进内部控制的进步。一方面，从宏观角度来说，合规管理的不断发展会不断创新其管理思路、方式和手段，比如合规管理的数字化等。这些会在总结形成成熟的经验后促进内部控制的思路和措施的进步。另一方面，从微观的企业角度来说，合规管理在对于不合规行为处理的过程中会将发现的企业内部控制方面的漏洞和不足提供给企业的相关主管部门予以处理，进而完善特定企业的内部控制系统。

（四）小结

结合上述分析可以看出，合规管理与内部控制之间最为本质的区别在于两者的性质不同。合规管理是企业的一种管理形式，而内部控制是一种过程，是实现特定目标的程序和方法。同时,两者的侧重点也不一样。合规管理侧重于企业应对外部监管,而内部控制则侧重于企业内部组织与人的权力制约与行为控制。同时,虽然两者之间有着这些区别,但也正是因为这些区别,合规管理与内部控制之间有着天然的紧密联系。内部控制是企业开展合规管理时所采取的思路、方式和手段等方面的重要参考;合规管理也通过自身的实践探索不断反哺内部控制,两者同步发展。

三、合规管理与法务管理

(一)法务管理概述

法务管理,是指企业围绕着正式法律渊源的要求,设置法律事务机构、聘请法律专业人员对于企业的法律事务进行管理,保障企业及其员工的经营行为的合法性,预防和应对法律风险,处理法律纠纷,维护企业及其员工的合法权益的管理活动。

参考国务院国资委在2004年发布的《国有企业法律顾问管理办法》(国务院国有资产监督管理委员会令第6号)第24条的规定,法务管理主要包括以下内容:(1)正确执行国家法律、法规,对企业重大经营决策提出法律意见;(2)起草或者参与起草、审核企业重要规章制度;(3)管理、审核企业合同,参加重大合同的谈判和起草工作;(4)参与企业的分立、合并、破产、解散、投融资、担保、租赁、产权转让、招投标及改制、重组、公司上市等重大经济活动,处理有关法律事务;(5)办理企业工商登记以及商标、专利、商业秘密保护、公证、鉴证等有关法律事务,做好企业商标、专利、商业秘密等知识产权保护工作;(6)负责或者配合企业、有关部门对职工进行法制宣传教育;(7)提供与企业生产经营有关的法律咨询;(8)受企业法定代表人的委托,参加企业的诉讼、仲裁、行政复议和听证等活动;(9)负责选聘律师,并对其工作进行监督和评价;以及其他法律事务。

值得注意的是,法务管理与合规管理在企业进行内部机构设置时经常会出现合署办公的情况。正如本章第二节对于合规管理体系模式所进行的介绍,将法务管理与合规管理设置在同一个部门是全面合规模式与专业合规模式都比较常见的情形,比如作为全面合规模式代表之一的《合规管理指引》,其第10条中就明确规定"法律事务机构或其他相关机构为合规管理牵头部门,组织、协调和监督合规管理工作,为其他部门提供合规支持";在专业合规模式中,企业设置法律合规部或者直接将合规管理职能设置在法务部中也是普遍存在的客观情况。但是,在合署的情况下,这需要理解为法务与合规这两大职能放在同一部门进行管理,而非两个职能完全相同。

（二）合规管理与法务管理的区别

合规管理与法务管理的区别主要体现在以下方面：

1. 两者的管理依据不同。法务管理的依据主要是国家的正式法律渊源;合规管理的依据更为广泛,除了国家的正式法律渊源外,还包括企业自身的规章制度、企业所属行业的行业准则、商业惯例和道德规范等。

2. 两者的侧重点不同。法务管理的侧重点在于企业及其员工经营行为的合法性,因此,法务管理会通过与法律相关的咨询和审核等帮助企业预防和应对各类法律风险,这包括民事、行政和刑事法律风险。相比于法务管理,合规管理的侧重点在于两个方面:一方面是应对因不合规行为所引发的外部监管,以及由此带来的行政和刑事法律风险,因此,合规管理涉及民事法律风险的情况较少;另一方面是内部员工的道德风险,比如员工的舞弊行为。

3. 两者的管理职责不同。正是基于两者的管理依据和侧重点的不同,法务管理与合规管理的管理职责也有着较大的差异。法务管理主要是采取顾问的方式,即企业的法务管理人员是企业管理者在法律方面的参谋和助手,他们基于自身的专业知识提供法律意见,为管理者的决策提供支持。正是因为这样的角色定位,传统的法务管理人员在提供法律意见时往往也是被动的根据业务部门或者企业管理者提供的背景信息和支持材料进行,而不是主动地去探求事情背后的实质。合规管理除了注重合法以外,也注重企业及其员工行为是否符合伦理道德。因此,合规管理有着多元的角色定位,其既扮演着业务伙伴的角色,又是业务的监管者。在此基础上,合规管理部门不会仅根据业务部门提供的背景信息和支持材料就提供合规意见,而是会主动去发现事实全貌、识别合规风险、处理不合规行为。对于两者的不同管理职责,本书在第一章第一节中对于合规与合法的比较中已经举例介绍,此处不再赘述。

4. 两者对于业务开展的影响程度不同。基于两者不同的管理方式,两者对于业务开展的影响程度具有较大的差异。法务管理主要是为决策者提供专业咨询意见,往往并不直接参与决策或者对决策有根本性的影响。合规管理因为对应着企业所面临的行政或者刑事法律风险,因此,企业往往会赋予合规管理部门对于特定业务的一票否决权。

5. 两者对于从业人员的专业资质要求不同。法务管理的从业人员一般都需要具有法学专业背景或者具有国家认可的法律职业资格。合规管理基于其管理内容的多元性，其从业人员的专业资质要求也更为多元，比较常见的包括但不限于法学、财务管理、会计、审计、内控等。

（三）合规管理与法务管理的联系

除区别外，两者之间有着紧密的联系，主要包括以下三个方面：

1. 合规管理与法务管理的分工协作共同构成了对于合规主题的全面管理。正如第一章第二节中所述，具有代表性的合规主题主要包括反垄断、反贿赂、反舞弊、反洗钱、制裁和出口管制、数据合规、反歧视和反骚扰、人权保障等。在实务中，企业对于这些合规主题同时需要合规管理和法务管理。其中合规管理主要是为这些合规主题在企业内部制订专项合规计划，包括但不限于建立管理制度、设定工作流程、设置合规热线，开展内部合规调查和组织整改。法务管理主要是为企业在日常经营中应对这些合规主题提供法律咨询和指导，以及协助业务部门完成法律的各项要求，进而帮助企业预防法律风险。同时，在企业面对外部的反垄断调查时，比如"黎明突袭"时，合规部门与法务部门还要协同合作进行适当的应对。举例而言，在管理反垄断领域时，法务部门的职责是就企业的经营行为的垄断风险提供法律意见，并根据客观情况决定实施反垄断申报。合规部门则会为企业制定反垄断的管理制度、反垄断的内部管理流程、在收到与垄断相关的不合规行为的举报时开展内部合规调查并组织整改等。

2. 合规管理的有效开展离不开法务管理提供的专业支持。即使是合规部门对于合规主题所开展的合规管理中，其也需要法律部门的专业支持。合规部门需要借助法务部门的专业优势实现对于相关的法律法规进行正确的解读，对于特定事项和行为准确的法律定性。这些都是合规部门作出正确决策和开展有针对性行动的关键基础。举例而言，在处理一起涉及某一员工实施的限定交易相对人只能与其指定的经营者进行交易的举报时，合规部门在进行调查和结果定性时需要判断包括但不限于：本案所涉的相关市场、所属企业在该相关市场是否具有市场支配地位，该员工具体的行为方式以及在确认构成垄断行为时需要根据怎样的法定程序来处理，以最大限度地减轻法律责任等诸多法律专业问题。合规部门可以在法务部门提供的专业支持下正确地履行职责。

3. 合规管理为法务管理的实现提供保障。正如上文所述，法务管理是一种专业顾问，提供的是咨询意见，对于企业管理者并不具有强制约束效力。但合规管理往往会被企业赋予一票否决权，以及对于企业内部各级管理者进行监督和制约的能力。因此，当企业管理者存在罔顾法务部门的意见，利用职权实施某一存在着较高法律风险事项的情况时，法务部门可以寻求合规部门的帮助，通过合规部门根据企业内部的管理制度和流程进行干预，防范风险于未然。

（四）小结

从上述分析可以看出，合规管理与法务管理在管理依据、管理侧重点、管理职责和从业人员资质要求等方面有着明显的区别。但两者又有着紧密的联系，两者的分工能够实现对于合规主题的全面管理；法务管理是合规管理有效开展所不可或缺的专业支持，而合规管理又可以通过企业所赋予的监管职权保障法务管理职责得到充分的实现。

四、合规管理与内部审计

（一）内部审计概述

审计是一种监督机制。根据执行主体的不同，审计主要分为国家审计、外部审计和内部审计。其中国家审计是国家作为审计机关依法开展法定审计行为的主体。在中国，这主要是国家审计署和地方各级审计机关根据《审计法》以及配套法规和规章独立检查被审计单位的会计凭证、会计账簿、财务会计报告以及其他与财政收支、财务收支有关的资料和资产，监督财政收支、财务收支真实、合法和效益的行为。外部审计，又被称为“独立审计”，这类审计是指由会计师事务所接受被审计单位委托，指派第三方注册会计师对被审计单位的会计报表及其相关资料进行独立审查并发表审计意见的行为。可见，国家审计与外部审计都是由外部第三方对被审计单位所开展的独立审计活动。因此，国家审计、外部审计与合规管理有着明显的差异。

不同于国家审计和外部审计，内部审计是企业设立的内部审计机构所开展的审计活动。根据中国内部审计协会发布的《中国内部审计准则》（中国内部审计协会公告 2013 年第 1 号）第 2 条的规定，内部审计是一种独立、客观的确认和咨询活动，它通过运用系统、规范的方法，审查和评价组织的业务活动、内部控制和风险管理的适当性和有效性，以促进组织完善治理、增加价值和实现目标。可见，内部审计与合规管理之间在进行风险管理和内部控制方面具有相关性。需要注意的是，内部审计并不排斥服务外包，即内部审计机构在开展内部审计时可以在符合相关原则的情况下，委托外部具有一定资质的中介机构提供审计服务。

内部审计的工作开展主要是依据一套专业的审计方法论，其审计的范围非常广泛，可以根据企业的客观需要定制审计专项，比如财务审计、费用审计、工程审计、绩效审计、信息系统审计等，并会随着时代、市场和企业的发展而制定新的专项审计类型。

（二）合规管理与内部审计的区别

合规管理与内部审计的区别主要体现在以下两个方面：

1. 两者对于企业经营管理的功能不同。合规管理主要是针对企业及其员工在开展经营管理活动时要遵守规范。因此，合规部门会为企业的经营管理建章立制，将合规管理嵌入企业的日常经营活动中，通过合规咨询、合规审查等方式实时为企业的经营管理提供支持、指导。内部审计不参与企业的日常经营活动，而是对于企业日常经营活动在遵守规范以及原定的预期效果等方面进行审查和评价，这是一种事后的监管。

2. 两者对于企业内部风险管理的职责不同。参考《风险管理指引》以及《合规管理指引》中的相关规定，合规管理一般被设置为第二道防线，主要为第一道防线的业务部门提供专业支持；内部审计一般被设置为第三道防线，作为对于前两道防线的监督以及有效性审查和评价。

（三）合规管理与内部审计的联系

除了区别外，两者之间有着紧密的联系，主要包括：

1. 两者可以互相提供管理的信息和线索。内部审计部门在开展审计活动时会对于被审计主体的经营管理情况，包括但不限于财务账簿、经营行为、制度和流程执行情况、内部控制体系有效性等方面进行审查和评估。在此过程中，内部审计部门具有发现被审计主体存在不合规行为或者合规管理执行不到位情况的能力和可能性，尤其是涉及商业贿赂、舞弊等情形。对此，内部审计部门可以将这些信息或者线索提供给合规部门，由其有针对性地开展调查或者管理活动。与此同时，合规部门在开展合规检查或者合规调查的过程中发现被调查对象可能存在一些系统性的风险，如财务账簿的记录不准确。合规部门可以将这些线索移交给内部审计部门，由其发起专项审计以进一步查清事实、纠正错误。

2. 内部审计对于合规管理具有事后监督、审查和评价的职责。内部审计作为第三道防线也需要对于合规部门所开展的合规管理进行审计，审查和评价合规管理工作以及合规管理体系的有效性，监督合规部门的履职情况。

3. 合规部门对于内部审计的有效开展提供保障。除了互相提供管理的信息和线索外，内部审计在开展的过程中也具有被审计对象不予配合或者故意破坏的情况。对此，内部审计部门可以将这些情况报告给合规部门，由合规部门对于相关单位或者人员开展内部调查，帮助内部审计部门查明履职障碍。当然,在国有企业中,合规部门的这类职责会由国有企业内部的纪检监察部门来履行。

（四）小结

从上述分析可以看出,合规管理与内部审计在企业进行风险管理和内部控制方面具有相关性。两者在对于企业经营管理的功能以及内部风险管理的职责方面有着明显的区别。但两者又有着紧密的联系,两者的分工合作能够为双方各自履职提供更多元且更全面的信息和线索;内部审计对于合规管理行使事后监督、审查和评价的职责;合规部门也可以根据职权来保障内部审计工作的有效开展。

第五章　企业合规管理体系的建设要点

企业合规管理体系是企业开展合规管理时所建立的方针和目标以及实现这些目标的过程中所涉及的人、财、物和配套的管理制度、流程等各种要素的总和。合规管理体系主要是由合规从高层做起、风险识别与评估机制、合规管理制度体系、合规管理组织体系、合规管理运行机制、合规文化机制、不合规行为管理机制等部分构成。本章将对于这些构成的建设要点进行介绍。

第一节　合规从高层做起

合规是一把手工程。合规管理体系的有效建立和运行与企业的实际控制人、主要负责人等(以下简称高层)对于合规的理解程度、认可程度以及执行力度都有着紧密的关联。当企业的高层能够真正认识到合规对于自身、企业及其员工的价值,他们才能真正带动和引导各级经营管理人员、关键技术人员、普通员工在日常生产经营和管理过程中遵守规范;真正在企业内部的合规管理有效运行方面投入必要的资源;真正尊重并遵守合规管理专业人士所提供的合规意见;进而真正让合规管理体系得到落实和长效开展。对此,合规从高层做起是企业合规管理体系建设的一大要点。这一要点具体可以从以下四个方面开展。

一、合规管理知识学习机制

合规管理体系中应当为企业高层建立起定期学习合规管理知识的机制。由于中国以及世界主要国家、地区、国际组织在合规管理领域以及各个专项合规领域的法规要求处于一个持续更新和变化的过程,比如中国、美国和欧盟在数据领域的立法和执法;美国反海外腐败法的最新执法趋势等。因此,企业应当为其高层建立起定期学习合规管理知识的机制,不断提升合规管理的认识和开展合规管理的水平。当然,值得注意的是,这类定期的合规管理知识学习应当建立在风险为导向原则的基础上,即企业经过风险识别与评估,对于其所实际或者具有较大可能性面临的合规风险来有针对性地要求其高层进行合规管理知识学习。

二、将合规融入企业的发展目标和发展战略

发展目标和发展战略是企业在一定时期内所确定的发展方向以及在这一方向上前进的具体规划和落实方式。可以说,发展目标和发展战略确定的正确与否直接决定了企业的成败。因此,发展目标和发展战略最终必须由高层决定。将合规融入企业的发展目标和发展战略,这意味着合规成为企业发展方向的必要组成部分,这能让合规与企业在各个方向的发展都紧密地结合在 一起,成为企业的基石。在此基础上,高层应当指导企业合规管理机构和各层级管理经营组织根据其职能特点,设立合规目标,细化合规措施。同时,高层也要通过制度制定来明确合规将是企业长期发展目标和发展战略中必要且核心的组成部分。

三、合规承诺

企业高层应当面向企业全体员工公开作出庄严的合规承诺。合规承诺的主要内容应当包括但不限于:

1. 合规是企业的优先价值,对违规违法行为采取零容忍的态度。

2. 企业制定的《行为准则》中有合规管理方面的价值观、核心内容和基本要求,包括但不限于:倡导诚信、守法、透明、公平、公正、包容、多元、安全等价值观;反对贿赂、舞弊、垄断、不正当竞争、洗钱、利益冲突、歧视、骚扰、内幕交易等违规违法以及不道德行为等。

3. 其他企业所特别珍视和倡导的价值观、理念和要求。企业也应当将合规承诺的开展形成一个年度专项活动,即企业高层和全体员工每年都需要定期完成合规承诺。目前实践中较为普遍的开展方式是企业每年专门举办一场公开活动,高层带头签署遵守合规承诺书,向全体员工庄严声明合规是企业的优先价值,对违规违法行为零容忍的态度。随后,企业全体员工应当在规定的时间段内完成遵守合规承诺书的签署。这一年度专项活动可以让高层和全体员工都能够经常性地重温合规管理的价值观、核心内容和基本要求,不断强化合规意识,让合规成为刻入自身的基因。

企业高层应当带头做好日常的合规宣传,成为合规的第一代言人。除了合规承诺外,企业需要开展多元的合规宣传,持续提升企业的合规文化,增强各级经营管理人员、关键技术人员、普通员工的合规意识。在这些多元的合规宣传

中,高层需要以身作则,带头开展,持续发出合规的声音。比如,在企业的年会、半年会、季度会等定期大型会议以及合规管理宣传月等专项合规管理活动上,高层都应当积极参加,并以合规管理为主题,结合一定时期企业内外部发生的典型合规事件或者案件来发出正向的声音,始终强调合规是企业的优先价值,是企业基本战略的组成部分,对违规违法行为将采取零容忍的态度等。

四、带头遵守合规管理的各项要求

1. 带头遵守合规管理的各项要求。企业高层应当带头遵守通过合规建设所形成的合规战略、合规目标、内部规章制度、管理流程。高层的以身作则是合规管理各项要求能够在企业内部真正得到落实的必要前提。

2. 落实对于违规行为零容忍的处理。企业高层应当对于查证属实的各级经营管理人员、关键技术人员、普通员工的违规行为进行零容忍的处理,并且不应根据这些人员的其他工作表现而予以区别对待。

3. 建立合规绩效考评机制。企业应当对高层以及各级经营管理人员、关键技术人员等引入合规指标进行绩效考评。合规指标可以根据每个企业的实际情况来做个性化定制,相关指标内容可以包括但不限于参与合规培训的次数、完成合规承诺的情况、履行合规管理职责的情况、带头开展合规宣传的情况、带头遵守合规管理要求的情况、所管理的团队内发生不合规行为的情况等。

第二节 合规风险识别与评估机制

合规风险识别与评估机制是企业合规管理体系建立和运行的起点。因此,企业在开展合规管理体系建设时,需要系统地识别与企业自身的活动、产品和服务方面所产生的合规义务,并据此识别与这些合规义务相关联的合规风险,评估这些合规风险发生的可能性和危害程度,确定合规风险等级,形成风险排序并进行风险导向的管理。在此基础上,企业可以有针对性地建立和完善合规管理制度体系、组织体系、运行机制,做好合规文化建设并妥善处理不合规行为。同时,企业合规风险的识别与评估并非一次完成后即一劳永逸,而是要定期持续开展,并在企业内外部环境发生重大变化时同步进行合规义务识别以及合规风险识别与评估,以确保合规管理的及时和有效。合规风险识别与评估机制的建设具体可以从以下几个方面开展。

一、明确牵头主体

企业应明确安排一位最高管理团队成员，比如企业的首席财务官、总法律顾问、首席合规官等，及其所领导的相应职能部门，比如财务管理部、法务部、合规部等，作为企业合规风险识别与评估机制运行的牵头主体，保障企业合规风险识别与评估可以定期持续开展。

二、识别与评估合规风险的要点

（一）识别合规义务

合规风险源于企业未遵守合规义务。因此，合规义务是企业识别合规风险的主要来源。企业的合规义务源于外部的强制性要求以及自身作出的承诺。其中外部的强制性要求主要包括与企业的活动、产品和服务相关的法律规定、监管要求等，企业如果未遵守外部的强制性要求则将被监管机构处罚。企业主动承诺的要求主要包括企业所需要履行的合同约定的义务或者对于社会公众所作出的高于法律规定或者监管要求标准的承诺，企业如果未遵守作出的承诺，则将承担违约责任或者商誉和信誉损失。因此，在开展合规风险识别与评估前，牵头主体应当对于合规义务进行识别。合规义务的识别主要包括以下三方面的工作：

1. 合规义务全面梳理。在开展合规义务识别前，牵头主体需要对企业内外部的情况做全面的了解、调研和梳理，这包括但不限于：企业内部的治理结构、组织体系、人员构成、授权体系、管理模式、制度体系、文化环境、绩效考核方式、过往发生的不合规行为情况及其处理结果等；企业对外的所属行业，主营业务，产品和服务，经营所涉及国家和地区，地缘政治环境、经营所涉及的上级主体和监管部门、经营模式，与第三方合作伙伴往来中所处地位、相处方式以及来自第三方合作伙伴的要求，对外签署的合同中所作出的合规方面的承诺，企业以及能够代表企业的管理人员作出的承诺等。在梳理合规义务时，牵头主体可以采取灵活多元的方法，包括但不限于关键人员的访谈、集体研讨、问卷调查、文本审阅、实地查看、企业内部数据分析、外部专家专业咨询等。

需要注意的是，合规义务的全面梳理涉及企业的各个方面，也涉及很多专业的领域，比如人力资源管理、环境保护、HSE 等。因此，牵头主体需要设定标准和梳理方法，并领导、统筹和协调企业内部各个职能部门参与合规义务的梳理工作中。

2. 编制合规义务清单。在对合规义务全面梳理的基础上，牵头主体需要编制企业的合规义务清单（见表 5-1），该清单可以结合合规义务的来源进行相应的编制。

表 5-1　合规义务清单

合规义务来源	合规义务单项	责任主体	违反后果	现有控制措施
外部的强制性要求	法律规定			
	监管要求			
	行业准则			
	……			
自身作出的承诺	合同义务			
	商业承诺			
	……			

3. 合规义务持续维护。在完成合规义务识别后，随着企业所处的内外部客观环境的变化，合规义务也会不断发生改变。因此，牵头主体需要定期组织力量对于合规义务的变化进行了解。参考《合规管理体系指南》（GB/T 35770/ISO 19600：2014）中第 4. 5. 2 条的规定，企业获取法律和其他合规义务改变信息的渠道包括：列入相关监管部门收件人名单中；成为专业团体的会员；订阅相关信息服务；参加行业论坛和研讨会；关注监管部门网站；与监管部门会晤；与法律顾问洽商；关注合规义务来源（如监管声明和法院判决）。

在掌握了合规义务发生变化的信息后，牵头部门应当组织力量及时更新合规义务清单。

（二）识别与评估合规风险

1. 识别合规风险

企业合规风险的主要来源包括两个方面：一方面是其所具有的合规义务，即企业实施了违反合规义务的行为，产生了合规风险，进而需要面临监管机关的执法以及承担相应的责任。另一方面，企业的合规风险还可能来自企业内部人员，包括管理者和员工所实施的与企业最佳利益相悖的行为，比如企业内部人员所实施的虚假报销、职务侵占、财务造假等舞弊行为。对此，企业在进行合规风险识别方面的主要途径包括识别合规义务、应对不合规行为、开展日常的监督管理以及开展日常合规管理等。

（1）基于合规义务履行情况识别合规风险。在对于合规义务识别和梳理的基础上，企业应当分析各项合规义务的要求与企业的实际情况之间的差距，这样就可以识别出企业所面临的各项合规风险，并制作合规风险识别清单（见表5-2）。这是企业在日常管理过程中常规的识别合规风险的方式。

表5-2 合规风险识别清单

合规义务来源	合规义务单项	合规义务内容	现有控制措施	偏差
外部的强制性要求	法律规定			
	监管要求			
	行业准则			
	……			
自身作出的承诺	合同义务			
	商业承诺			
	……			

（2）基于处理不合规行为识别合规风险。除了识别合规义务外，企业对于不合规行为的处理是进行合规风险识别的另一种重要途径。不合规行为主体是企业内部的人员，包括管理者和员工所实施。由于企业的法人属性，企业的运行实际需要其内部人员基于企业授予的职权来实现。但企业与内部人员之间的利益并不一定保持一致。当员工不当使用职权开展经营行为或者利用职权谋取个人利益时，这就会使企业具有面临合规风险的可能性。不合规行为的发生体现出了企业在内部管理的要求、方式和流程等方面存在不足，比如制度建设不完善、流程管控不周延、合规文化宣传不到位等。因此，企业在对于不合规行为的处理过程中就会识别出特定的合规风险。合规风险识别往往也与企业的合规举报、合规调查等有着紧密的联系。

（3）基于日常监督管理识别合规风险。企业所开展的日常监督管理，比如内部审计、合规检查等也是识别合规风险的重要途径。在内部审计、合规检查等过程中，责任主体会深入企业内部的经营和管理活动中进行审查和复核，从而发现企业内部的实际操作情况与合规义务之间的偏差情况，进而识别出合规风险。

（4）基于日常合规管理识别合规风险。除了前述三种合规风险识别的途径以外，合规风险的识别需要贯穿于企业日常的合规管理全过程。在合规管理三道防线中，企业的合规管理部门和专业人士需要发挥主观能动性，通过日常的合规管理，包括合规咨询、合规培训、合规审查、座谈会等方式，深入企业的经营管理一线,在与企业内部业务部门和其他职能部门的沟通和交流等过程中发现企业所面临的现实的和潜在的合规风险,并做好记录、上报和应对方案制定和落实等工作。总体来说,这一路径是在企业合规管理实务中效果显著的合规风险识别途径。

2. 评估合规风险

在识别出合规风险后,企业应当对于合规风险进行评估,结合合规风险发生的可能性、频次、责任性质、危害程度、损失严重性以及自身的实际情况和经营目标,确定合规风险等级,形成风险排序。值得注意的是,风险的管理不在于完全消灭风险,而是做好风险与收益的平衡。因此,进行合规风险评估的参数需要根据企业的实际情况以及容忍度进行个性化设置,对于合规风险的评估要进行综合判断。其中对于可能会引发刑事法律责任造成企业无法经营的合规风险,一般都会被认定为高风险。但对于一些最高只会引发民事违约的合规风险,企业需要结合自身的发展阶段和实际情况进行综合评估以确定该风险的高低等级。比如,对于一家正在全力获取市场认可的企业,对于因自身原因给客户造成的违约行为会极大地影响其阶段性经营目标的实现。对此,这类合规风险在特定阶段属于该企业的高风险领域。

(三)合规风险识别与评估的后续工作

在完成合规风险识别与评估后,企业应当制定合规风险评估报告,这份报告的内容应当包括但不限于:评估工作基本情况,包括评估的原因、范围、方法、实施过程等;识别出的合规风险、风险等级以及危害性;应对建议和措施等。合规风险评估报告应当以书面形式出具,交由企业的最高管理层进行审阅和决策。企业最高管理层在此基础上开展以合规风险为导向的合规管理体系建设,这包括合规管理的制度体系、组织体系、文化体系、运行机制以及不合规行为管理机制等。

三、识别与评估后的持续管理

1. 定期合规风险识别与评估机制。在企业内外部环境发生重大变化,企业发生重大合规案件等情形时,企业应及时对合规义务以及合规风险情况进行回顾和审查,并做好相应的更新。

2. 最高管理层定期审核和研究合规风险评估报告机制。牵头部门在完成合规风险识别与评估后,最高管理层需要将合规风险评估报告纳入管理团队会议的固定议程中,定期召开会议集体据此就企业整体的合规风险情况进行审核和研究，根据风险的等级以及紧迫程度就应对方案进行决策，确定应对方案的负责主体并提供应对方案落实的各项资源和支持。

3. 做好记录和跟进。企业应当对每一次合规风险识别与评估都出具正式的报告并做好记录以备查。同时，报告中所提出的建议和措施，企业也应当就企业最高管理层对于应对方案的决策以及落实措施和过程，安排相关部门和人员进行跟进，全程做好记录，确保有效落实。

第三节　合规管理制度体系

合规管理制度体系是指企业针对合规管理活动所制定的不同层次和不同形式的一系列规章制度，这是企业开展合规管理以及员工履行合规职责、遵守合规要求的基础，也是对组织和员工进行考核和奖惩的依据。因此，企业应当针对合规风险防控和合规管理机构履职的需要，通过制定合规管理规范、弥补监督管理漏洞等方式，建立健全合规管理的制度机制。合规管理制度体系建设具体可以从以下几个方面开展。

一、做好制度建设规划

在实际进行制度制定之前，企业应当在全面分析研判自身所面临的合规风险的基础上，结合本行业合规建设指引，进行制度建设的规划。具体来说，要做好以下几项工作。

（一）制定制度建设的"立法法"

企业在进行全面的制度建设时首先需要就制度的全生命周期，包括立项、审议、发布、实施、废止和清理等各个环节建立规则，即对于制度的管理制度，比如《××公司规章制度管理规定》。这一制度的制定能够让企业制度建设的负责主体对于企业的各类制度进行制定和管理方面有据可依。

（二）明确制度的体系和层级

企业内部的规章制度应当根据管理事项的重要性以及功能定位来建立一个分层级的制度体系。一般而言，这一制度体系可以分为三个层级，即治理文件、管理制度和操作规范。这样的三层体系一般为相互包含关系，即下一层级的制度是对上一层级制度的细化，不得有悖上一层级制度规定的原则和内容。

1. 治理文件。这类制度是规范企业出资人（股东）、董事会、经理层权利义务关系和组织运行规则等涉及企业治理结构层面的基础性文件。这类制度一般包括章程、党委(如有)、董事会、总经理办公会相关议事规则、行为准则等。其中行为准则是企业合规管理制度体系中的纲领性文件,它彰显企业的核心价值观、合规方针和目标等,用以指导其他层次和形式的合规管理制度的制定。

2. 管理制度。这类制度名称后缀一般为"管理规定"或"管理办法",是对企业各项业务管理和基础管理工作提出的原则与要求,是企业经营管理过程中必须遵守的制度准则。

(1)管理规定。这是根据企业自身发展管理需要,针对企业某一经营管理领域制定的全局性管理规范,主要提出原则性的管理要求,对某一领域工作的基本理念、基本体制、基本原则、基本程序等进行总体规范,明确组织机构及职责权限等基本事项,是保障企业管理和经营活动的基本制度。通常一项工作职能范围只建立一项统领性制度。

(2)管理办法。这是针对管理规定中相对独立的、较为重要的工作方面或环节做进一步规范,提出进一步具体管理要求,或者对管理规定难以涵盖领域作出补充的专项制度。

管理制度是对于行为准则中所倡导的与合规管理相关的各项原则性要求和价值观的落实,是合规管理开展的基础。管理制度既包括基本制度,如企业的合规管理规定,也包括涉及各个合规管理主题的专项合规管理制度,如反垄断管理规定、反贿赂管理规定、反舞弊管理规定、贸易合规管理规定、网络安全管理规定、个人信息保护管理规定以及员工信息管理办法等。

3. 操作规范。这是根据实际需要在管理制度基础上进一步细化制定的具体工作要求,包括落实具体工作的流程、标准、方法及守则,是企业员工在实际工作中应当遵循的统一规范。操作规范使管理制度在实际工作中具有可操作性。这类制度的名称后缀非常多元,比如"操作规范""实施细则""工作指引""工作指导手册""管理表单"等。实践中在合规管理领域常见的操作规范主要有礼品与款待管理指引、利益冲突应对指南等。

(三)合规管理制度建设规划

企业应当全面研判自身所面临的合规风险,以此为导向,弥补企业制度建设和监督管理漏洞,结合本行业合规管理指引(如有)开展合规管理制度建设规划。总体来说,合规管理制度建设规划一般可以分为以下几类:

1. 必须要建设的制度。这是企业在合规建设中所必须制定的合规管理制度,主要包括行为准则和合规管理规定。其中行为准则是企业开展合规管理的纲领性文件,能够全面反映出企业以及最高管理层对于合规的价值观、理念和基本要求,对于全体员工都具有普遍的约束力。合规管理规定则是在行为准则的基础上,对企业合规管理体系的系统性规定,包括企业内部开展合规管理的基本原则、合规管理的机构与职责、合规管理的范围、合规管理运行方式等。

2. 合规管理专项制度。合规管理专项制度主要包括各类合规管理制度和操作规范,这些包括但不限于反垄断管理规定、反贿赂管理规定、反舞弊管理规定、贸易合规管理规定、网络安全管理规定、个人信息保护管理规定以及员工信息管理办法、礼品与款待管理指引、利益冲突应对指南、合规手册等。这些专项制度需要由企业根据风险导向原则结合企业的实际需要来选择性制定,确保不出现管理上的漏洞。

3. 融入其他企业管理制度中的合规管理内容。除了前述合规管理专项制度外,合规管理的相关要求也可能在不单独形成专项制度的情况下,以部分条款的形式融入企业的其他管理制度中。例如,企业的员工手册、费用管理制度、差旅制度、奖惩管理制度、组织和个人绩效考核管理制度等都需要将对应的合规管理要求规划进去。

二、落实制度制定

在完成了制度建设规划后,应当组织力量,根据制定的规章制度管理规定的相关要求落实制度制定。这里面需要关注以下几个方面的问题:

1. 制度的起草主体需要具有专业性。企业在进行合规管理相关制度的制定时需要组织具有专业能力的主体进行起草。同时,制度的内容需要与企业的实际情况进行紧密的结合,切忌制度内容与企业实际情况的脱节。

2. 制度要有合规性和合法性的前置审查。企业要建立起制度合规性与合法性的前置审查,制度稿件在未通过合规部门和法务部门的合规性和合法性审查前,不能发布。

3. 制度需要审批。在通过合规性和合法性审查后,根据制度所属的不同层级,企业内部需要设置不同的审批流程。其中治理文件一般应当由企业的最高管理层集体审批;管理制度一般需要企业内部与之相关的最高管理层成员集体审批;操作规范一般由负责制定的部门所对应的最高管理层成员审批。同时,如果涉及民主管理、职工福利、全员劳动合同、集体劳动合同、薪酬制度、职工奖惩方面的制度,除履行上述流程外,还需经职工代表大会审议通过。

4. 制度发布的要式性。制度在完成起草以及通过合规性和合法性审查后,需要正式发布。这一发布应当根据一定的程序实现,并能够通过公开途径让全体员工都知晓。同时,发布的制度也应当通过信息化和数字化手段进行集中存储和归档,让全体员工都有权限可以随时获取和学习。

三、开展制度宣贯

制度制定后,不能被束之高阁,而是要被广而告之。企业应当在制度发布后开展多元化的宣贯,包括制度的讲解和专项培训等,鼓励企业的各级管理人员和普通员工积极学习制度,确保他们都能够了解制度、理解制度、遵守制度、执行制度。制度宣贯要关注以下几个要点:

1. 全员覆盖。制度宣贯需要面向全体员工,让他们都能够有机会,也有条件对于制度的理念、内容和要求等进行了解。

2. 多元形式。制度宣贯需要采取多元的形式,可以通过包括宣传海报、短视频、线上或者线下实时培训、有奖问答、知识竞赛等。这些多元形式是为了帮助员工更好地理解和掌握制度的理念、内容和要求。

3. 有效记录。制度宣贯需要做好记录工作,既包括开展的历次宣贯活动,也包括参加这些活动的员工。通过有效记录可以让企业及其管理人员对于宣贯活动的实际效果进行实时的了解,也便于进行有针对性地提升和改进。

四、制度融入企业运行

制度的生命在于执行。企业应当将制度的理念、内容和要求融入企业的日常运行和经营管理活动中。因此,企业应当根据各项制度的理念、内容和要求,明确企业内部各职能部门和相关关键人员职责以及工作开展的流程,让制度在企业的日常运行和经营管理中被充分地遵守和执行。

比如,企业建立了与数据安全和个人信息保护相关的管理制度,该制度中明确要求企业的各职能部门在开展与数据、员工个人信息处理相关的项目时,需要事先经过企业内部的数据合规工作组(由企业的数字化团队、法务团队和合规团队联合组成)的数据合规评审。为了确保这一制度要求得到落实,数据合规工作组除开展制度宣贯以外,还与在开展任何数字化项目时都会参与其中并提供专业支持的数字化建设团队进行了充分的沟通,由该团队在日常工作中把好关,让业务部门的每一个相关项目都会及时同步到数据合规工作组,并由其开展数据合规评审。

此外,企业也应当建立制度运行的审计机制。企业应当安排内部审计团队或者外部聘请的独立审计机构对于其发布的制度在企业内部的运行情况进行审计,对于审计过程中发现的偏离情况,及时组织力量予以整改和弥补。

第四节 合规管理组织体系

合规管理组织是指企业内部履行合规管理职责、开展合规管理工作的主体。合规管理组织是合规管理体系得以有效运行的必要且关键构成之一。由于合规管理体系是企业整个管理体系中的一部分,合规管理的职责覆盖了企业的治理结构以及所设置的相关职能部门,因此,合规管理组织并不单纯指企业内部专门负责合规日常和专项管理的主体,如合规部、合规官;而是一个多层级全方位的体系。合规管理组织体系的建设也是完善企业治理结构的一个重要途径。根据承担的合规管理职责不同,这一组织体系一般可以分为:合规管理最高权力组织、合规管理执行组织、合规管理协调组织和合规管理监督组织。合规管理组织体系建设具体可以从以下几个方面开展。

一、合规管理最高权力组织

合规管理最高权力组织一般为企业根据公司章程所规定的经营管理的最高决策机构。在设有董事会的企业中,合规管理的最高权力组织一般为董事会[1]。合规管理最高权力组织的主要合规管理职责一般应当包括但不限于:(1)批准企业合规管理战略规划、基本制度和年度报告;(2)领导企业合规管理体系的建立,推动完善;(3)决定合规管理执行组织和合规管理协调组织的设置,明确这些组织的职权范围,为这些组织分配履职资源、提供履职保障等;(4)决定合规管理执行组织和合规管理协调组织的人事任免;(5)决定达到特定级别的违规人员的处理;(6)决定对企业存在的根本性或者系统性合规风险或者漏洞的整改和处理;(7)决定关系企业全局的重大合规专项的开展;(8)决定与企业合规管理相关的其他重大事项。

二、合规管理执行组织

合规管理执行组织是根据合规管理最高权力组织的授权负责企业合规管理工作的开展,这一般包括三类主体:企业经理层、合规管理牵头部门以及其他

---

〔1〕 在本书第五章中对于“合规管理最高权力组织”进行了介绍,其中提到了不同性质企业的“合规管理最高权力组织”会由不同主体担任。本章主要侧重于介绍“合规管理最高权力组织”的职责,因此,对于不同的主体将不做专门介绍。

各职能部门和业务部门。

(一)企业经理层

企业的经理层是指董事会所聘任的经理以及企业经营管理的核心管理团队,包括企业的实际控制人、主要负责人等。企业经理层的合规管理职责主要包括但不限于:(1)根据合规管理最高权力组织的决定,将合规管理战略规划与企业的经营战略紧密结合;(2)根据合规管理最高权力组织的决定,落实合规管理执行组织和合规管理协调组织及其人事的设置和运行;(3)批准合规管理具体制度规定和发布,采取措施确保合规制度得到有效执行;(4)以身作则,带头遵守合规管理的制度和各项要求;(5)批准合规管理牵头部门编制的合规管理工作计划;(6)明确合规管理流程,确保合规要求融入业务领域;(7)及时制止并纠正不合规的经营行为,按照权限对违规人员进行责任追究或提出处理建议,落实好合规管理最高权力组织作出的各项整改和处理决定;(8)落实好合规管理最高权力组织决定的与合规管理相关的各项决策以及经合规管理最高权力组织授权的其他事项;(9)支持合规管理牵头部门以及其他职能部门和业务部门履行合规管理职责。

(二)合规管理牵头部门

合规管理牵头部门一般为企业内部设立的专业合规管理部门和人员。根据不同企业的组织设置,合规管理牵头部门有被称为合规部、法律合规部、纪检合规部、合规风控部、审计合规部等,合规管理牵头部门的负责人一般被称为"首席合规官"或者"合规负责人"。合规管理牵头部门的合规管理职责主要包括:(1)为合规管理最高权力组织、经理层等进行合规管理方面的决策提供专业咨询和支持,比如起草企业合规管理战略规划、基本制度和年度报告,并提交给合规管理最高权力组织审批;在这些决策作出后,从专业角度负责落实;(2)牵头合规管理体系的日常建设、运行和维护;(3)直接负责企业内部合规管理运行机制有效落实,开展日常的合规管理工作,为企业经理层和各级员工遵守和执行合规管理的各项要求提供各方面的专业支持,包括但不限于:组织合规风险的识别、预警和应对,制定和更新合规政策和制度,开展合规文化的宣传和提高员工的合规意识,维护合规举报热线和开展合规调查,跟进合规整改,执行合规激励等一系列合规管理措施;(4)落实合规管理最高权力组织、经理层等不定时安排的其他合规管理事务。

需要强调的是,企业可以根据自身的规模大小和所处行业的风险高低等决定合规管理牵头部门或者合规管理人员是否专设或者由法务部、风险管理部等

职能部门内部安排人员进行兼理。但是,从确保合规管理的独立性和有效性角度,对于合规管理牵头部门的设置,笔者有以下建议:

1. 合规管理牵头部门以及配备的合规管理人员应与企业类型、规模、业务范围、行业特点等在规模上相配,比如一个员工人数过万人的企业,如果合规管理人员只有 1 至 2 人,且部分还是兼职,则这样的合规管理牵头部门的设置在很大程度上无法真正有效起到合规管理职能。

2. 应尽可能设置独立的合规管理牵头部门,聘请专业且富有实践经验的专职合规管理人员。

3. 应通过合规管理制度建设为合规管理牵头部门、合规管理人员提供独立履行职责的保障。

4. 应给予合规管理牵头部门和合规管理人员充分的授权,通过工作流程设计,确保合规管理牵头部门、合规管理人员具有充足的知情权和企业内部的信息及数据获取权限,使他们能够全面掌握且及时参与涉及重大合规风险事项,并充分赋予其发表意见和参与决策的权利。

5. 应为合规管理牵头部门的负责人设置与其履行职责相应的岗位职级以及薪酬福利待遇,并且应当为其设置就履行合规管理职责范围内向企业最高管理层或者企业内部最高监督机构,比如监事会、审计委员会等有进行直接汇报的权利和机制。

6. 应结合企业的实际情况为合规管理人员设置相应的岗位职级和薪酬福利待遇,一般不能低于其他职能部门同等职级人员的标准。

7. 应为合规管理牵头部门以及合规管理人员的履职提供必要的人员、培训、宣传、场所、设备、技术和经费等人力物力保障。

(三)其他各职能部门和业务部门

其他各职能部门和业务部门在各自负责的合规管理职责范围内开展合规管理工作并全面落实来自合规管理最高权力组织、经理层和合规管理牵头部门所布置的各项合规管理要求,比如财务管理部归口管理反洗钱方面的合规职责;HSE 部门归口管理企业在安全生产、环境保护等方面的合规职责等。

三、合规管理协调组织

合规管理涉及面很广,合规管理工作要高质量完成离不开合规管理牵头部门与其他各职能部门和业务部门的协同。由于合规管理牵头部门与这些部门属于平行组织,本身并不被授权直接领导这些部门开展工作,而合规管理最高权力组织和企业的经理层在客观上也不具备事无巨细地处理合规管理协调事务的可能性。因此,在具备条件的企业中,合规管理最高权力组织或者企业经理层会[1]下设合规管理协调组织。该组织应当由企业的实际控制人、主要负责人作为第一负责人;由企业的合规管理牵头部门的负责人,比如首席合规官作为牵头负责人;与合规管理相关的职能部门和业务部门,包括合规管理牵头部门、财务管理部、法务部、创新与战略部、人力资源部、审计部、安全部、数字化部等,安排各自的核心管理人员参与并组成。该组织应当建立起明确且固定的运行机制和流程,定期召开会议,确保组织有序运行。这类组织的名称常见的有“合规委员会”“道德合规委员会”“合规管理委员会”等。合规管理协调组织的职责主要包括以下方面:(1)承上启下,作为合规管理最高权力组织、企业经理层与包括合规管理牵头部门以及其他各职能部门和业务部门在合规管理上的桥梁。(2)领导、统筹和整合企业内部的各方力量,确保合规管理最高权力组织、企业经理层在合规管理方面作出决策提供全面的咨询和支持,并确保这些决策能够得到贯彻执行。(3)领导、统筹和协调企业合规管理体系的建设和运行。(4)领导和统筹企业的年度合规管理工作报告的起草,并提交合规管理最高权力组织审议。(5)研究关系到全局的合规管理重大事项,并向合规管理最高权力组织、企业经理层提出意见建议。(6)接受包括合规管理牵头部门以及其他职能部门和业务部门在合规管理方面的计划或方案,经集体审议和讨论后对于其中需要由董事会、企业经理层决策的,则按程序提交审议;对于在其权限范围内可以决策的,则在通过决策后组织执行。(7)定期听取包括合规管理牵头部门以及其他职能部门和业务部门的合规管理工作进展情况,并给予其指导、支持、监督和评价。(8)决定达到特定级别的违规人员的处理。(9)其他基于企业合规管理相关制度授权合规管理协调组织履行的职责。

四、合规管理监督组织

合规管理监督组织是对于企业的合规管理最高权力组织、合规管理执行组织和合规管理协调组织的工作和履职情况进行监督的主体。合规管理监督组织在企业中一般不专设。这一职能通常由基于企业章程规定的履行监督职责的机构来负责,比如企业的监事会、审计委员会等。合规管理监督组织是企业内部确保合规管理有效开展的最后一道防线,其职责主要包括但不限于:

---

[1] 这里提到的在企业经理层下设合规管理协调组织的情形主要与对应企业的治理结构和性质有关。

(1)监督合规管理最高权力组织的决策与流程是否符合制度规定;(2)监督合规管理最高权力组织和合规管理执行组织,包括董事、企业经理层、合规管理牵头部门、其他职能部门和业务部门以及其工作人员的合规管理职责履行情况;(3)审核合规管理最高权力组织制定的合规管理战略和年度合规工作报告,并从监督角度提出改进或者提高的意见;(4)对引发重大合规风险负有主要责任的董事、企业经理层提出罢免或者解聘建议;(5)向合规管理最高权力组织提出撤换合规管理负责人的建议;(6)指示企业内部的审计、内控等部门就企业的高风险领域开展专项审计或者内控治理行动,并对就此发现的风险和问题的整改工作进行监督;(7)对于违反企业合规管理制度要求、干扰合规管理工作正常开展、损害企业合规文化、对于举报人实施打击报复的主体,根据企业内部相应的管理权限,督促合规管理最高权力组织、合规管理执行组织或者合规管理协调组织予以及时且有效的处理。

五、小结

在企业章程和治理结构的基础上,合规管理最高权力组织、合规管理执行组织、合规管理协调组织和合规管理监督组织共同构成了一个完整的合规管理组织体系。其中合规管理最高权力组织把方向、定大局,确定企业合规管理体系以及合规管理的战略和基本制度;合规管理执行组织负责将这一体系、战略和基本制度予以分解、细化并执行到位;合规管理协调组织则是将合规管理执行组织中的各个主体进行统筹和协调,让这些职能部门和业务部门在合规管理上整合力量,达成共同的目标;合规管理监督组织则是对于前述三大组织进行统一的监督,预防、应对和及时纠正这些组织在实际工作中发生的偏差。

第五节　合规管理运行机制

合规管理运行机制是指企业合规管理组织将合规管理的战略、合规管理制度、专项合规整改计划以及日常合规管理活动等予以执行和实现的具体方式和手段。合规管理运行机制的内容非常广泛,可以从广义和狭义两个角度来理解。其中广义的合规管理运行机制则包括合规风险识别与评估机制、合规管理制度体系、合规文化建设机制、不合规行为管理机制、专项合规整改计划的制定和执行等在内的合规管理全过程。狭义的合规管理运行机制包括三道防线建设、合规咨询、合规审查、合规检查、合规考核、合规报告、合规管理信息化建设、合规审计等。这里将集中介绍狭义的合规管理运行机制的建设要点。

一、三道防线建设

“合规并不是合规部的合规，而是企业全体人员共同的合规”。因此，企业的合规管理运行首先需要建立起三道防线，其中合规管理组织和各级经营管理组织均应当根据其职能特点设立合规目标、细化合规措施。一般而言，企业需要建立起的三道防线具体如下：

第一道防线为企业各级经营管理组织，根据企业制定的规章制度的内容以及合规管理组织的要求，负责本组织合规管理落地，按要求完善业务管理制度和流程，主动履行合规职责，开展合规风险识别和隐患排查，及时向合规管理组织报告合规风险事项，妥善应对处置合规风险事件，落实好本领域合规培训和商业伙伴合规调查等工作，并配合合规调查及整改等工作。

第二道防线为合规管理组织，负责组织、协调、指导和监督各级经营管理组织的合规管理工作。

第三道防线为审计、纪检（如有）等相关职能部门，负责在其职责范围内，履行监督职责。

二、合规咨询

合规咨询是合规管理运行中的重要一环。企业所面临的合规风险以及对于该等风险的处理需要具有极强的专业知识和丰富的实践经验。因此，企业应当建立起合规咨询机制，明确和公开合规咨询的渠道，鼓励各级经营管理组织在遇到合规方面的问题时都能及时从合规管理组织及其所属的合规管理专业人员处获得指导，避免合规风险事件以及不合规行为的发生。

三、合规审查

合规审查是指企业通过制度和流程在特定的经营管理活动中所设置的强制合规性审查活动。企业应当在对于企业具有重要影响的项目，比如重大事项决策、重要人事任免、重大项目投资决策、重大合同签订、大额资金使用、规章制度制定等；或者根据风险识别与评估确认为中高风险领域的项目，通过制度和流程建立起强制合规性审查机制，这些项目如果未经合规管理组织审核通过不得实施。

四、合规检查

合规检查是指合规管理组织对于各级经营管理组织在各项合规管理要求的执行和落实情况进行监督和检验，并对完成的不到位的部分提出改进和完善的意见。关于合规检查的相关内容请见本章第七节不合规行为管理机制中的“监测”板块。

五、合规考核

合规考核，即合规绩效评价机制，是对于企业对于其内设各级组织以及员工，包括高层、各级经营管理人员、关键技术人员、普通员工等两大类主体在履行合规管理职责和承担合规管理责任方面所设定的合规指标并对该等指标的遵守和完成情况进行定期的考察和审核。合规绩效评价机制的正常运行是第三方组织对于企业合规建设成果进行评估的重点之一。企业在进行合规考核机制的建设时，应当关注以下要点：

1. 合规指标应当明确、具体、细化。合规指标应当明确、具体、细化，从而保障组织和员工在履行和遵守这些指标时都能有清晰的指引。合规指标应当包括正向的指标，即明确要求特定组织和人员在每年都需要完成具体的合规管理任务，比如参加多少场合规培训、完成合规管理组织所开展的强制性参加的活动（如年度合规承诺）；也应当包括负向指标，即禁止的事项，比如行贿受贿、性骚扰等不合规行为。

2. 自然人的合规指标因具体岗位和职级而差异化设定。相较于普通员工，高层以及各级经营管理人员、关键技术人员除了从遵守合规管理各项要求的角度设定合规指标外，还应当为他们额外设定积极履行合规管理职责，展现合规管理领导力的合规指标，这类指标的相关内容请见第五章第一节“合规从高层做起”中的“四、带头遵守合规管理的各项要求”板块。

3. 合规考核应纳入人力资源管理的组织和人员考核指标中。合规考核需要与企业人力资源的组织和人员考核指标充分结合，作为对于企业内部每一个组织和每一位员工年终绩效考核的必要组成部分。其中对于在履行合规管理职责和承担合规管理责任方面表现突出的组织和员工，应作为评先选优的重要依据。对于在当年度被查证存在不合规行为的组织或者员工，这将作为其年终绩效考核中的一票否决项，并对其在当年度和下年度的组织评优，个人岗位、职级、工资和奖金等方面产生消极影响的直接因素，不论该组织或者员工个人当年度在业务领域的表现情况。

六、合规报告

合规报告，是指企业所建立的企业内部组织或员工向其上级管理主体或者投资人就特定合规事项进行定期或不定期报告的活动。合规报告包括定期报告和不定期报告两种形式。其中定期报告一般是常规性的报告，比如合规管理组织所准备的半年度或者全年合规工作的总结。不定期的报告主要是针对企业所面临的突发性的合规事件，通过合规报告，企业高层可以及时调动资源予以处理。企业应当通过制度和流程建立起合规报告机制，保证企业高层可以全面且及时掌握企业合规管理的最新进展，也有助于他们在合规管理方面作出正确的判断。

七、合规管理信息化建设

随着数字化时代的到来，企业应当利用信息化和数字化的工具让合规管理运行机制实现信息化和数字化。这包括但不限于 AI 的合规咨询平台、线上合规审查平台、线上合规培训、合规档案电子化、案件管理信息系统等。通过信息化和数字化手段，企业可以优化合规管理流程；更加客观和全面地记录和保存相关信息；运用大数据等工具，加强对经营管理行为依法合规情况进行实时在线的监控和风险分析，实现信息集成与共享。

八、合规审计

合规审计，是指企业通过内部审计团队或者外部聘请的独立审计机构对于企业的合规管理体系、专项合规整改计划的运行情况以及合规管理组织的履职情况所进行的审计活动。企业应当建立起合规审计机制，通过定期或者不定期的审计活动，让合规管理组织以及合规管理体系、专项合规整改计划都能得到有效监督，从而形成一个完整的监督和管理的闭环，对于审计所发现的相关问题也可以及时整改，保障合规管理体系和专项合规整改计划的有效运行，合规管理组织的尽职尽责。

第六节　合规文化机制

合规文化，是指企业在生产经营和管理的过程中逐步积累和形成的，为企业全体成员所知晓、认同和遵守的与合规经营相关的价值观、精神和理念。合规文化建设是企业合规管理体系中的一个必要组成部分,其目的在于让企业的各级管理者和员工能对于企业在合规方面的理念、规则和要求等予以充分的理解和认可,并以此来指导员工在日常工作中作出正确的判断和行为。合规文化建设机制主要包括合规承诺、合规培训、合规沟通和宣传。鉴于合规承诺已经在本章第一节"合规从高层做起"中进行了介绍,这里将集中介绍合规培训以及合规沟通和宣传的建设要点。

一、合规培训

合规培训是指企业定期或者不定期组织的,面向内部员工或者外部合作伙伴所开展的,与企业合规管理体系相关的培训。合规培训的目的在于让内部员工和外部合作伙伴对于企业的合规管理体系,包括合规组织、合规制度、合规流程、合规要求、合规文化等方面有了解和掌握,增强员工和外部合作伙伴的合规意识,进而指引员工和外部合作伙伴在日常工作中做正确的事,防范和减少合规风险。企业在进行合规培训方面的建设时,应当关注以下要点:

1. 合规培训管理的制度化。合规培训是企业建立和形成合规文化的一个必要且关键措施。因此,企业的合规培训应当形成制度化,从而确保企业的全体员工能够理解、遵循和妥善执行企业合规的各项要求。对此,企业应当制定合规培训管理制度,这一制度既可以专门制定,也可以在企业整体的培训管理制度中设置专门的板块。同时,合规培训管理制度也应当与企业组织绩效以及员工个人绩效的管理制度进行有机融合,让合规培训成为组织以及员工个人绩效的组成部分,确保合规培训在企业内部落到实处。

2. 合规培训负责主体。合规培训管理制度中应当明确企业合规培训的负责主体,一般由合规管理牵头部门担任。同时,由于员工培训的整体负责主体一般为企业的人力资源部。因此,在进行合规培训的管理方面,合规管理牵头部门需要与人力资源部进行紧密的合作和共创。

3. 合规培训计划与实施。合规培训负责主体应当在上一年末完成下一年度合规培训计划的制订。制订的合规培训计划应明确责任人,确保合规培训对于企业全体员工的全覆盖和常态化,并应加强事前、事中、事后管理,加强对学习培训的考核与监督。

4. 合规培训费用管理。合规培训费用是指举办或参加合规培训项目所发生的相关费用,包括培训费、差旅费、资料费、物料费、场地费、设备购置费、书费、考试费、在线学习平台建设及运营费用等。企业应当为合规培训提供充足的经费。

5. 合规培训课程体系。合规培训应当建立系统性的培训课程体系,这一培训课程体系可以根据受训人员的不同类型以及企业在特定时期的特殊需要等进行有针对性的设计,确保合规培训的有效开展。合规培训课程体系大致可以分为以下类型:

(1)新员工入职合规培训课程。这是对于企业新入职的员工所开展的合规培训。这一套培训课程的主要内容应当侧重对于企业合规管理体系的系统性介绍,包括企业的合规管理制度、组织、文化、运行方式、不合规行为管理(包括合规热线、合规调查注意事项等)。从而让新员工能够对于企业的合规管理有一个全面的了解,建立起合规意识,以便于有效地遵守企业合规管理的各项要求。新员工入职合规培训应当设定为新员工在试用期内所必须完成的任务,未能完成该项培训应当作为一项指标纳入试用期考核范围。

(2)在职员工常态化合规培训课程。合规培训负责主体应当每年为在职员工提供一定数量的合规培训,在职员工也应当参加一定数量的合规培训,以此作为其每年必须要完成的一个绩效考核指标。这类培训课程一方面可以重申企业合规管理体系的系统性介绍,以此来巩固在职员工的合规知识、增强其合规意识,有效遵守合规管理要求;另一方面可以结合企业过往实际发生的合规案例以及最新的合规风险识别与评估来设计合规培训课程,帮助在职员工更好地了解企业当前所面临的高风险领域,提高警觉性并做好预防和应对工作。

(3)管理人员常态化合规培训。合规培训负责主体应当为具有管理职责的人员提供专门的合规培训课程。其中新任的管理人员在履新任职时必须接受合规培训。这类合规培训课程除了对企业合规管理体系的系统性介绍外,还应当专门进行管理人员在合规管理领导力方面的培训,让管理人员不仅懂合规,也要懂如何运用合规来管理自己的团队,带动自己的团队成员尊重、遵守和执行合规。

(4)定制化合规培训课程。合规培训负责主体还应当根据合规风险识别与评估以及其他职能部门或者业务部门提出的需求来制定并提供定制化的合规培训课程。这类课程会侧重于合规管理的相关专业领域,比如数据跨境传输合规、纵向垄断的认定和预防等。

(5)合规专业能力培训课程。这类课程的受训主体是企业合规管理人员。由于合规管理在境内外的高速发展,合规管理人员的知识也需要得到不断更新,能力也需要得到不断提升。因此,企业需要通过内外部力量为合规管理人员提供合规专业能力培训,建立合规管理人才的培养机制。

(6)即时合规培训课程。除了前述五类要式化的合规培训课程外,企业也可以建立即时合规培训课程。比如企业可以充分利用实际发生并处理的合规案例,制作成合规案例、形成合规案例库、建立全体员工在内部会议的开头进行合规分享的机制;也可以通过信息化和数字化手段,建立短小精悍的合规培训线上课程,让员工可以利用碎片化的时间,随时随地进行合规知识的学习。

(7)针对第三方合作伙伴的培训课程。这类课程的受训主体是外部的第三方合作伙伴。企业的第三方合作伙伴虽然与企业是相互独立的主体,但是,他们的不合规行为也可能会使企业承担连带法律责任或者影响企业的市场声誉。因此,企业也需要结合自身在市场上的地位和客观情况,为第三方合作伙伴提供合规培训,宣传企业的合规理念、价值观和要求,尤其是与第三方合作伙伴关系处理方面的原则、规则和要求等,帮助第三方合作伙伴提升合规管理能力,预防不合规行为的发生。

6. 合规培训方式的多元化。合规培训可以使用多元化的方式以达到最佳的培训效果。一方面,除了传统的线下面对面培训外,随着数字化时代的深入发展,合规培训负责主体可以开发线上合规培训课程,提高合规培训的覆盖率、便捷性、趣味性和可记录性。另一方面,除了单方的宣教外,合规培训负责主体也可以设计合规知识竞赛、有奖问答、互动游戏、角色扮演等各种形式来开展合规培训。

7. 合规培训师资体系。企业的合规师资体系包括内部培训师(以下简称内训师)和外部培训师(以下简称外训师)。其中,内训师是在企业各级培训体系中承担培训课程开发或讲授任务的内部员工。企业应当根据自身的规模和客观需要投入资源培养相应数量的内训师。内训师应当具有一定的资历,具备充足的合规管理知识和实务经验,确保为企业员工提供高质量的合规培训。同时,考虑到合规管理的专业性,企业也可以根据实际需要聘请在特定合规管理领域具有专业能力的外训师,为从事特定合规管理领域工作或者可能涉及高风险合规领域的员工提供专门的合规培训,比如涉及贸易制裁、反垄断等领域。

8. 合规培训完成后管理。合规培训结束后,责任人应按照相关要求及时进行培训评估和总结,归集整理培训资料并移交给培训档案管理人员建立培训档案。员工参加培训情况应当记入培训档案。培训档案内容应包括培训请示(仅针对涉及费用的培训项目)、培训通知、培训安排课程表、实际参训学员名单、参训记录证明材料等。其中,企业合规培训评估工作包括对培训项目和课程的综合评估。根据不同培训类别、内容,可采用不同评估方式,以达成对培训效果的有效衡量,便于合规培训负责主体作出相应的改进和完善。合规培训评估的方式一般包括以下几类:

(1)一级评估:反应层评估,评估受训人员的满意程度,常用方法是培训满意度调研问卷。所有合规培训应至少进行一级评估。标准评估问卷由合规培训负责主体制定,包括对课程内容、讲师讲授、组织管理、满意度等的评估。

(2)二级评估:学习层评估,评估受训人员对于知识技能的掌握程度,常用方法是考试、训后作业等。对于重要的合规专业知识技能类培训、管理类培训可开展二级评估。

(3)三级评估:行为层评估,评估受训人员将培训中所学的知识和技能应用到工作当中并带来相应的行为改变,常用方法是实地观察、关键人物访谈等。对于重大合规培训课题的效果可开展三级评估。

二、合规沟通和宣传

合规沟通与宣传是企业进行合规文化建设的另一重要方式。相较于合规培训在每一场培训活动中受训主体的特定性,合规沟通和宣传的一大特点是面向不特定的对象。合规沟通和宣传的重点不在于向企业的员工专门传达与合规相关的理论知识或者技能,而是通过灵活多样的内容和形式,向大家展现企业的合规理念、价值观和要求,提升全员的合规意识,促进全员合规的氛围、环境和文化的形成。企业在进行合规沟通和宣传方面的建设时,应当关注以下要点:

1. 合规沟通和宣传从企业高层做起。正如前文所述,合规是一把手工程。合规沟通和宣传要真正有效果且得到广大员工的认同,企业高层,包括实际控制人、主要负责人等必须以身作则,带头宣传合规,做好合规的代言人。对此,企业应当安排企业高层利用企业的重大活动、关键会议等就企业的合规管理、合规理念、价值观和要求等进行宣讲,鲜明地表明对于合规无条件支持的立场,为企业合规管理执行主体的各项工作站台。

2. 合规沟通和宣传的内容设计。合规沟通和宣传的内容应当遵循两个规则:(1)对于企业在合规管理方面长期坚持的理念、价值观和要求,合规沟通和宣传应当始终坚持落实;(2)在此基础上,根据合规风险识别与评估的结果及时更新合规沟通和宣传的内容,做到有针对性地预防和应对现时面临的合规风险。

3. 合规沟通和宣传的多元形式。合规沟通和宣传的核心目的在于提升广大员工的合规意识,形成认同。因此,企业在开展合规沟通和宣传时可以采取灵活多样的形式,这些包括但不限于:(1)多元载体,比如线下的大型海报、小型易拉宝、杂志、报刊和各类电子屏等;线上的官网、微信公众号、小程序等。

(2)多样活动,比如合规主题月、合规知识竞赛、合规演讲比赛、合规优秀组织/员工特别奖、专题讲座等。

4. 注重对外的合规沟通和宣传。企业除了集中精力做好对内的合规沟通和宣传外,也应当注重对外的合规沟通和宣传,即针对企业的外部第三方,包括第三方合作伙伴、外部媒体、利益相关方、社会公众等。对外的合规沟通和宣传能够让外部第三方更好地了解企业的合规管理体系以及合规理念、价值观和要求,展现合规竞争力和良好的品牌形象,让外部第三方对于企业建立起更强的信赖。这也反过来可以让企业远离在合规方面理念和价值观大相径庭外部第三方,使企业形成良性的供应链和合作伙伴生态圈,进而助力企业更好地合规经营。对外开展合规沟通和宣传的方式也非常多元,如面向社会公众的合规峰会、合规公开日等。

第七节　不合规行为管理机制

不合规行为管理是指企业监测、举报、调查和处理不合规行为,并据此进行整改的一系列活动。不合规行为主要包括企业内部的组织、人员或者第三方业务合作伙伴实施的违反规范的行为,规范包括但不限于法律法规、监管要求、企业内部规章制度、道德规范或者其他应当遵守的强制性或者非强制性要求。一般而言,不合规行为管理机制主要包括监测、举报、调查、处理和整改等活动。企业与员工之间的利益并非一直保持一致,这是导致员工实施不合规行为的根本原因。因此,企业全面开展合规管理并不意味着企业可以完全杜绝不合规行为的发生。企业需要正视不合规行为存在的客观性和可能性,并通过监测、调查和处理机制及时发现并采取措施予以有效应对,降低因此给企业造成的损失。同时,企业也应通过整改机制对于不合规行为进行根源性分析来发现现有合规管理体系中的缺陷和漏洞,并在此基础上进行整改,让企业的合规管理体系得到不断改进和完善。进一步来说,不合规行为管理机制是企业合规管理的最后一道防线,企业对于不合规行为的认真对待和严肃处理是确保企业建立起公平和公正的价值观以及健康的工作环境,避免企业内部员工之间发生劣币驱逐良币的必要举措。下面将对于不合规行为管理机制的建设要点进行详细介绍。

一、监测

监测是指企业的合规管理组织通过主动行动或者被动接收的方式了解到

已经发生或者正在发生的不合规行为的一系列举措。其中主动行为包括合规检查和数字化检测技术应用,被动接收则包括信息共享机制以及合规举报机制建设等。合规举报机制由于在实务中企业往往会做专门的建设,因此,本书也会在下面单独进行介绍。监测是企业能够发现和处理不合规行为的重要途径。企业对于不合规行为的监测有着非常多元的方式,企业在进行监测的建设时,应当从包括但不限于以下几个方面入手:

1. 建立合规检查工作机制。合规管理组织应当将合规检查计划纳入年度的工作重点中,并对于企业内部的相关组织、部门或者项目从合规性角度开展有计划的检查,其中包括检查合规管理的各项要求的落实情况、存在的偏离情况以及是否存在违规情况等。比如,合规管理组织定期检查企业的销售团队在礼品和款待的使用和处理方面是否满足企业所制定的离谱和款待制度中的相关流程、要求以及相关凭证和证明材料是否真实、全面等。

2. 引入数字化监测技术。除了合规检查外,在数字化时代,合规管理组织应当根据自身的客观情况和实际需求,引入数字化监测技术,让其与企业经营管理的主系统进行融合,使监测技术与主数据进行实时交互,从而确保对于不合规行为的及时预防、发现和处理。比如,在数据合规领域,企业可以自行开发或者购买第三方的数据跨境传输的监测技术,让企业经营过程中发生的每一次数据跨境传输都被实时的记录和分析,对于其中可能发生的违反国家数据安全和个人信息保护的行为或者事件,可以第一时间传达至企业合规管理组织,并由其采取有效的措施予以应对。

3. 建立信息共享机制。这主要包括两个方面:(1)合规管理组织应当与包括创新与战略部、财务管理部、人力资源部、HSE部、法务部等职能部门建立起信息共享机制,由这些职能部门对于在履行各自职务的过程中发现的可能构成不合规行为的情况及时分享给合规管理组织,由其予以处理。比如,财务管理部负责费用管理,在这一过程中,财务管理部的会计团队发现了疑似费用报销舞弊的情况,则财务管理部应当及时向合规管理组织进行通报,并由其开展调查和处理。(2)合规管理组织应当与企业的审计团队或者外聘审计机构建立信息共享机制,对于审计中发现的具有构成不合规行为嫌疑的情况,由审计团队或者外聘审计机构及时向合规管理组织进行报告,并由合规管理组织开展调查和处理。

二、合规举报

合规举报是指企业所建立的让员工和外部第三方可以就其所发现或知晓

的不合规行为,通过特定的渠道或者方式向企业的管理层或者合规管理组织进行报告的一系列制度、文化、技术和工作方式。如果企业建立了令人信服的合规举报机制,这会让员工和外部第三方敢于及时就发现的相关员工的不合规行为向企业的管理层或者合规管理组织进行报告,这可以帮助企业及时采取补救措施,阻止或者应对特定的不合规行为,降低或者消除相关合规风险,进而保障企业和广大员工的合法权益。企业在进行合规举报机制的建设时,应当从包括但不限于以下几个方面入手:

1. 建立合规举报的制度和流程。企业要让合规举报机制被信任和被落实,必须将其制度化和流程化。通过建立合规举报的制度和流程并向全体员工和外部第三方公示,这一方面可以让他们全面了解企业对于合规举报的正面态度;另一方面也可以清楚知道进行合规举报的途径、方式、程序以及举报人所享有的相关权利,包括获取企业合规管理组织反馈的权利、在合理范围内了解举报处理进展的权利等。合规举报的制度和流程可以融入企业的整体合规管理制度中,也可以根据需要单独制定。

2. 设置多元的举报渠道。企业也应当根据客观情况以及技术的发展,设置多元的举报渠道,便于不同类型、知识、文化和国家的主体都能够通过有效途径进行举报。一般来说,举报的渠道可以同时包括热线电话、电子邮箱、有明确收件人的邮寄地址、在办公场所设置的举报信箱、举报二维码等。企业设置的举报渠道应当在企业内部全面公开、积极宣传,比如在企业各个办公场所的醒目位置张贴举报渠道的海报、在各个电子屏上滚动播放、在与第三方业务合作伙伴的合作协议中予以列明等,从而确保全体员工和第三方业务合作伙伴都充分知晓。同时,如果企业具有境外业务,则该等举报渠道还应当具有当地语言的专业接收人员,确保所有的举报都能得到妥善的处理。

3. 倡导直言不讳文化。在完成了制度和流程建设以及举报渠道设置后,企业应当持续倡导直言不讳文化。鼓励广大员工和第三方业务合作伙伴在发现了实际的或者潜在的不合规行为时能够敢于进行举报,让企业的管理层以及合规管理组织及时了解到这些情况。直言不讳文化的倡导可以与企业的合规培训、沟通和宣传体系有效融合,在每一次合规培训、沟通和宣传中都能被重点介绍。

4. 建立合规举报记录机制。企业对于通过各种渠道所获取的举报线索应当由合规管理组织指派专门的人员进行保密、客观、全面且持续的记录,这包括但不限于举报的时间、地点、方式;举报人和被举报人信息;举报的具体事项;举报人的诉求等。为了保障合规举报记录的保密性、客观性、全面性和持续性,企业应当考虑利用信息化和数字化工具，通过管理权限的分级和限制以及全过程留痕的技术控制，在最大限度上确保所有的合规举报记录不被篡改、删除或者灭失。同时，合规举报记录往往也与合规调查和合规处理的台账密切相关，因此，企业应当开发一整套不合规行为全流程管理的信息化和数字化系统，从收到举报到调查和处理都予以客观记录，形成全面的台账，以备内外部的审计或者监管机构的检查。这一套系统可以简称为“××企业案件管理系统”。

5. 保护举报人。对于举报人的保护是合规举报机制有效运行的一个关键部分。在合规举报中，举报人尤其是实名举报人，往往会承受着巨大的心理压力，也担心因自己的举报行为而受到被举报人或者其利益相关方的打击报复。同时，如果企业未能对于举报人进行有效的保护，这也会反向损害合规举报机制的公信力，致使其无法得到员工和第三方主体的信任，进而也无法得到有效运行。因此，企业需要采取有效措施保护举报人，这包括但不限于对于举报人的个人信息严格保密；在合规调查中采取必要措施保障不因调查行为和过程导致被举报人被推理出来；不因举报人的举报而降低其岗位、职级、福利待遇；对于打击报复行为零容忍等。

6. 激励措施。企业也可以根据自身的客观情况建立合规举报的激励措施，对于做有效举报的举报人给予一定的激励，比如特别奖金。但得注意的是，从企业整体文化建设以及员工所承担的合规职责等角度来看，合规举报应当是员工履行其合规职责，展现其在企业中主人翁精神的方式。因此，一般不建议企业对于合规举报设置过高的激励措施，以免让举报成为企业内部的一种风气，反过来影响企业内部健康的文化环境和良好的员工关系。

三、合规调查

合规调查是指企业所建立的，在收到关于不合规行为的举报或发现了存在不合规行为的线索后，由企业内部特定主体或者委托外部专业第三方对该等不合规行为的真实性和严重性等进行查证的活动。合规调查与监测的区别在于，合规调查是基于不合规行为的线索产生后所开展的针对性查证活动，监测则是产生不合规行为线索的活动。合规调查是不合规行为管理机制中的一个承上启下的关键环节，这既是对于通过监测和合规举报所产生的不合规行为的线索予以查证的必要方式，也是进行合规处理和开展合规整改的基础。企业在进行合规调查机制的建设时，应当从包括但不限于以下几个方面入手：

1. 建立合规调查的制度和正当程序。合规调查一旦启动，不论最终是否对于不合规行为的线索查证属实，调查程序本身就会对被调查对象、举报人、企业内部相关人员以及外部第三方业务合作伙伴等主体在生理、心理、工作、人际关系、商业合作等诸多方面产生实质性影响。因此,合规调查虽然必要,但企业在具体开展合规调查时必须慎重、专业,并合理控制限度。对此,企业的合规调查机制必须制度化并坚持贯彻正当程序原则。具体而言,企业应当制定合规调查的专项管理制度,对合规调查的机构、权限、手段、调查程序、被调查对象和证人的权利等予以明确且清晰的规定。同时,企业专门负责调查的组织和调查人员在开展调查时应当坚持正当程序,保障被调查对象、举报人、证人的合法权益,严禁在调查过程中发生包括刑讯逼供在内的侵犯人权的行为。

2. 建立独立的调查组织,配备专业的调查人员。正如上文所述,合规调查对于牵涉其中的各方主体都会产生实质性影响。如果合规调查被那些心术不正的人所利用,则会给企业造成难以想象的伤害。因此,企业在规划和设置合规调查组织时,首先应当重点确保其履行职责的独立性。对此,企业应当为合规调查组织设置向企业合规管理最高权力组织的汇报关系,并为合规调查组织提供充足的办案经费和其他相关保障。同时,合规调查本身具有极强的专业性,因此,企业也应当为合规调查组织配备具有专业能力的调查人员。这种专业能力包括但不限于丰富的案件办理经验、熟练掌握调查取证的技巧、精准理解相关法律法规的要求、专业的调查报告撰写能力等。

3. 做好保密工作。正如上文所述,合规调查对于牵涉其中的各方主体都会产生实质性影响。因此,企业在合规调查的过程中应当坚持“需要知道”的原则,严格控制企业内外部与调查事项无关的人员对于调查过程了解的程度和范围。这一方面可以在最大限度上降低调查过程本身对于企业及其员工的伤害;另一方面也可以保证调查工作的顺利开展。

4. 适格的外部调查机构库。企业应当建立一个适格的外部调查机构库,这主要是为了应对两个方面的情形:一方面,对于涉及政府监管部门可能会介入的不合规行为,比如垄断行为,企业应当在获得这类线索的第一时间聘用适格的外部调查机构开展调查,从而确保整个调查取证的过程和结果的公正性,以便于更好地支持政府监管部门的执法。另一方面,适格的外部调查机构也可以成为企业合规调查组织在应对特定调查难点时的外部支持,帮助企业合规调查组织更为高效地开展调查取证、发现真相。

5. 合规调查的有效记录。在合规调查的过程中,合规管理组织中负责调查的人员应当定期或者在有实质性事项发生时在“××企业案件管理系统”中进行持续记录和更新。

四、合规处理

合规处理是指企业在完成合规调查后，对于被查证构成不合规行为的员工以及对于员工不合规行为发生具有管理责任的中高级管理人员（以下合称违规员工）根据法律法规和企业的规章制度进行处理的活动。合规处理的表现形式主要包括两个方面，即对违规员工予以纪律处分和对员工的不合规行为依法向监管机构进行报告。其中常见的纪律处分方式包括口头警告、书面警告、严重书面警告、在一定期限内不能晋升、降职、降级、奖金调整、解除劳动合同等。向监管机构报告的主要情形包括对员工的违法行为根据法律的要求向行政主管部门进行报告，以及就其涉嫌犯罪行为向公安机关、监察机关等有权机关进行报案等。合规处理与合规调查有着紧密的联系。合规调查为企业管理层开展适当的合规处理提供了事实基础，合规处理是企业管理层基于合规调查的结果所必须履行的职责之一。

适当的合规处理对于企业有着极为重要的作用，包括但不限于以下几个方面：(1)通过对违规员工进行及时且有效的处理，可以阻止不合规行为的持续以及该等行为对于企业所造成的各种不利影响。(2)让全体员工认识到企业合规管理的严肃性，以及违规所需要承担的严重后果，通过树立反面典型对于企图实施不合规行为的员工进行震慑，进而起到预防员工不合规行为发生的作用。(3)通过对员工的不合规行为依法向监管机构进行报告则可以让企业最大限度地减轻或者不承担因员工的不合规行为而需要承担的行政或者刑事法律责任。(4)这也可以保障企业以及其他遵规守纪的员工的合法权益，防止发生企业内部劣币驱逐良币的恶性循环。

基于上述情况，企业在对于合规处理机制的建设时，应当从包括但不限于以下方面入手：

1. 建立合规处理的规章制度。合规处理会直接涉及员工的切身利益，因此，在合规调查所查证的事实的基础上，每一个纪律处分决定都应当有相关的制度依据，这些制度依据可以是企业单独制定的奖惩管理制度，也可以是员工手册中的奖惩规定。值得注意的是，这类制度的内容需要经过民主程序以确保合法有效。

2. 合理安排合规处理决定的主体。有权作出合规处理决定的主体应当由企业内部具有权威且客观中立的主体负责。结合合规管理组织中的介绍以及目前合规管理实践，合规处理决定的主体主要包括合规管理最高权力组织以及合规管理协调组织，他们会分别负责相应级别的员工的违规处理。同时，对于级别相对较低的违规员工,企业也可以设置相对敏捷的处理决定主体,比如由违规员工的直线经理+1、人力资源业务伙伴、法律顾问和合规管理业务伙伴组成专案的合规处理决定敏捷组织来进行决策。

3. 合规处理的正当程序。合规处理应当建立起正当程序,包括:保障违规员工的知情权和意见发表权;处理决定应当经过充分讨论并集体决定;处理决定应当送达违规员工。

4. 合规处理的及时性、全面性、合理性和一致性。从及时性角度,合规处理应当在合规调查完成后及时对违规员工进行处理,消除影响、排除妨碍;不能无故拖延或者纵容违规员工的不合规行为继续实施或者存续。从全面性角度,针对一特定不合规行为,合规处理的对象应当级包括直接责任人的直接责任,也应当包括主要领导责任人和重要领导责任人所应当承担的管理责任,不能根据主观上的好恶,而只追究部分人的责任,造成处理上的不公正。从合理性角度,合规处理应当与企业在对应时期所面临的合规风险的严重情况以及违规员工不合规行为的危害程度相对称。从一致性角度来看,针对相同或者类似的不合规行为,在企业所面临的客观环境没有实质性变化的情况下,在后的合规处理应当与先前已经作出的保持一致。

5. 合规处理的有效记录。合规处理决定的作出过程、最终决定以及纪律处分的执行情况、依法向监管部门报告的情况等都应当被客观记录。这些信息应当在"××企业案件管理系统"中进行持续记录和更新。

6. 合规处理结果的持续管理。合规处理的结果应当被持续管理,尤其是违规员工所受到的纪律处分根据企业规章制度具有持续性效果,比如因被记过而在一定期限内无法得到晋升;因不合规行为而被解除劳动合同则在再次被录用时需要合规管理组织特别审批等。对此,企业合规管理组织应当与包括人力资源部在内的其他职能部门建立起信息共享机制,确保合规处理结果中需要持续管理的部分得到有效落实。

7. 依法向监管部门报告。对于员工的不合规行为,比如涉嫌垄断、侵犯个人信息、刑事犯罪等,企业合规管理组织应当及时向有关监管部门进行披露和报告,并积极配合监管部门的调查和执法工作。

五、合规整改

合规整改是指企业基于合规调查对于不合规行为的发生原因进行根源性分析或者通过开展监测、审计等方式,发现企业合规管理体系或者专项合规整改计划中存在的漏洞和缺陷,进而采取救济措施予以弥补或者改进的活动。合规整改虽然与包括合规举报、合规调查和合规处理之间有密切的联系，但合规整改是一个独立的管理机制，合规整改的管理主体往往也与开展合规调查和处理的主体分别设置。

合规整改主要有两种形式，即针对性整改和持续性整改。针对性整改是指企业基于合规调查对于不合规行为的发生原因进行根源性分析，发现企业合规管理体系或者专项合规整改计划中存在的漏洞和缺陷，进而有针对性地采取救济措施予以弥补或者改进的活动，防止相同或者类似的不合规行为不会再次发生。比如，通过一起交通费用虚假报销的案件，企业发现原先的报销制度中并不要求员工们就网约车费用的报销材料中提供行程单，这就给了员工将其他的网约车费用作为因公的交通费用报销的舞弊空间。对此，企业完善了报销流程，将网约车行程单作为报销的必要材料，让员工的每一笔交通费用报销的实际发生情况都变得清晰明确。这一完善措施实施后，企业交通费用支出金额有了一定程度的降低。持续性整改是指在针对性整改的基础上，企业结合自身的特点和经营发展实际，按照本行业的合规建设指引以及其他相关标准，通过战略研判、风险识别与评估、日常监测和审计等活动对于企业的合规管理体系以及相关专项合规整改计划进行改进和提升。合规整改机制能够让企业的合规管理体系和专项合规整改计划具有持续发展和完善的能力，防止发生“纸面合规”。企业在对于合规处理机制进行建设时，应当从包括但不限于以下几个方面入手：

1. 明确合规整改的牵头主体。合规整改的牵涉面一般都比较广泛。因此，在企业内部应当设置合规整改的牵头主体，对于每一合规整改项目从计划、实施、阶段性报告和结项等进行全流程的管理。这一牵头主体可以结合企业的实际情况，由合规管理组织中安排专门的主体负责，也可以由企业所设置的项目管理组织来负责。

2. 合规整改方案的磋商机制。合规整改所涉及的是与企业合规管理相关的具体的或者体系性的问题，其中有一大部分的整改任务需要由合规管理组织以外的其他职能部门，比如财务管理部、人力资源部、创新与战略部等来负责完成。同时，合规整改方案的执行对于企业合规风险的管控有着实质性的影响，因此，合规整改方案的制定应当综合考虑企业各方面的影响因素，包括企业的性质、类型、规模、组织架构、业务范围、行业特点、产品、服务、经营模式等客观情况。对此，企业的每一项整改方案应当由合规管理组织与相关职能部门进行充分的沟通和交流，在符合企业实际情况的基础上确保切实可行。

3. 合规整改持续跟进和有效记录。合规整改方案出台后，合规整改的牵头主体应当持续跟进整改的落实情况并做好记录工作。值得注意的是,由于合规整改虽然与合规调查有着密切联系,部分整改活动的起因也是合规调查的发现,但两者相互独立。如果让合规整改与合规调查予以捆绑,则会影响合规调查中每个案件的结案时间,也超出了合规调查负责主体的管理权限。因此,对于合规整改的跟进和记录,企业可以根据自身实际情况开发一套独立的信息化和数字化系统或者在“××企业案件管理系统”建立一个独立的板块,设置独立的管理权限。

第六章　企业合规管理体系评估

第一节　企业合规管理体系的有效性

企业合规管理体系的有效性，是指企业建立的合规管理体系能良好运行，包括但不限于指引企业及其员工做正确的事；发现、预防或阻止不合规行为；对于发生的不合规行为及时救济和改正并能以此为经验教训来持续的自我进化和提升。企业合规管理体系有效性评估是指企业自身或者外部第三方结合企业自身的企业类型、规模、业务范围、行业特点等，以及国际或者相关法域所规定的法律、法规、标准、习惯等对于企业现有的合规管理体系的有效性所作出的评估。

企业是否建立了有效的合规管理体系是监管机关和司法机关在对于企业进行行政处罚和定罪量刑时的一个必要因素，是商业合作伙伴在评估是否要与企业开展或者保持商业合作的一个核心指标，也是企业对于社会公众的责任保证和进军国际市场的准入条件。

企业合规管理体系是一个系统性工程，这包括企业开展合规管理时所建立的方针和目标，以及实现这些目标的过程中所涉及的人、财、物和配套的管理行为和流程等各种要素的总和。因此，在对于企业合规管理体系进行有效性评估时，评估主体也需要建立系统性的评估维度，这既包括静态的合规制度、合规组织等方面的建设，也包括动态的合规管理体系的运行。

我国对于企业合规管理体系有效性的重要性有着充分的认识，也对于开展企业合规管理体系有效性的评估因素做了各方面的探索。比如，在部门规章等正式法律渊源方面，2022 年 10 月 1 日生效的《合规管理办法》第 4 条规定："国资委负责指导、监督中央企业合规管理工作，对合规管理体系建设情况及其有效性进行考核评价，依据相关规定对违规行为开展责任追究"；第 27 条规定，"中央企业应当定期开展合规管理体系有效性评价，针对重点业务合规管理情况适时开展专项评价，强化评价结果运用"。在规范性文件方面，2018 年发布的《合规管理指引》第22条规定:“开展合规管理评估,定期对合规管理体系的有效性进行分析,对重大或反复出现的合规风险和违规问题,深入查找根源,完善相关制度,堵塞管理漏洞,强化过程管控,持续改进提升。”2022年4月发布的《涉案企业合规建设、评估和审查办法(试行)》对于涉案企业的合规建设以及合规评估的重点内容和方法等方面作出了系统的规定。其中对于涉案企业合规建设评估的重点内容包括:(1)对涉案合规风险的有效识别、控制;(2)对违规违法行为的及时处置;(3)合规管理机构或者管理人员的合理配置;(4)合规管理制度机制建立以及人力物力的充分保障;(5)监测、举报、调查、处理机制及合规绩效评价机制的正常运行;(6)持续整改机制和合规文化已经基本形成。除了部门规章和规范性文件以外,中国化学制药工业协会发布的团体标准《医药行业合规管理规范》(T/PIAC 00001—2020)以及中国中小企业协会发布的团体标准《中小企业合规管理体系有效性评价》(T/CASMES 19—2022)也都对特定类型的企业以及相关行业的合规管理体系的有效性进行了卓有成效的探索。

我国上述评估合规管理体系有效性的探索和实践对于企业合规在中国的发展有着关键的推动作用。与此同时,考虑到美国在企业合规管理方面有着成熟的立法经验和丰富的执法经验,对此,本章将通过详细介绍美国在企业合规管理体系有效性评估方面的代表性文件,即美国司法部刑事局(U. S. Department of Justice Criminal Division)发布的“Evaluation of Corporate Compliance Program (Updated June 2020)”(《企业合规管理体系评估(2020年6月更新)》,以下简称《企业合规管理体系评估》)。通过对这一代表性文件的介绍,本书拟向大家就企业合规管理体系有效性评估的核心要素和系统性思维提供他山之石。

第二节　《企业合规管理体系评估》概述

一、《企业合规管理体系评估》发布前美国法律中关于企业合规管理体系的规则积累

《企业合规管理体系评估》发布前美国法律中关于企业合规管理体系的规则积累包括以下几个方面:

1.《司法部执法手册》(JM)第9部分“联邦对于商业组织提起指控的原

则”列举了检察官对于一个企业在开展调查,决定是否提出指控以及协商辩诉交易或者达成其他协议等方面所需要考虑的特定条件(JM 9-28.300)。这些条件包括:“当发生犯罪或者检察官做出指控决定时,企业是否有一个适当且有效的合规管理体系”;“企业是否采取了救济手段来设置合规管理体系或者将已有的合规管理体系做改进”(JM 9-28.300)(引用自 JM 9-28.800 和 JM 9-28.1000)。

2.《美国量刑指南》(U.S.S.G.)也明确规定当犯罪行为发生时,企业是否有一个有效的合规管理体系也是应当被纳入罚金计算的量刑因素。[U.S.S.G. §§8B2.1、8C2.5(F)和8C2.8(11)]。

3.由助理司法部长 Brian Benczkowski 发布的名为《刑事局事务中的监管人选任备忘录》(以下简称《Benczkowski 备忘录》)中明确地指示检察官在做出处理决定时应当考虑以下因素以评估监管人是否称职:“企业是否在建立或者提升自己的合规管理体系和内部控制系统方面做出过重大投资”以及“是否对现有的合规管理体系和内部控制系统所采取的补救性改进进行了测试以证明这些体系和系统可以在未来阻止或者发现类似的犯罪行为。”

二、《企业合规管理体系评估》出台的目的

《企业合规管理体系评估》出台的目的在于帮助检察官在发生犯罪时以及在检察官做出指控决定或者处理决定时,就企业的合规管理体系是否有效以及有效的程度做出正确的判断,进而帮助检察官在以下几个方面做出正确的决定:(1)对于案件做出处理决定或者指控决定;(2)处以罚金(如果需要);(3)在对公司的刑事处理决定中附加相应的合规义务(如设定监管期或者定期报告义务)。

三、《企业合规管理体系评估》中开展评估的基本原则

《企业合规管理体系评估》认为,开展企业合规管理体系有效性的评估所应遵循的基本原则是全面考察与企业相关合规管理体系运行相关的内外部因素进而对该体系的有效性做出综合的评估。具体而言,对于企业合规管理体系有效性的评估应当在特定刑事案件的具体情况下进行,美国司法部刑事局并不会用僵硬的标准和公式来“一刀切”地评估企业的合规管理体系的有效性。因此,《企业合规管理体系评估》认为每个公司的风险状况和降低风险的解决方案都值得开展个性化的分析。

相应地,美国的检察官需要对于个案中的企业合规管理体系的有效性,综

合考虑包括但不限于以下因素以做出合理的决定:企业的规模、企业所属行业、企业所属的地理区位、企业所属的监管环境和其他企业内外部对企业合规管理体系可能产生影响的因素。

四、《企业合规管理体系评估》中用以考察企业合规管理体系有效性所提出的三个基本问题

虽然《企业合规管理体系评估》中对于合规管理体系有效性评估的基本原则是要求结合特定企业在具体案件中的内外部因素做综合评估,但《企业合规管理体系评估》同时也认为在对合规管理体系的有效性进行评估时需要围绕一些共性的问题进行。正如《司法部执法手册》所批注的,检察官应当在评估企业合规管理体系有效性时,综合考虑三个基本问题(来自 JM9-28.800),它们是:(1)企业的合规管理体系是否经过良好的设计(设计的有效性);(2)企业的合规管理体系是否被认真且善意的适用?换句话说,企业是否为自己的合规管理体系的有效运行配备了充足的资源和授权(执行的有效性);(3)企业的合规管理体系在实践中是否能够真正起作用(应对不合规行为的有效性)。

《企业合规管理体系评估》对于这三个基本问题所涉及的相关主题和内容进行了分解和细化,下面将对应分三节予以介绍。

第三节　企业的合规管理体系设计的有效性标准

《司法部执法手册》中提道:"在对于企业合规管理体系进行评估时所应考虑的关键因素包括企业的合规管理体系是否有经过良好的设计以确保对于员工的错误行为可以最大限度地被阻止和发现;企业的管理者是否在强力推行合规管理体系;抑或默许鼓励或者迫使员工实施违法犯罪行为"(JM9-28.800)。

进一步来说,检察官在办理案件时应当检验涉案企业"合规管理体系的全面性"(JM9-28.800),确保合规管理体系中不仅有对于错误行为零容忍的清晰信息,也有制定相应的政策和流程,通过适当的分配权责、充分的培训和有效的奖惩体系等方式,以确保企业的合规管理体系与企业的日常经营和全体员工紧密地融合在一起。下面将系统介绍用以认定企业合规管理体系经过良好设计所需要的关键要素。

一、风险评估

《企业合规管理体系评估》认为，检察官在对企业合规管理体系是否是经过良好设计这一问题做论证时所需要考虑的起点是从商业角度来理解企业的业务，企业识别、评估和定义它的风险状况的方式以及企业的合规管理体系在应对不同层次的风险所投入的相应的审慎审查和资源。简单来说，检察官应当努力去理解企业选择建立它目前所适用的合规管理体系的原因以及这一合规管理体系在过去不断发展和改进的原因和方式。

正如《司法部执法手册》中提到的，检察官应当考虑企业的合规管理体系是否"经过设计具备可以发现在特定的企业业务线中，员工所可能实施的特定种类的不合规行为的功能"以及了解"复杂的监管环境"(JM9-28.800)。举例来说，检察官应当考虑该企业是否已分析过所面临的多变的风险并设法予以解决，这些风险来自包括企业经营所处的地域，所属的行业类别，所在市场的竞争情况，所处的监管环境，潜在的客户和商业合作伙伴，与外国政府的交易，向外国政府关于的付款，对于第三方的使用，礼品、差旅和款待费用的处理，公益捐赠和政治性捐献。

与此同时，检察官应当考虑"企业在开展风险评估方面的有效性和基于风险评估企业合规管理体系所做的专门的设计和建设"以及企业的合规管理体系是否"定期基于风险评估进行更新"[请见 JM-9-47-120(2)(c)、U.S.S.G. §8B2.1(c)]。换句话说，企业应当定期对自身构成刑事犯罪的风险进行评估并应当采取适当措施来设计、实施和更新企业合规管理体系，进而降低构成刑事犯罪的风险。

《司法部执法手册》进一步提到，检察官应当对于建立以风险导向为基础且对于高风险的交易均投入了充分的注意和资源的合规管理体系的质量和有效性予以信任，即使该等合规管理体系仍然未能防范住不合规行为的发生。在此情况下，检察官应当考察，作为一个有效的以风险导向为基础的合规管理体系，当发生了新的风险时(如未能防范住的不合规行为)，企业的合规管理体系"是否有吸取教训并做出针对性的改进"(JM9-8.800)。

综合上述，在对于风险评估机制的有效性进行评估时可以从以下四个方面及其各自的细化角度入手：

1. 风险管理流程。企业采取怎样的方法论来识别、分析和解决它所面临的风险？企业收集和使用什么样的信息和指标来帮助企业发现相关的不合规行为？企业收集的这些信息或指标是如何让企业的合规管理体系知晓？

2. 风险导向的资源分配。相比于高风险领域，比如向第三方咨询顾问支付可疑付款、可疑的交易活动或给予转售商、经销商不合常理的折扣，企业是否在低风险领域的监管方面投入了不合理比例的过多的时间？相比于金额一般且常规的款待和娱乐活动，企业是否对于高风险的交易（比如企业与一个高风险国家的政府的代理机构所要签署的一份金额极高的合同）进行了更为审慎的审查？

3. 更新和改进。企业的风险评估是否是最新的，并会定期做回顾和审查？企业的风险评估是仅限于“蜻蜓点水”式地完成任务还是通过对于企业各个职能和业务板块的经营数据和信息的持续分析来开展风险评估？企业的定期风险评估是否可以启动企业政策、流程和内部控制的更新？这些政策、流程和内部控制的更新是否可以应对合规管理体系通过不合规行为或其他问题所发现的风险？

4. 经验教训。企业是否具有一个流程，即将企业自己先前所发生的或者属于相同行业或者相同地区的其他企业所发生的经验教训能够吸收进自己的定期风险评估中？

二、政策和流程

企业良好设计的合规管理体系与政策和流程的建设密不可分。政策与流程一方面可以通过其内容和效力来建立企业的道德标准，另一方面可以应对和降低通过风险评估所识别的风险。在政策和流程的建设中，作为一个进入门槛的事项，检察官应当审查企业是否制定了一部行为准则。这部行为准则既能够被企业全体员工所获取且适用于全体员工，又能够展现企业对于相关联邦法律的全面遵守承诺。以此类推，检察官也应当评估企业所建立的政策和流程是否将合规文化和理念融入它的日常业务开展中。

综上所述，对于政策和流程的有效性的评估可以从以下五个方面及其各自的细化角度入手：

1. 设计。企业在设计和执行新的政策和流程、更新已有的政策和流程的程序是什么？这套程序是否也会随着时间的推移而改进？有哪些责任主体参与政策和流程的设计中？企业是否在政策和流程发布之前充分征询了业务单元的意见？

2. 完整性。企业做出了什么样的努力以使企业的政策和流程能够反映出并应对企业所面临的各层级的风险，包括外部法律和监管环境的变化？

3. 可获取性。企业是通过怎样的途径来将它的政策和流程与全体员工和相关第三方做沟通？如果企业有境外的分支机构，企业是否在政策和流程的沟通方面有语言或者其他障碍影响到境外员工的获取和理解？企业的政策和流程是否为了便于参考，发布在可以搜索到的平台上？企业是否有设置追踪功能，以便于理解哪些政策和流程被相关员工关注和获取？

4. 经营整合的职责。企业中的哪些主体承担整合政策和流程的职责？这些政策和流程的落实是否是以一种确保员工能够理解的方式实现？企业采取了哪些具体的方式来使合规政策和流程通过企业的内部控制系统得到强化？

5. 设置控制者。在内部控制流程中，企业给流程的各级控制者（比如在政策和流程中具有审批权或者认证职责的主体）提供了什么样的指引和培训？这些控制者是否知道他们在所需要检查和关注的不合规行为是什么？这些控制者是否知道在何时以及以何种方式来上报所发现的问题和顾虑？

三、培训与沟通

良好设计的合规管理体系的另一个特征在于适当且专门制定的培训和沟通机制。

检察官应当对于公司所采取的相关措施的有效性进行评估，这些措施是确保公司的政策和程序被整合进入组织内，包括通过定期的给与所有的董事、管理者、相关员工和第三方代理人、商业合作伙伴等提供培训并出具培训的证明。检察官也应当评估企业在信息的传递方面是否采取了专门设计过的形式，包括考虑受众的规模、复杂度和专业水平。举例来说，有些企业会通过给予员工实用的建议或者案例分析来解决真实场景下的问题，和/或提供指引来让员工知晓如何获取合规方面的建议，进而帮助员工解决个案中的问题。也有一些企业会花费成本来举办一些时间更短但更具有目标性的培训项目，以使员工可以及时识别和提高合规意识，以满足合规、内审或其他风险管理职能的需要。检察院也应当评估现有的培训机制是否可以包含先前发生过的合规事件以及企业如何来检验自身的合规培训课程的有效性。

同时，《司法部执法手册》也提到，检察官应当检验企业的合规管理体系是否得到有效的宣传和传播，让员工们能够得到充分的理解。这样的合规管理体系才能被认为是真正有效（JM9-28.800）。

综上所述，对于合规培训和沟通的有效性的评估可以从以下四个方面及其各自的细化角度入手：

1. 以风险为基础的培训。企业对于具有相关控制职能的员工提供了什么样的培训？企业是否对于工作上有高风险和需要管控的员工提供了专门的培训，包括针对不合规行为发生所对应的风险进行应对和处理的专门培训？具有监督职责的员工是否有权获得不同的或者额外的培训？企业是否有做过专门的针对哪些员工需要被培训以及哪些培训主题等的分析和研究？

2. 培训的形式、内容和有效性。培训是否以合理的形式和语言提供给受众？培训是以线上的形式或者面对面的形式（或两者兼有）提供给受众；以及企业选择这样的形式的合理性是什么？培训的内容是否有涉及企业先前发生过的合规事件以及因此所产生的经验教训？不论是线上培训还是线下的面对面培训，企业的员工是否能够对于培训的内容进行提问？企业是通过怎样的形式来检验合规培训的有效性？企业是否有采取措施来检验员工在培训中的所学和所识？企业是如何处理那些完全未能通过合规培训测试或者部分未能通过测试的员工？企业是否有评估过合规培训对于接受过的员工的行为和经营活动的影响情况？

3. 对于不合规行为的沟通。企业的高级管理人员采取过哪些行动来让员工知晓企业对于不合规行为的态度？在一般情况下，企业对于被开除的员工或因违反公司的政策、流程或者内部控制等被纪律处分的员工会做什么样的沟通（比如对于不合规行为和违规事件以及对应的纪律处分等进行匿名化处理后的说明）？

4. 指导的可获取性。企业会通过什么样的资源来向员工提供与合规政策相关的指导？企业是如何评估它的员工是否知晓在何时去征求意见以获得指导以及员工是否愿意去提出这样的需求？

四、保密的报告机制和调查程序

良好设计的合规管理体系的另一个特征在于企业建立了一个有效率且值得信赖的报告机制。在这一机制下，员工可以通过匿名或者保密的方式提出控告，以针对违反企业行为准则、政策的行为或者涉嫌或事实上已经发生的不合规行为。

检察官应当评估企业的举报处理流程是否包含了采取积极主动的措施来营造一个不惧怕打击报复的工作环境；举报能够被以适当的流程提交；“吹哨人”（举报人）能够被得到有效的保护。检察官也应当对于企业就收到的举报所开展的调查的流程进行评估，这包括由合适的人选来处理举报；及时的完成调查以及对于调查结果的适当跟进和做出适当的纪律处分。

正如《司法部执法手册》所提到的，保密的报告机制可以高度地证明一个企业是否已经“建立起能够有效的发现和阻止不合规行为的企业治理机制”

(JM9-28.800)。同样的论述也可见于《美国量刑指南》:一个有效运行的合规管理体系需要有一个机制,即允许员工或者第三方可以在不惧打击报复的情况下,通过匿名或者保密的形式就与该企业相关的潜在的或者实际发生的犯罪行为进行报告或者寻求指导[U.S.S.G. §8B2.1(b)(5)(C)]。

综上所述,对于保密的报告机制和调查程序有效性的评估可以从以下四个方面及其各自的细化角度入手:

1. 报告机制的有效性。企业是否有建立可以匿名报告的机制,如果没有建立,那不建立的原因是什么?企业的报告机制是如何向员工和其他第三方予以公开的?这一报告机制是否被实际适用过?企业是否采取行动测试员工是否知晓合规热线以及员工是否愿意使用它?企业是采取怎样的方式来评估受到的举报所反映的事情的严重性?企业的合规部门是否有充分的权限来获取报告的信息和基于调查所需要的相关信息?

2. 适格主体所开展的适当且彻底的调查。企业是以怎样的形式来对举报或危险信号做出需要进一步调查的决定?企业应如何来确保合规调查得到了充分的开展?企业采取了哪些措施来确保调查的独立性、客观性、适当地开展以及恰当地被记录和留档?企业是如何来决定开展调查的负责主体,以及由谁来做出负责调查人选的决定?

3. 调查结果的应对。企业是否建立了确保响应的时效指标?企业是否有关于调查结果进行检查的流程以及对调查中的任何发现或者建议做出反应的职责安排?

4. 资源配备和结果的追踪。企业的报告和调查机制是否得到了充足的资金支持?企业是如何收集、追踪、分析和使用从它的报告机制中所获取的信息?企业是否定期对报告或通过调查的发现进行分析,以明确不合规行为的类型或者其他在合规方面的缺陷的危险信号?企业是否定期测试合规热线的有效性,比如对于一个报告从起始到完结的全程进行追踪和跟进?

五、第三方合作伙伴管理

良好设计的合规管理体系应当对企业与其第三方合作伙伴的关系适用以风险为基础的尽职调查。尽管对于第三方合作伙伴所采取的适当的尽职调查需要根据第三方和相应交易的规模和性质来决定,检察官应当评估企业对于第三方合作伙伴在其资质和企业与第三方合作伙伴的关联性等方面的理解程度。这些第三方合作伙伴包括企业的代理人、咨询服务提供方和经销商。对于第三方合作伙伴开展尽职调查是因为第三方合作伙伴往往是企业用来掩盖不合规行为的一种方式,比如在国际贸易中,企业通过第三方合作伙伴来向外国政府行贿。

检察官也应当评估企业是否知晓在交易中使用第三方合作伙伴的商业合理性以及第三方合作伙伴所可能带来的风险,包括第三方合作伙伴的声誉,以及其与外国政府官员之间关系(如有)。举例来说,检察官在进行审查时应当分析企业是否确保了其与第三方合作伙伴的合同条款清晰地载明了需要第三方合作伙伴提供的服务,第三方合作伙伴是否实际履行以及给予第三方合作伙伴的对价是否与所在行业和地区的标准相称。检察官应当进一步评估,企业在与第三方合作伙伴的合作过程中是否通过尽职调查、培训、审计和/或对第三方合作伙伴的年度合规认证来持续地监管与第三方合作伙伴的关系。

正如《司法部执法手册》所提到的,企业对于第三方合作伙伴在实践中的管理是检察官评估并决定企业的合规管理体系是否在事实上能够“发现最有可能在特定的企业的相关业务线中发生的特定不合规行为”(JM9-28.800)。

综上所述,对于第三方合作伙伴管理有效性的评估可以从以下四个方面及其各自的细化角度入手:

1.基于风险所设计以及与企业相关管理流程的融合。企业对于第三方合作伙伴管理的流程如何与企业已经识别的风险的性质和层级进行匹配和应对?企业对于第三方合作伙伴管理的流程如何与企业关于采购和供应商管理的流程进行融合?

2.恰当管控。企业是如何确保在使用第三方商业合作伙伴时具有适当的商业合理性?如果第三方商业合作伙伴被牵涉进根本性的违规事件中,那企业使用第三方商业合作伙伴的合理性是什么?企业通过建立什么样的机制来确保企业与第三方商业合作伙伴的合同条款中所清晰载明的服务得到履行;合同中付款条款的合理性;与合同相关的工作得到了履行以及企业支付给第三方商业合作伙伴的对价与其所提供的服务是否相称?

3.关系管理。企业如何考虑和分析给予第三方商业合作伙伴的报酬和激励机制的结构以防止发生合规风险?企业如何监督第三方商业合作伙伴?企业是否对于第三方商业合作伙伴有审计的权力以审查该第三方的财务账目,以及企业是否曾经行使过审计权?企业如何来对具有管理第三方商业合作伙伴职责的经理们做培训,以使他们了解相关的合规风险以及如何来处理这些风险?企业如何激励第三方商业合作伙伴以合规和道德的方式行事?企业是否在与第三方商业合作伙伴的整个合作期内都对其开展风险管理,或者主要是在引入第三方商业合作伙伴时对其开展风险管理?

4. 现实行动和结果。企业是否对于尽职调查发现的第三方商业合作伙伴的危险信号及其处理结果等进行追踪？企业是否对于那些没有通过尽职调查或者被终止合作的第三方商业合作伙伴予以持续的跟进，并采取措施确保这些第三方商业合作伙伴之后也不会被引入合作或者重新合作？如果第三方商业合作伙伴涉及一个正在讨论中的调查案件中，企业对于相关的危险信号是否在尽职调查中或者与其建立合作关系后已经识别，以及这些危险信号在当时是如何解决的？是否有存在类似危险信号的第三方商业合作伙伴曾经因合规原因被暂停合作、终止合作或者被审计？

六、兼并与收购

良好设计的合规管理体系应当对被收购的目标企业开展完整的尽职调查，也应当建立一个让被收购的主体能够整合进企业现有的合规管理体系以及内部控制系统中的流程。在可能的前提下，兼并和收购前的尽职调查能够帮助实施兼并和收购的企业更准确地评估每一个目标企业的价值，也能够据此就目标企业先前所发生且因承担责任的腐败或者其他不合规行为的成本进行协商。在并购前或者并购后所开展的尽职调查以及整合如果存在缺陷或者未能完成，这会致使目标公司的不合规行为持续发生，进而损害目标公司的商业利润和声誉，以及带来民事或者刑事责任的风险。

企业能够让被收购的目标企业接受适当尽职调查的程度显示了企业的合规管理体系是否能够有效地让它的内部控制体系和不合规行为处理的能力在目标企业内部的各个层级得到落实。

综上所述，在兼并与收购方面对于合规管理体系有效性的评估可以从以下三个方面及其各自的细化角度入手：

1. 尽职调查程序。企业是否有能力完成并购前的尽职调查，如果不具备这样的能力，具体是基于怎样的原因？被收购的目标企业的不合规行为或者产生不合规行为的风险是否在尽职调查的过程中被识别？被兼并/收购企业的风险审查是由什么主体来开展以及这一审查如何完成？企业通常的兼并与收购尽职调查程序是什么？

2. 在兼并与收购流程中的合规职能的整合。企业的合规职能是如何整合进入兼并、收购和整合的流程中？

3. 尽职调查与贯彻落实之间的流程衔接。企业已经建立的对于在尽职调查过程中所识别的不合规行为或者产生不合规行为风险进行跟踪和处理的流程是什么？企业已经建立的对于新收购的企业执行合规政策和流程，以及开展收购后审计的流程是什么？

第四节　企业的合规管理体系执行的有效性标准

这一主题的另一种表述是“企业是否为自己的合规管理体系有效运行配备了充足的资源和授权？”具体来说，即使是经过良好设计的合规管理体系也存在着在实践中无法成功的可能性，尤其是合规管理体系在执行过程中的松懈或者缺少充足的资源支持，进而导致合规管理体系的无效。正如《司法部执法手册》所提到的，检察官应当仔细探查企业的合规管理体系是“纸面上的合规”，还是一个“以有效的方式恰当地执行、定期回顾并改进的合规管理体系”(JM9-28.800)。此外，检察官应当决定“企业是否已经为员工个人充分提供了对于企业在合规方面的努力而产生的成果的审计、记录、分析和应用”(JM9-28.800)。检察官也应当决定“企业的员工是否充分知晓企业的合规管理体系以及对于企业承诺遵守该合规管理体系的各项要求的信任”(JM9-28.800)；这同样体现在《司法部执法手册》的另一条款中，即一个有效的合规管理体系的标准包括“企业的合规文化，包括员工们所建立起的合规意识，即企业对于包括会引起调查在内的任何犯罪行为都绝不容忍”[JM9-47.120(2)(c)]。

下面将系统介绍用以认定企业是否为自己的合规管理体系的有效运行配备了充足的资源和授权所需要的关键要素。

一、高级和中级管理人员的合规承诺

超出企业的合规架构、政策和流程之上，在企业的各个层级上建立和推动以遵守法律为基础的道德和合规文化极为重要。合规管理体系的有效运行要求企业的领导团队对于从企业中层到高层共同贯彻合规文化做出高级别的承诺。

企业的最高管理层，包括董事和管理人员，应当为整个企业在合规文化方面设定基调。检察官应当审查企业的高级管理人员在对于企业合规文化宣传方面做到的程度，这包括清晰阐明企业所遵从的道德标准；以清楚明确的条款将这些道德标准进行传播并以身作则的遵守。检察官也应当审查企业的中级管理人员是如何来进一步强化这些道德准则，并鼓励下属的员工们予以遵守。正如《美国量刑指南》的规定：企业的“管理层应当对于企业的合规管理体系的内容和运行方式有着充分的认知和理解并应当采取适当措施来监管这一体系

的运行”;“企业的高级别人员有责任确保企业的合规管理体系有效运行”[U. S. S. G. §8B2.1(b)(2)(A)-(C)]。

综上所述,对于企业在合规管理体系有效运行条件中的高级和中级管理人员的合规承诺方面有效性的评估可以从以下三个方面及其各自的细化角度入手:

1. 企业高级管理层的行动。企业的高级管理人员是如何通过他们的言与行来支持企业的合规管理体系的运行或者打击违反合规的行为,比如,对于合规调查中所查实的不合规行为的处理?企业的高级管理人员曾采取了什么措施来展现在企业合规管理和对不合规行为做出补救努力方面的领导力?企业的高级管理人员是怎样在下属面前做好行为的榜样?企业的管理人员是否曾在为了获取新的业务或更高的利润方面而放任发生更大的合规风险?企业的管理人员是否曾鼓励员工通过实施不道德的行为来达成商业目的,或者曾阻碍企业的合规管理人员有效履行他们的合规管理职责?

2. 共同的承诺。企业的高级和中级管理人员(中级管理人员如:企业中承担商业和运营、财务管理、采购管理、法务和人力资源等职能管理职责的人员)曾采取过怎样的行动来展现他们遵守合规的承诺以及对于合规管理人员支持的承诺,包括他们对于不合规行为所做出补救的努力?他们是否曾在面对利益冲突或者商业机会时仍然坚持遵守他们的承诺?

3. 对合规管理体系的运行进行监管。企业的董事会成员已经具备什么样的合规专业知识?企业的董事会和/或外部审计团队是否曾与企业的合规和内控职能部门举行过高级别的或者闭门的会议?企业的董事会和高级管理人员在对发生不合规行为的领域开展监管工作时会对什么样的信息进行审查?

二、自主权和资源配备

合规管理体系的有效运行也需要那些承担对合规管理体系进行日常监管的责任主体在开展工作时有充分的权威和地位。作为一个门槛问题,检察官应当评估企业的合规管理体系是如何来构造的。进一步来说,检察官应当考察企业对于其合规职能部门的人员和资源配备的充足性,具体而言,企业内负责合规管理职责的人员是否具有:(1)在企业中足够的资历;(2)充足的资源,即充足的人力来有效开展必要的审计、记录和归档以及分析和研究;(3)来自管理层授予的充分的自主权,比如合规管理人员可以直接向董事会或者审计委员会进行报告,而不受企业其他部门的制约。当然,上述任一部分的充分性取决于企业自身的规模、结构以及风险情况。正如《美国量刑指南》注释中所说明的,

“大型的组织应当相较于小型组织在运营的正规性和资源等方面做更大地投入”。“小型组织则可能需要借助于更加简单的架构和流程,以及在运营方面投入相对少的资源来确保存续和发展”[U. S. S. G. § 8B2. 1(b) note 2(C)]。但是,不管是大型组织还是小型组织,如果它们想确保合规管理体系真实有效,就必须确保其负责合规管理的人员在企业内部得到了充分的授权。

正如《司法部执法手册》所提到的,检察官应当评估“企业能否充分确保内部审计职能部门工作的独立性和准确性”,这是用以显示企业的合规管理人员在事实上被授权且被设置在适当的地位来“有效发现和阻止不合规行为”(JM9-28. 800)。检察官也应当评估“企业已经在合规方面所投入的资源”,“企业安排的合规管理的人员的质量和经验,比如,他们有能力理解和识别在交易和商业活动中所潜在的风险”,以及“企业的合规职能部门在企业中所具有的权威性和独立性以及合规职能部门能够向董事会提供的合规知识方面的支持”[JM9-47. 120(2)(c)]。这也可以见于《司法部执法手册》的另一条文中:检察官被指引来评估“企业的董事们是否建立起一个良好设计过的信息报告体系以确保他们基于法律,以合规的方式做出正确的决定”(JM9-28. 800);以及《美国量刑指南》中的规定:那些“负责日常合规管理职责的人员”应当具有“充足的资源、适当的授权且能够直通企业的最高管理层或者最高管理层所设置的相关专门组织”[U. S. S. G. § 8B2. 1(b)(2)(C)]。

综上所述,对于企业在合规管理体系有效运行条件中的自主权和资源配备方面有效性的评估可以从以下七个方面及其各自的细化角度入手:

1. 合规职能在企业架构中的设置。企业的合规职能部门是怎样设置的(比如是否设置在法务部中,业务部门之下或者作为一个独立的职能部门直接向企业的首席执行官和/或董事会报告)?企业的合规职能部门的汇报线如何设置?企业的合规管理职能的运行是否由指派的首席合规官来负责或者由企业的其他管理层负责?如果是企业的其他管理层负责,则该管理层是否在企业中同时还有其他职务?企业内具有合规管理职责的人员是否专职履行这一职责,还是在企业中兼职负责其他非合规管理相关的职责?企业选择现行的合规职能架构设置的原因是什么?企业建立现有的治理架构选择的原因有哪些?

2. 资历与声望。企业中合规部门的员工相比于其他职能部门的员工在企业中的威信、收入等级、岗位职级/职称、汇报线、资源支持和接触企业核心决策层的机会等方面相比是怎样的情况?企业中具有合规管理职责的人员以及相关从事内部控制职责的人员的流失率是怎样的情况?企业中具有合规管理职责的人员在企业做出战略性和经营性决策时扮演了什么样的角色？当合规部门对于特定项目提出顾虑或者发表合规意见后，企业曾经是如何应对的？当合规部门提出顾虑后，企业是否曾因此对相关交易予以终止、修改或者进一步审慎审查？

3. 经验和资质。企业所安排从事合规管理或者内部控制的人员是否有适当的经验和资质以符合他们的职位和职责的要求？这些人员的经验和资质的级别是否曾随着时间的推移而相应改变？企业是如何来投入资源支持从事合规管理或者使内部控制的人员得到进一步的培训和培养？企业中哪个主体来审查合规部门的工作表现以及审查的程序是什么？

4. 资金和资源。企业是否已配备足够的合规人员来对于有效开展审计、记录和归档、分析和研究，以及开展合规管理工作并取得相应的合规管理成果？企业是否分配给了合规部门与其他职能部门相同的足够的资金？是否曾经发生过企业的合规部门或者负责内部控制的职能部门在申请资源支持时被拒绝的情况，如有，拒绝的原因是什么？

5. 数据资源和访问权限。企业中具有合规管理职责的人员以及相关从事内部控制职责的人员是否有充足的直接或间接的访问相关数据源的权限以保障他们可以及时且有效地监管和/或检测相关政策的执行情况、控制流程的运行情况以及相关业务的情况？企业中是否存在相关障碍以限制具有合规管理职责的人员以及相关从事内部控制职责的人员访问相关数据源，如有，企业正在设法采取什么措施来解决这些障碍？

6. 自主权。企业具有合规管理职责的人员以及相关从事内部控制职责的人员是否有对董事会或者审计委员会的直接汇报线？企业具有合规管理职责的人员以及相关从事内部控制职责的人员与董事们开会的频率怎么样？企业的高级管理人员是否参加这类会议？企业是如何确保具有合规管理职责的人员以及相关从事内部控制职责的人员履职的独立性？

7. 合规职能外包。企业是否已经将全部或者部分合规职能外包给了外部律师事务所或者咨询公司？如果是，外包的原因是什么？以及企业中的哪个主体来负责监督或者联系这些外部律师事务所或者咨询公司？这些外部律师事务所或者咨询公司能够访问到企业什么层级的信息？企业的这类外包服务的有效性是怎样评估的？

三、激励和纪律处分措施

有效运行的合规管理体系的另一个特征在于企业建立了对于遵守合规的

激励机制和对于违反合规的惩罚的机制。检察官应当评估企业是否有明确的正在适用的纪律处分程序,这一程序是否能够持续在整个企业中予以贯彻,以及这一程序是否与相应的不合规行为相称。检察官也应当评估企业在向员工传递对于违反合规的行为绝不容忍这一信息的程度,即不论某一员工具有怎样的职位或者职称,当其被证明违反合规时,企业将快速采取措施予以处理。正如《美国量刑指南》中规定的,"企业的合规管理体系应当在整个企业中持续被促进和加强,这将通过(A)基于合规管理体系所开展的适当的激励;和(B)对于实施犯罪行为和未能采取合理措施来阻止或发现犯罪行为的情况做出适当的纪律处分"[U. S. S. G. § 8B2. 1(b)(5)(C)]。

举例来说,在适当且可能的情况下,一些企业已发现通过在内部公开已实施的纪律处分措施能够产生有效的威慑效果。与此同时,一些企业也已经发现通过提供正向的激励,比如对于那些提升和发展合规管理体系或者展现合规领导力的员工提供个人的职位晋升、奖励和奖金等,能够有力地驱动合规管理体系运行。甚至有一些企业将合规作为管理层的奖金和/或职业发展的一个重要的指标。

综上所述,对于企业在合规管理体系有效运行条件中的激励和纪律处分措施方面有效性的评估,可以从以下三个方面及其各自的细化角度入手:

1. 人力资源管理流程。企业中的哪些主体参与做出纪律处分决定,包括对于具体案件中不合规行为类型的认定?对于同一类型的不合规行为是否适用了相同的纪律处分措施和流程?如果没有,是什么原因?是否就采取纪律处分的实际原因与员工进行沟通?如果没有,是什么原因?是否有因为法律或者调查相关的原因限制信息公开;或者存在为了保护企业免于受到"吹哨人"举报或者外部监管审查的借口而限制信息公开?

2. 持续应用。企业的纪律处分和激励措施是否已经在整个企业中被公正和持续地实施?企业的合规部门是否开展监管以确保它的调查和纪律处分的结果保持一致性?是否发生过类似的不合规行为却有着截然不同的处理结果的情形,如有,是什么原因?

3. 激励体系。企业是否已考虑在合规方面实施激励和奖励计划?企业是如何来激励实施合规和符合道德行为的员工?企业是否已有具体的例子,即员工因未能按照合规和符合道德的方式开展工作而被采取措施(比如丧失晋升或者奖励的机会)?企业中的什么主体来决定从事合规管理职责的员工的薪酬,包括奖金,以及这些人员的纪律处分和晋升?

第五节　企业的合规管理体系应对不合规行为的有效性标准

《司法部执法手册》中提到:联邦对于商业组织提起指控的原则要求检察官“当发生犯罪或者检察官做出指控决定时,企业是否有一个适当且有效的合规管理体系”(JM9-28.300)。由于首次调查具有对于已发生的案件进行回顾的特点,检察官在不合规行为发生后,对企业合规管理体系进行评估时必须要回答的最为复杂的问题之一是,当犯罪行为发生时,企业的合规管理体系是否可以有效运行,尤其是在那些不合规行为没有被立即发现的情况下。

在回答这一问题时,需要特别注意,企业存在不合规行为本身并不意味着企业的合规管理体系无法运行或者在发生了犯罪行为时,该体系就无效了。正如《美国量刑指南》所规定的:“未能阻止或者发现即刻犯罪并不意味着企业的合规管理体系在阻止和发现犯罪方面被笼统的认为无效了”[U. S. S. G. §8B2.1(a)]。《司法部执法手册》也明确指出:“司法部认可没有任何合规管理体系可以阻止它的员工所实施的所有的犯罪行为”(JM9-28.800)。当然,如果一个企业的合规管理体系能够有效地识别和应对不合规行为,包括能够及时采取救济措施以及自我报告,检察官应当把这种情况看作一个强有力的证明,即该企业的合规管理体系正在有效地运行。

在评估一个企业的合规管理体系在面对不合规行为发生时是否有效的问题时,检察官应当考虑这一不合规行为是否被发现,以及如何被发现;企业配备了什么样的调查资源来调查涉嫌违规的行为;以及企业对于不合规行为所采取的救济努力的本质和完全性。

在做出指控决定或者处理决定,为了对企业合规管理体系是否有效运行做出决定,检察官应当考虑企业的合规管理体系是否随着时间的推移而不断发展来尝试解决现存的和不断变化的合规风险。检察官也应当考虑企业是否开展了适当且诚信的根源性分析以同时理解发生不合规行为的原因,以及在未来需要采取救济行动以阻止类似风险的程度等两个方面。

举例而言,除其他因素外,检察官应当考虑“企业是否在建立或者提升自己的合规管理体系和内部控制系统方面做出过重大投资”以及“是否对现有的合规管理体系和内部控制系统所采取的补救性改进进行了测试以证明这些体系和系统可以在未来阻止或者发现类似的犯罪行为”。这些内容可见于

《Benczkowski 备忘录》的第二部分,即检察官应当观察,在做出处理决定时,如果企业的合规管理体系和控制措施展现出有效且有适当的资源支持,则没有必要对企业采取监管措施。

下面将系统介绍用以认定企业的合规管理体系在实践中是否能够真正起作用所需要的关键要素。

一、持续改进、定期检测和审查

企业合规管理体系在实践中能够真正起作用的特征之一是它所具备的提升和改进能力。在实践中所实际开展的控制措施将当然地揭露有风险和需要调整的领域。企业的业务及其经营环境、客户的种类、相关的法律和适用的行业标注等都将随着时间的推移而发生变化。相应地,检察官应当考虑企业是否已经付出了有意义的努力来审查它的合规管理体系以及确保该体系不会变得落后。一些公司通过对员工开展调研来检测企业的合规文化以及评估企业控制措施的强度;通过开展内部审计来保障企业的控制措施良好运行。当然,这些评估的种类和频率可以根据企业的规模和复杂度来决定。

检察官可以对努力推进合规管理体系改进和可持续发展的企业给予回报。正如《司法部执法手册》所规定的:在评估一个特定的合规管理体系在实践中的运行情况时,检察官应当考虑"合规管理体系基于发生的经验教训所作出的改变"(JM9-28.800)。这也在《司法部执法手册》的另一规定中体现:"检察官应当考虑企业是否对于其合规管理体系进行审计以保障它的有效性"[JM9-47-120(2)(c)]。同样地,《美国量刑指南》规定:检察官应当考虑企业是否已经采取了"合理的措施"来"保障企业的合规管理体系被遵守,这些措施包括持续的监管和审计,据此以发现犯罪行为";以及"定期对合规管理体系的有效性进行评估"[U.S.S.G. §8B2.1(b)(5)]。像这样主动付出努力来推进合规管理体系的改进和可持续发展,这不仅可以让企业在接受处理决定或指控时获得回报(比如根据《美国量刑指南》,获得采取救济措施的奖励点数或者一个较低的适用罚金的区间),而且更重要的是,这可以在将来避免合规事件的发生。

综上所述,对于企业在合规管理体系进行持续改进、定期检测和审查方面有效性的评估,可以从以下四个方面及其各自的细化角度入手:

1. 内部审计。企业是以什么样的程序来决定开展内部审计的范围和频率,以及这一程序所基于的合理性是什么?企业的内部审计如何开展?企业采用哪些类型的审计来发现与不合规行为相关的事项?企业的审计是否实际开展以及这些审计有哪些发现?哪些审计发现的相关问题的类型和救济流程曾定期向企业的管理层和董事会进行报告？企业的管理层和董事会是如何对于审计所发现的问题以及救济措施进行跟进的？企业的内部审计团队多久对高风险领域开展评估？

2. 控制测试。企业是否曾对于与发生过的不合规行为相关的合规管理体系中的领域进行过审查或者审计？更进一步来说，企业开展过什么样的对于控制措施的测试、合规相关数据的收集和分析以及对于员工和第三方的访谈？这些控制测试行动的成果是怎样报告的以及这些行动项目是如何进行跟踪的？

3. 改进更新。企业多久更新它的风险评估报告以及审查它的合规政策、流程和实践做法？企业是否曾开展过差距分析以确定企业现有的政策、控制措施或者培训不足以解决特定领域的风险？企业采取哪些措施来确定其政策、流程和实践做法对于特定的业务部分或子公司有意义？企业是否根据来自自身和/或其他面临类似风险的企业的不合规行为所产生的经验教训来审查和改进自己的合规管理体系？

4. 合规文化。企业多久以及通过什么方式来检查自己的合规文化情况？企业是否向企业内部各个层级的员工收集意见来确定员工们是否能够感受到企业的高级和中级管理人员对于遵守合规的承诺？企业采取了什么样的措施来应对合规文化情况检测的成果？

二、对于不合规行为的调查机制

另一个企业合规管理体系在实践中能够真正起作用的特征是企业具有一个功能良好且有充足资金支持的合规调查机制，这一机制能够对于任何指控或者企业及其员工或者企业的代理人所涉嫌违规的行为开展及时且彻底的调查。一个有效的调查架构也会建立一套对于企业的应对进行记录的形式，包括对于企业所采取的纪律处分或救济措施的记录。

综上所述，对于企业在不合规行为的调查机制方面有效性的评估，可以从以下两个方面及其各自的细化角度入手：

1. 由适格的人员开展适当且彻底的调查。企业是如何确保调查得到适当且彻底的开展；调查开展的独立性、客观性、适当性；以及调查的过程和结果被适当地记录？

2. 对于调查结果的有效回应。企业的调查是否曾被用来识别导致不合规行为发生的根源、系统漏洞以及负有监管职责的经理和高级管理人员的职责缺位？企业用来回应调查的发现的流程是什么？调查的发现会被提供给企业中多高层级的管理层？

三、对潜在不合规行为的分析和救济

企业合规管理体系在实践中能够真正起作用的第三个特征是企业对于不合规行为开展周到的根源性分析和及时且适当的采取救济措施以解决不合规行为发生的根源所能达到的程度。

正如《司法部执法手册》的规定：在评估企业合规管理体系有效性时，检察官被指示需要对企业涉及的刑事犯罪的相关情况回顾“刑事犯罪行为的程度和涉及面；牵涉刑事犯罪的员工的数量和级别；犯罪行为的严重程度、持续期限和发生率；以及企业所采取的救济措施，包括如在原合规管理体系下对于发现的违规员工所采取的纪律处分，以及合规管理体系基于这些经验教训所进行的改进”（JM9-28.800）。类似的内容同样可见于《司法部执法手册》的另一条规定：根据FCPA企业执行政策“为了通过及时和适当的救济措施而获得全部奖励”，企业应当证明开展了“根源性分析”以及适当的采取救济措施以“解决不合规行为发生的根源”［JM9-47.120(3)(c)］。

如上一段中所述，《司法部执法手册》规定：检察官应当考虑“企业所采取的任何救济措施，包括如在原合规管理体系下对于发现的违规员工所采取的纪律处分”（JM9-28.800）。对于这一内容，《司法部执法手册》有着更为细致的规定，比如“对于应当被处以纪律处分的员工，他们包括那些被企业发现对不合规行为负有责任的员工，包括直接实施不合规行为的员工或者未能履行好监管职责的员工，也包括那些在负责监管的领域中发生了犯罪行为的员工”，以及“一些另外的措施来证明对不合规行为严重性的认识；对不合规行为的责任承担；以及采取行动来降低类似不合规行为再次发生的风险，包括识别未来的风险的手段”［JM9-47.120(2)(c)］。

综上所述，对于企业对潜在不合规行为的分析和救济有效性的评估可以从以下七个方面及其各自的细化角度入手：

1. 根源性分析。企业对于不合规行为开展根源性分析中的争议点是什么？在根源性分析的过程中是否曾识别过制度性的问题？企业中的哪些主体参与了根源性分析活动中？

2. 在先的弱点。企业发生不合规行为是什么控制措施失效了？如果企业的政策或流程本应当阻止不合规行为的发生，它们是否被有效的执行，以及那些对于负责这些政策和流程的职能部门是否已经尽到了自己的职责？

3. 支付体系。相关不合规行为是如何获取资金来源的（比如通过采购订单、员工费用报销、折扣、小额备用金）？企业具有什么样的流程能够来阻止或者发现对于这些资金的不当获取？企业的这些流程是否曾有过改进？

4. 供应商管理。如果供应商参与了这类不合规行为，那么企业在供应商选择方面的流程是什么，以及供应商是否都使用过这些流程？

5. 在先的征兆。企业是否曾由在先的机会来发现相关的不合规行为，比如审计报告已经识别到了相关的管控措施的失效或者指控、投诉或调查活动？企业对于这些机会都被错失所进行的分析，结果是什么？

6. 救济。企业已经采取了什么具体变革来降低相同或者类似问题在未来发生的风险？企业已经采取了什么具体救济措施来解决通过根源性分析所识别的问题，以及错失机会的原因分析中所发现的问题？

7. 责任承担。企业为了处理不合规行为所采取的纪律处分措施是什么？以及这些纪律处分措施开展的是否及时？企业的管理层是否对于在他们所承担监管职责范围内发生的不合规行为承担责任？企业是否会考虑对未尽到监管职责的人员给予纪律处分？企业对于员工基于其不同的不合规行为所做出的纪律处分进行什么样的记录（比如纪律处分的数量和类型）？企业曾经是否存在因为相应的不合规行为而开除员工或者给予其他纪律处分（减少或取消奖金，发出警告信等的情形）？

第六节　《企业合规管理体系评估》的特点

结合第三节到第五节的内容，《企业合规管理体系评估》有以下几个方面的特点。

一、三个基本问题层层递进

《企业合规管理体系评估》所罗列的三个基本问题之间并非并列关系，而是层层递进的。具体而言，第一个基本问题，即“企业的合规管理体系是否经过良好的设计？”这主要是解决企业合规管理体系最基本的有或无的问题。但是，企业有了合规管理体系并不当然意味着该体系是有效的。实践中也会看到有些企业有着体系性且完整的合规政策和流程，也有着年度的合规方针和工作计划。但是，企业却故意或者客观上没有为这些合规政策、流程、方针和计划的实施提供适当的资源和授权，比如，企业中高层领导并不以身作则遵守合规管理要求、不配备合规管理的人员、不提供合规管理所需的资金或其他物质保障，这导致了企业所建立的合规管理体系最终变成了“纸面上的合规”，无法真正起到其应该具有的效力。而这就对应到了第二个基本问题,即"企业的合规管理体系是否被认真且善意的适用? 换句话说,企业是否为自己的合规管理体系的有效运行配备了充足的资源和授权?"进一步来说,在企业建立了合规管理体系,也为该体系的运行提供了适当的资源和授权的情况下,就需要对合规管理体系在实践中是否可以实际发生作用进行考察。这就是第三个基本问题,即"企业的合规管理体系在实践中是否能够真正起作用?"这一问题主要是解决以下几个方面:(1)合规管理体系是否可以有效地发现或阻止企业及其员工的不合规行为;(2)虽然未能阻止不合规行为的发生,但在不合规行为实际已发生的情况下,该体系是否能够及时且主动地采取措施来进行补救;(3)同步于补救措施的开展,该体系是否具备对这些不合规行为开展根源性分析的机制,并在分析的基础上形成经验教训,进而让合规管理体系持续地改进和提升。由此可见,这三个基本问题使评估企业合规管理体系的有效性变成了一个逻辑性强且具有可操作性的事项;也以一种动态的形式,对于某一合规管理体系的全生命周期进行审查,进而可以更为全面地评估其在特定时期的有效性。

二、合规管理体系组成要素罗列全面

《企业合规管理体系评估》对于三个基本问题进行介绍时,将企业合规管理体系所涉及的各个方面都进行了罗列,包括静态的合规管理体系所需要具备的要素,比如风险评估、政策和流程、培训和沟通、保密的报告机制和调查程序、第三方合作伙伴的管理机制、兼并收购中的尽职调查机制等;也包括了动态的合规管理体系所需要具备的要素,比如中高级管理层遵守合规的承诺、合规管理部门所享有的自主权和资源、充分且彻底地合规调查、赏罚分明的合规激励和纪律处分、合规管理体系的持续审查、改进和提升机制等。这全面展现了美国司法部所认可的理想中有效的合规管理体系所应当具备的样子,也为企业建立一个有效的合规管理体系提供了榜样。

三、提问式的表现形式

《企业合规管理体系评估》在对每一个基本问题所包含的分项目所分解的各个因素进行解读时,采取了具有逻辑递进关系的问题集的表现形式。比如在第二个基本问题中谈到"自主权"的因素时,《企业合规管理体系评估》设计了四个问题,具体如下:

1. 企业具有合规管理职责的人员以及相关从事内部控制职责的人员是否有对董事会或者审计委员会的直接汇报线?

解读:这一问题直击判断合规管理人员所拥有的自主权的核心,即当合规管理人员与企业的董事会或者审计委员会这类企业治理结构中的最顶层机构建立直接的汇报关系时,合规管理人员受到企业内其他利益相关方制约的可能性就越小。对应地,他们的自主权就会更有保障。

2. 企业具有合规管理职责的人员以及相关从事内部控制职责的人员与董事们开会的频率怎么样?

3. 企业的高级管理人员是否参加这类会议?

解读:基于问题一,在合规管理人员建立了与董事会或者审计委员会直接汇报线后,问题二和问题三的目的在于检测这一机制在实践中运行的情况。具体来说,虽然建立了前述的汇报线,但在实践中,董事和高管们从不给予合规管理人员机会(比如开会)让他们做有效的合规工作汇报,那么,这种汇报关系也就形同虚设了。

4. 企业是如何确保具有合规管理职责的人员以及相关从事内部控制职责的人员履职的独立性?

解读:基于前述三个问题,这一问题是做一个平行的补充,即合规管理人员除了要与企业治理结构中最顶层的机构建立汇报关系,且该汇报关系实际在运行外,还需要考虑合规管理人员履职的独立性,即如何保证他们不被他们的汇报对象所影响,进而导致无法公正地履职。

结合上述分析可以看到,这种提问式的表现形式有着独特的优越性,即通过提出一个个逻辑性强且合乎实务的问题,而非现成的答案,《企业合规管理体系评估》更多地是在启发企业,按照一定的原则和标准,结合自身的特殊情况来进行探索和创造,并让企业最终可以建立起符合自身情况的有效合规管理体系。这一方式可以防止发生让企业生搬硬套所谓的"正确答案"进而让企业无法建立合适的合规管理体系的情况;也能够最大限度地鼓励企业合规管理体系的持续进化和创新。

综上所述,《企业合规管理体系评估》给美国的企业,也包括美国以外的其他国家的企业在建立有效的合规管理体系方面提供了一套逻辑周延且内容涵盖全面的解决方案。这可以为中国在现有的探索和实践基础上不断完善企业合规管理体系评估的思维和标准提供有益的借鉴。

第三编

企业合规的中国模式

第七章　企业合规在中国的发展

正如本书第一章开篇所述，企业合规并非源于中国，而是来自西方，特别是以美国为首的英美法系国家。随着中国的改革开放，尤其是2001年中国加入WTO成为“世界工厂”，海量的外资企业涌入中国的同时将西方在企业合规方面的理念、要求和做法带到了中国。这些外资企业当时在供应链上的优势地位让中国企业开始被动地接触、理解和遵守外资企业在企业合规方面的各项要求。随着中国企业的快速成长并深度融入全球市场，企业合规作为国际商业规则的必要组成部分成为中国企业需要遵守的规则。中国企业在“走出去”的过程中也发生了不少因违反合规要求而被业务所在国监管机关执法和处罚的情况，其中不乏有对中国企业的生产经营造成实质性影响的案例。这些案例的警示以及中国在国家治理体系和治理能力现代化方面的推进让企业合规进入党和政府的视野，并得到了积极的推动。本章将从企业合规在中国的发展简史，党和政府在企业合规的各发展阶段发布的相关政策、法规和规范性文件，以及企业合规在中国的各个标志性事件等角度对于企业合规在中国的发展做一个系统的介绍，全面展现企业合规在中国的发展历程、中国选择企业合规的原因，以及企业合规中国化的探索。

第一节　企业合规被引入中国阶段

这一阶段主要是1978年改革开放后，尤其是2001年中国加入世界贸易组织后到2013年葛兰素史克商业贿赂案发生之前。在这一阶段，企业合规被引入中国主要表现在两个方面：

一方面，海量外资企业，尤其是以美国为首的西方企业将其基于本国法规和监管要求所需要遵守的企业合规方面的要求和标准带到了中国，并利用其在供应链上的优势地位要求与之建立合作关系的中国企业被动地接受和遵守。西方企业这样操作的根本原因在于，其本国法规和监管要求对于这些企业所实施的域外管辖。这里面最典型的是美国的FCPA以及美资企业在其销售合同、经销合同以及供应商合同中所设置的“反贿赂条款”。当时的中国企业在与美资企业开展合作时,往往都会被美资企业要求签署“反贿赂条款”,单方承诺不会为了获取交易机会而直接或者通过中间人向中国的政府官员行贿,否则美资企业有权随时终止与中国企业的合作并要求中国企业赔偿因此造成的损失。除了签署“反贿赂条款”以外,美资企业也会安排合规专业人员为中国企业的相关人员进行合规培训,将该企业具体的合规要求和标准告知中国企业,比如礼品和款待、财务账簿记录准确性等,并会定期安排审计力量对中国企业的实际遵守情况进行审计。这是中国企业对于企业合规的最初感受,是在懵懂中为了生存和发展而对于来自西方的企业合规被动地接受。

另一方面,随着中国经济全面且深度融入全球市场,中国经济在诸多领域的管理标准也需要与全球的主要经济体接轨。对此,中国的监管机关也有着清醒的认识,并开始推动企业合规在相关领域中的引入和建设。其中,金融作为现代经济的核心,其对国民经济安全和健康发展具有关键作用。中国的监管机关基于金融的该等特殊地位,率先在国有金融企业中推行合规机制和合规管理体系的建设。2022年,中国人民银行总行参照欧美银行合规管理模式和国际准则要求,将中国人民银行总行法律事务部更名为“法律与合规部”,增加了合规管理职能。[1] 2006年中国银监会(现为国家金融监督管理总局)参考巴塞尔银行监督管理委员会通过的《合规与银行内部合规部门》,发布《商业银行合规风险管理指引》(银监发〔2006〕76号),该指引成为银行业构建合规管理体系的一项核心规范性文件。2007年,中国保监会(现为国家金融监督管理总局)发布了《保险公司合规管理指引》(保监发〔2007〕91号),其内容与《商业银行合规风险管理指引》基本一致,为保险行业构建合规管理体系提供了规范性文件。

在同一时期,中国的监管机关在风险管理和内部控制等与合规管理有着密切联系的领域,参考国际上的实践经验制定了一系列规范性文件。这包括但不限于:2006年国务院国资委发布的《中央企业全面风险管理指引》(国资发改革〔2006〕108号);2008年财政部、证监会、审计署、银监会(现为国家金融监督管理总局)、保监会(现为国家金融监督管理总局)制定的《企业内部控制基本规范》(财会〔2008〕7号)以及2010年制定的《企业内部控制配套指引》(财会

〔1〕 最高人民检察院涉案企业合规研究指导组编:《涉案企业合规办案手册》,中国检察出版社2022年版,第16页。

〔2010〕11号)等。这些规范性文件在制定的过程中也都参考了美国反虚假财务报告委员会下属的发起人委员会(The Committee of Sponsoring Organizations of the Treadway Commission)在2004年发布的《企业分析管理——整合框架》(Enterprise Risk Management—Integrated Framework)。

总体来说,这一阶段的中国监管机关和中国企业对于企业合规还处于一个接触、学习、理解和逐步消化的过程,对于企业合规,尤其是合规管理体系的建设更多的是在借鉴和参考,尚未形成自身独特的企业合规发展路径。

第二节　外资企业在中国开展实质合规阶段

这一阶段主要是从2013年开始,其标志性事件是葛兰素史克商业贿赂案。葛兰素史克无视中国药品管理等法律法规中的禁止性规定,只追求扩大销量、实施以费用促进销售的贿赂销售模式。这最终让葛兰素史克在2014年被长沙市中级人民法院判决构成对非国家工作人员行贿罪,判处罚金30亿元人民币;葛兰素史克包括法定代表人、董事会主席和多位高级管理人员均被判决构成刑事犯罪并承担刑事责任。除了高昂的罚金外,这一案件中,最让在中国的外资企业感到震撼的是具有英国国籍的葛兰素史克法定代表人被实际判处了刑事责任。这在当时是中国自改革开放以来极为少有的在经济犯罪案件中对于外资企业的外籍管理人员判处刑事责任的案例。

葛兰素史克商业贿赂案发生后,在中国的外资企业,尤其是医药企业掀起了一轮审查和完善合规管理体系的浪潮。在此之前,外资企业在中国虽然也都会设有合规管理部门以及合规管理人员,但往往形式大于实质。以当时的葛兰素史克为例,作为一家全球排名前十的世界500强医药企业,其在中国设置的合规官数量非常少,这与其在中国的业务规模和体量并不匹配,也无法形成对于管理层和业务部门的有效管理和制约。在此之后,越来越多的外资企业注意到了在中国所实施的不合规行为所要付出的不可承受的成本,进而对中国的法律法规和监管要求予以更高的重视和敬畏,并开始加大在中国开展合规管理的资源投入力度。

外资企业在中国开展实质合规管理也对于中国企业合规的培育和发展产生了积极影响。一方面,外资企业在第三方合作伙伴的选择上更注重其合规性,这进一步促进了中国企业在合规管理方面的发展并加强其不断投入资源的动力。仍以葛兰素史克商业贿赂案为例,在该案中,葛兰素史克获取贿赂资金的主要方式是通过和与其建立合作关系的旅行社以召开虚假研讨会或者其他市场活动的方式套取会议费用并用于向医生行贿。该案发生后,大量外资医药企业只选择那些严格遵守合规要求的旅行社开展合作。这样的举动在当时形成了一种明显的两极分化,即被认证合规经营的旅行社业务非常火爆,但那些没有取得认证的,则门可罗雀。另一方面,外资企业也积极主动参与对应行业协会的合规管理体系和合规管理标准的制定工作中,为特定行业的合规管理标准的制定提供支持。比如,由45家具备研究开发能力的跨国制药企业组成的非营利组织中国外商投资企业协会药品研制和开发行业委员会(R&D-based Pharmaceutical Association Committee,RDPAC)发布的《RDPAC行业行为准则(2019)》。这份准则对于所有加入RDPAC的会员都具有约束力,遵守该准则也是这些会员入会的条件之一。这份准则要求会员恪守其各自道德行为准则中的最高道德标准,承诺提高全中国患者的生活质量,始终以合规、透明的方式运作,以保障中国患者的福祉。这对于中国在药品领域的合规要求和标准等都具有正向的促进作用。

第三节 中国全力推动和发展企业合规阶段

这一阶段的起点也是在2013年。从2015年开始,国家主导开始在中央企业层面进行企业合规的试点和探索,到2018年以后,因为一系列标志性事件的发生,企业合规在中国进入了高速发展期。本节将对于这一阶段的情况做介绍。

一、顶层设计的支持

2013年11月,中国共产党第十八届中央委员会第三次全体会议通过了《中共中央关于全面深化改革若干重大问题的决定》,明确全面深化改革的总目标是完善和发展中国特色社会主义制度,推进国家治理体系和治理能力现代化。这是党首次提出"推进国家治理体系和治理能力现代化"的改革目标。

2014年10月,中国共产党第十八届中央委员会第四次全体会议通过了《中共中央关于全面推进依法治国若干重大问题的决定》,明确依法治国是实现国家治理体系和治理能力现代化的必然要求。全面推进依法治国是在中国共产党领导下,坚持中国特色社会主义制度,贯彻中国特色社会主义法治理论,形成完备的法律规范体系、高效的法治实施体系、严密的法治监督体系、有力的法治保障体系，形成完善的党内法规体系，坚持依法治国、依法执政、依法行政共同推进，坚持法治国家、法治政府、法治社会一体建设，实现科学立法、严格执法、公正司法、全民守法，促进国家治理体系和治理能力现代化。

2019年10月，中国共产党第十九届中央委员会第四次全体会议通过了《中共中央关于坚持和完善中国特色社会主义制度推进国家治理体系和治理能力现代化若干重大问题的决定》（以下简称《国家治理决定》），其中提出的相关治理要求包括但不限于："坚持全面依法治国，建设社会主义法治国家，切实保障社会公平正义和人民权利的显著优势"；"改善营商环境，激发各类市场主体活力"；"强化竞争政策基础地位，落实公平竞争审查制度，加强和改进反垄断和反不正当竞争执法"；"健全以公平为原则的产权保护制度，建立知识产权侵权惩罚性赔偿制度，加强企业商业秘密保护"；"健全外商投资国家安全审查、反垄断审查、国家技术安全清单管理、不可靠实体清单等制度。完善涉外经贸法律和规则体系"；"建立健全运用互联网、大数据、人工智能等技术手段进行行政管理的制度规则。推进数字政府建设，加强数据有序共享，依法保护个人信息"。

从2013年的《中共中央关于全面深化改革若干重大问题的决定》到2014年的《中共中央关于全面推进依法治国若干重大问题的决定》，再到2019年的《国家治理决定》，党中央对于"推进国家治理体系和治理能力现代化"以及将依法治国作为实现国家治理体系和治理能力现代化的必然要求为中国企业合规的大发展开放了充足的顶层设计空间，打下了坚实的政治基础。

二、试点和探索

2015年12月，国务院国资委发布了《关于全面推进法治央企建设的意见》（国资发法规〔2015〕166号），着力强化依法合规经营。其中第四部分（十一）中明确提道："加快提升合规管理能力，建立由总法律顾问领导，法律事务机构作为牵头部门，相关部门共同参与、齐抓共管的合规管理工作体系，研究制定统一有效、全面覆盖、内容明确的合规制度准则，加强合规教育培训，努力形成全员合规的良性机制。探索建立法律、合规、风险、内控一体化管理平台。"

2016年4月18日，国务院国资委印发《关于在部分中央企业开展合规管理体系建设试点工作的通知》（国资厅发法规〔2016〕23号），将中国石油、中国移动、东方电气集团、招商局集团、中国中铁等五家企业列为合规管理体系建设试点单位。截至2016年9月26日，五家试点企业的合规管理体系建设有序推进，均已制定了本企业合规管理体系建设试点方案，招商局集团专门成立由主要领导担任负责人的合规管理委员会，中国中铁在全系统推行合规管理体系建设并明确将合规管理纳入依法经营考核体系，有力提升了各级领导干部的合规意识。[1]

2017 年 12 月 29 日，中国国家质量监督检验检疫总局(现为国家市场监督管理总局)、中国国家标准化管理委员会发布了《合规管理体系指南》(GB/T 35770/ISO 19600:2014)。这虽然是一个推荐性标准，但该标准的发布为中国各类型的企业建立和发展合规管理体系提供了有意义的指导。

三、高速发展期

中国企业合规迎来高速发展期与一个标志性事件有关，即中兴通讯股份有限公司(以下简称中兴公司)被美国制裁事件。中兴公司的曲折经历在国内引起了较大的反响，也让中国政府意识到企业合规对于国家和社会治理、国民经济的健康和安全以及本国企业发展和存亡等诸多方面的重要性。该事件之后，中国政府包括中央政府和地方政府对于企业合规从立法(含规范性文件)、行政执法和刑事司法等方面的推动也进入了一个高速发展期。

(一)立法(含规范性文件、各类标准)上的推动

中国在立法层面对于企业合规的推动是全方位的，既有企业合规管理体系建设，也有相关合规主题的管理。为了更为全面地进行介绍，这里的立法既包括法律法规等正式法律渊源，也包括相关规范性文件以及各类标准等。

1. 合规管理体系建设方面的立法推动

(1)中央企业合规管理体系建设

中国在合规管理体系建设方面的立法推动首先是从中央企业开始，这一方面是基于中央企业对于国民经济安全和健康发生的基础性作用；另一方面也得益于 2016 年国务院国资委在部分中央企业开展合规管理体系建设试点工作所积累的实践经验。通过国务院国资委的推动，中央企业在合规管理体系建设方面取得了长足的发展。

对应地，2018 年 11 月 2 日，国务院国资委发布了《合规管理指引》，这一指引详细介绍了中央企业建设和运行合规管理体系所需要的核心要素，这包括但不限于：建设合规管理体系的原则、中央企业内部治理体系和机构在合规管理

---

[1] 《国资委系统法治工作简报第 7 期》，载国务院国有资产监督管理委员会官网 2016 年 9 月 26 日，http://www.sasac.gov.cn/n2588020/n2588072/n2590860/n2590862/c7854997/content.html。

方面的职责、合规管理所需要关注的重点、合规管理的运行方式、合规管理开展所需要的保障等等。《合规管理指引》为推动中央企业建立合规管理体系，全面加强合规管理，加快提升依法合规经营管理水平，着力打造法治央企，保障企业持续健康发展等方面具有重要的指导意义。在国务院国资委的领导下，中央企业从2018年开始，根据《合规管理指引》中的各项要求开展合规管理体系建设。2019年，中央企业完成了集团总部的合规管理体系建设。2021年，中央企业已全部成立合规委员会。[1] 2022年，国务院国资委启动了中央企业"合规管理强化年"，力争通过一年时间推动企业合规管理工作再上新台阶。要强化领导合规意识，严格依法依规决策，切实发挥"关键少数"作用；建立健全工作机制，加快突破重点难点，不断筑牢"三道防线"；着力抓好境外合规，突出重点领域管理，全面保障国际化经营；严肃开展监督问责，健全"以案促管"长效机制，形成合规管理工作闭环；加大资源投入力度，建立合规管理在线监管系统，进一步夯实工作基础。[2]

2022年10月1日，国务院国资委发布《合规管理办法》。这是国务院国资委深入贯彻落实习近平法治思想，在总结中央企业合规管理实践、借鉴国际大企业先进做法的基础上以国资委令的形式印发的对中央企业进一步深化合规管理提出明确要求的部门规章。与《合规管理指引》相比，《合规管理办法》更加突出刚性约束，内容更全、要求更高、措施更实。

(2)地方国有企业合规管理体系建设

在《合规管理指引》发布后，各地方国资委也在本地国有企业的企业合规管理体系建设方面进行了积极的推动，比如在对地方国有企业的企业合规管理指引方面，北京市[3]、上海市[4]、重庆市[5]、江苏省[6]、山东省[7]、河北

[1] 《中央企业已全部成立合规委员会》，载新华网2021年5月13日，http://www.sasac.gov.cn/n2588025/n2588139/c18544156/content.html。

[2] 《国务院国资委召开中央企业"合规管理强化年"工作部署会》，载国务院国有资产监督管理委员会官网2021年12月3日，http://www.sasac.gov.cn/n2588020/n2588072/n2590860/n2590862/c22053695/content.html。

[3] 2022年北京市国资委发布《北京市管企业合规管理指引(试行)》。

[4] 2018年上海市国资委发布《上海市国资委监管企业合规管理指引(试行)》。

[5] 2019年11月1日，重庆市国资委印发《重庆市市属国有企业合规管理指引(试行)》。

[6] 2019年江苏省国资委发布《省属企业合规管理指引(试行)》。

[7] 2019年12月13日，山东省国资委印发《山东省属企业合规管理指引(试行)》。

省[1]、内蒙古自治区[2]、广东省[3]、云南省、陕西省[4]、山西省[5]、贵州省[6]、四川省[7]、青岛市[8]、广州市[9]、徐州市[10]等大部分的省(自治区)市都由当地国有资产监督管理部门制定并发布了自己所管理的国有企业的合规管理指引,指导当地国有企业开展合规管理体系建设。

(3)地方引导企业在合规管理体系建设方面的探索

2022年2月18日,上海市人民代表大会常务委员会审议通过并发布了《中国(上海)自由贸易试验区临港新片区条例》(上海市人民代表大会常务委员会公告第104号)。这是上海临港新片区首部综合性地方法规,该条例有八大亮点,其中在权益保障方面明确规定了对于临港新片区的企业加强合规指导,引导企业建立健全合规管理体系,即该条例第48条明确规定:"管委会应当会同相关部门和单位建立企业合规监督评估机制,开展企业合规指导,引导企业建立健全合规管理体系。开展合规指导时可以引入企业合规师、律师、注册会计师、税务师等第三方进行合规评估。"截至《中国(上海)自由贸易试验区临港新片区条例》的发布,在全国各地各个自由贸易试验区所颁布的条例中,该条例第一个明确提出要加强企业合规指导,引导企业建立健全合规管理体系。

2. 中国企业境外合规管理体系建设

除了关注中国企业在国内的合规经营和管理以外,中国的监管机关也对中国企业在境外所开展经营和管理活动的合规性开始给予关注,并通过一系列规范性文件来指导中国企业在"走出去"的过程中做好合规管理。

中国企业境外合规管理的早期探索是在2012年。2012年4月9日,商务部、中国共产党中央委员会对外宣传办公室、外交部、国家发改委、国务院国资

---

[1] 2018年12月13日,河北省国资委印发《省国资委监管企业合规管理指引(试行)》。
[2] 2020年1月7日,内蒙古自治区国资委印发《内蒙古自治区人民政府国有资产监督管理委员会关于建立企业合规管理体系的指导意见》。
[3] 2020年3月3日,广东省国资委印发《广东省属企业合规管理指引(试行)》。
[4] 2020年4月9日,陕西省国资委印发《陕西省省属企业合规管理指引(试行)》。
[5] 2020年7月14日,山西省国资委印发《山西省省属企业合规管理指引(试行)》。
[6] 2020年12月17日,贵州省国资委印发《贵州省国资委监管企业合规管理指引》。
[7] 2020年12月23日,四川省国资委印发《四川省省属企业合规管理指引(试行)》。
[8] 2020年9月4日,青岛市国资委印发《青岛市国资委监管企业合规管理指引(试行)》。
[9] 2020年12月1日,广州市国资委印发《广州市国资委监管企业合规管理指引(试行)》。
[10] 2020年12月8日,徐州市国资委印发《徐州市国资委监管企业合规管理指引(试行)》。

委、国家预防腐败局(现为国家监察委员会)[1]、全国工商业联发布了《中国境外企业文化建设若干意见》(商改发〔2012〕104号),其中在境外企业文化建设的基本内容中明确提出:"严格遵守驻在国和地区的法律法规,是境外企业文化建设的重要内容。境外企业要认真研究和熟悉当地法律法规,做到依法求生存,依法求发展。严格履行合同规定,主动依法纳税,自觉保护劳工合法权利,认真执行环境法规,确保国际化经营合法、合规。坚持公平竞争,坚决抵制商业贿赂,严格禁止向当地公职人员、国际组织官员和关联企业相关人员行贿,不得借助围标、串标等违法手段谋取商业利益。"

2017年5月23日,中央全面深化改革领导小组第三十五次会议审议通过了《关于规范企业海外经营行为的若干意见》。会议指出,规范企业海外经营行为,要围绕体制机制建设,突出问题导向,落实企业责任,严格依法依纪,补足制度短板,加强企业海外经营行为合规制度建设,逐步形成权责明确、放管结合、规范有序、风险控制有力的监管体制机制,更好地服务对外开放大局。[2]这是自"一带一路"峰会结束后,中央对于企业在海外经营合规方面所指明的方向。

在此基础上,2018年12月26日,国家发改委、外交部、商务部、中国人民银行、国务院国资委、国家外汇管理局、全国工商联联合印发《境外合规管理指引》(发改外资〔2018〕1916号)。这一指引鼓励中国企业在"走出去"的过程中注重境外合规管理,并就开展境外合规管理提出了全面且系统性的指导和意见,这包括但不限于境外合规管理的框架、原则;对外贸易、境外投资、对外承包工程、境外日常经营等方面的合规要求;合规管理制度的构成和管理领域;合规管理运行机制;合规风险识别、评估与处置;合规评审与改进;合规文化建设等。

3. 合规主题的专项立法

(1)反贿赂

2017年《反不正当竞争法》迎来了自1993年颁布以来的第一次修订。这次修订的一大亮点在于在反贿赂领域建立起了严格证明责任,根据该法第7条第3款的规定,经营者的工作人员进行贿赂的,应当认定为经营者的行为;但是,经营者有证据证明该工作人员的行为与为经营者谋取交易机会或者竞争优势无关的除外。这一条款的设计先行推定了其工作人员的贿赂行为归责于企

---

〔1〕 2018年3月,第十三届全国人民代表大会第一次会议审议通过了宪法修正案,设立中华人民共和国国家监察委员会,不再保留国家预防腐败局,并入国家监察委员会。

〔2〕 王志乐主编:《企业合规管理操作指南》,中国法制出版社2017年版,第41页。

业，企业需要就该工作人员的贿赂行为与其没有因果关系承担证明责任。实现这一证明的一个重要途径就是企业是否建立起有效的合规管理体系。

在《反不正当竞争法》修订的基础上，各地方立法机关也在反贿赂的合规管理方面进行了有益的探索。2020 年 10 月，上海市人民代表大会常务委员会修订通过的《上海市反不正当竞争条例》（上海市人民代表大会常务委员会公告第 49 号）第四章"反不正当竞争环境建设"中第 24 条规定："经营者是反不正当竞争第一责任人，应当落实主体责任，加强反不正当竞争内部控制与合规管理，自觉抵制不正当竞争行为。鼓励经营者建立健全反商业贿赂等反不正当竞争管理制度，监督检查部门在查处商业贿赂案件中，应当对经营者落实反商业贿赂管理制度情况开展检查。"这是中国地方立法中首次在反商业贿赂领域提出鼓励企业建立健全相应的合规管理机制，并要求监督检查部门需要对反商业贿赂管理制度情况开展检查。

（2）反垄断

2020 年 9 月 11 日，国务院反垄断委员会发布了《经营者反垄断合规指南》（国反垄发〔2020〕1 号，以下简称《反垄断合规指南》）。这一指南对于企业建立与反垄断相关的合规管理体系提供了系统性指导意见，这包括但不限于与反垄断相关的合规管理制度、合规风险重点、合规风险管理、合规管理保障等。这是中国首部在全国范围内实施的在反垄断领域的合规指南，对经营者培育公平竞争的合规文化，建立反垄断合规管理制度，提高对垄断行为的认识，防范反垄断合规风险，保障经营者持续健康发展等具有重要的指导意义。

2021 年 11 月 15 日，国家市场监督管理总局发布了《企业境外反垄断合规指引》（国市监反垄发〔2021〕72 号）。这一指引对于企业建立和加强与境外反垄断相关的合规管理体系提供了系统性指导意见，这包括但不限于与企业境外反垄断相关的合规管理制度、合规风险重点、合规风险管理等。这一指引为鼓励企业培育公平竞争的合规文化，引导企业建立和加强境外反垄断合规管理制度，增强企业境外经营反垄断合规管理意识，提升境外经营反垄断合规管理水平，防范境外反垄断法律风险，保障企业持续健康发展等具有重要的指导意义。

在反垄断和公平竞争领域，各地方也多有立法，如《北京市平台经济领域反垄断合规指引》《上海市经营者反垄断合规指引》《浙江省企业竞争合规指引》等。由于这些立法与对应的中央立法之间并没有实质性的区别，更多的是让中央的立法在各地有效落地。因此，本书将不对这些地方立法做进一步的介绍。

（3）反洗钱

2019 年 1 月 19 日，中国银行保险监督管理委员会（现为国家金融监督管理总局)发布了《银行业金融机构反洗钱和反恐怖融资管理办法》(中国银行保险监督管理委员会令 2019 年第 1 号)。这一办法要求银行业金融机构应当将洗钱和恐怖融资风险管理纳入全面风险管理体系,将反洗钱和反恐怖融资要求嵌入合规管理、内部控制制度,确保洗钱和恐怖融资风险管理体系能够全面覆盖各项产品及服务;做好境外洗钱和恐怖融资风险管控和合规经营工作。境外分支机构和附属机构要加强与境外监管当局的沟通,严格遵守境外反洗钱和反恐怖融资法律法规及相关监管要求;也应当履行银行业反洗钱和反恐怖融资监管职责,加强反洗钱和反恐怖融资日常合规监管,构建涵盖事前、事中、事后的完整监管链条。

(4)出口管制与制裁

2020 年 10 月 17 日,《出口管制法》正式发布。该法规定国家出口管制管理部门适时发布有关行业出口管制指南,引导出口企业建立健全出口管制内部合规制度,规范经营。同时,企业建立出口管制内部合规制度,且运行情况良好的,国家出口管制管理部门可以对其出口有关管制物项给予通用许可等便利措施。

2021 年 1 月 9 日,商务部发布了《阻断外国法律与措施不当域外适用办法》(中华人民共和国商务部令 2021 年第 1 号)。根据该办法的规定,中国公民、法人或者其他组织遇到外国法律与措施禁止或者限制其与第三国(地区)及其公民、法人或者其他组织正常的经贸及相关活动情形的,应当在 30 日内向国务院商务主管部门如实报告有关情况。国家建立的由中央国家机关有关部门参加的工作机制经评估,确认有关外国法律与措施存在不当域外适用情形的,可以决定由商务部发布不得承认、不得执行、不得遵守有关外国法律与措施的禁令。中国公民、法人或者其他组织未按照规定如实报告有关情况或者不遵守禁令的,国务院商务主管部门可以给予警告,责令限期改正,并可以根据情节轻重处以罚款。2021 年 6 月 10 日,《反外国制裁法》正式发布并实施。根据该法的规定,国务院有关部门可以决定将直接或者间接参与制定、决定、实施本法第 3 条规定的歧视性限制措施的个人、组织列入反制清单。中国境内的组织和个人应当执行国务院有关部门采取的反制措施。对违反前款规定的组织和个人,国务院有关部门依法予以处理,限制或者禁止其从事相关活动。任何组织和个人不执行、不配合实施反制措施的,依法追究法律责任。结合上述规定,如果企业未能遵守禁令或者国家的反制措施,则会因此被要求承担相应的法律责任。对此,企业需要建立起与制裁相关的合规管理机制,有效应对这一领域的合规风险。

(5)网络安全、数据安全和个人信息保护

2017年《网络安全法》以及2021年《数据安全法》《个人信息保护法》的发布以及配套的部门规章、规范性文件和行业标准的出台标志着中国在网络安全、数据安全和个人信息保护等方面的国家层面合规管理要求的建立。企业在网络安全等级保护建设、数据治理结构、数据分级分类、数据跨境传输安全评估、重要数据处理者的数据安全负责人和管理机构、个人信息保护负责人的设置和个人信息处理规则等方面需要建立起合规管理机制。

除了国家层面的推动,各地对于企业数据合规的治理也在不断探索。2022年1月,上海市杨浦区人民检察院联合上海市信息服务业行业协会、上海市数据合规与安全产业发展专家工作组、杨浦区工商业联合会,制定发布上海市首份《企业数据合规指引》。该指引共有38条,按照合规架构与风险识别处理的逻辑划分为六章,从数据合规管理体系、数据风险识别、数据风险评估与处置、数据合规运行与保障等方面引导企业加强数据合规管理。[1]

2022年9月,在2022年世界人工智能大会上,《浦东新区人工智能企业数据安全和算法合规指引(试行)》(以下简称《合规指引》)作为创新成果之一首次公布,并从发布之日起试行。该指引由上海市浦东新区人民检察院牵头,与浦东新区工商联、人工智能行业指导部门、行业协会以及专业机构共同编制,涵盖企业数据合规组织机构建设、数据安全制度建设、数据全生命周期安全管理、算法合规制度建设、数据合规评估体系等内容,适用于浦东新区人工智能企业,以及其他从事数据收集、处理和算法研发应用的相关企业。该指引也首次将算法合规纳入数据合规体系,同时将保护范围由公民个人信息拓展到其他领域的重要信息与核心信息,更为注重数据合规的完整性。此外,《合规指引》创新性引入数据合规评价体系,以帮助人工智能企业更好发现数据合规管理中存在的问题,有效预防数据合规风险。[2]

4. 特定行业合规管理体系建设的立法探索

(1)银行业。2006年中国银监会(现为国家金融监督管理总局)发布的《商业银行合规风险管理指引》是银行业构建合规管理体系的一项核心规范性文件。

---

〔1〕《全市首份!〈企业数据合规指引〉出炉!》,载上海市杨浦区人民政府官网2022年1月28日,https://www.shyp.gov.cn/shypq/scyw/20220130/402270.html。

〔2〕江苏烨、潘志凡、童画:《〈合规指引〉亮相2022世界人工职能大会》,载《检察日报》2022年9月8日,第1版。

（2）保险业。在2007年中国保监会（现为国家金融监督管理总局）发布了《保险公司合规管理指引》后，2017年中国保监会（现为国家金融监督管理总局）发布了《保险公司合规管理办法》（保监发〔2016〕116号）。该办法的发布以部门规章这一正式法律渊源的形式将保险公司的合规管理体系建设变成了其必须遵守和执行的法定义务。根据该办法的规定，保险公司应当按照本办法的规定，建立健全合规管理制度，完善合规管理组织架构，明确合规管理责任，构建合规管理体系，推动合规文化建设，有效识别并积极主动防范、化解合规风险，确保公司稳健运营。

（3）证券业。2017年中国证监会发布并在2020年修正了《证券公司和证券投资基金管理公司合规管理办法》（中国证券监督管理委员会令第166号）。该办法规定证券公司和证券投资基金管理公司（以下简称证券基金经营机构）应加强内部合规管理，制定和执行合规管理制度，建立合规管理机制，防范合规风险。同时，该办法对于开展有效合规管理的证券基金经营机构在发生违规行为时给予了宽大行政处理的激励，即证券基金经营机构通过有效的合规管理，主动发现违法违规行为或合规风险隐患，积极妥善处理，落实责任追究，完善内部控制制度和业务流程并及时向中国证监会或其派出机构报告的，依法从轻、减轻处理；情节轻微并及时纠正违法违规行为或避免合规风险，没有造成危害后果的，不予追究责任。

（4）医药业。2021年1月，中国化学制药工业协会发布了《医药行业合规管理规范》（T/PIAC 00001—2020）的团体标准。这是中国医药行业所发布的第一个与合规管理相关的团体标准。该规范覆盖医药企业在生产、经营、管理等全过程多领域，从反商业贿赂、反垄断、财务与税务、产品推广、集中采购、环境、健康和安全、不良反应报告、数据合规及网络安全等方面对医药行业企业进行全面规范，帮助医药企业发现行业及法律监管方面的漏洞，理顺监管和报告体系，制定并落实有效的预防措施。

5. 小结

综上所述，中国在中央和地方两个层面通过立法对于企业合规管理体系的建设要求和标准的探索和实践可以看到，企业合规是实现国家治理体系和治理能力现代化的一个重要方式。因此，企业合规在中国的探索和实践并不仅仅是完善企业治理结构和营造健康的市场环境，还是中国提升整体治理能力、持续优化营商环境、加强中国企业的全球竞争力的重要手段。因此，中国在企业合规方面的立法探索和实践并不是简单的拿来主义，而是借鉴西方在企业合规方面的实践成果，结合中国的法治环境、营商环境和社会情况等进行的本土化再创造。比如,在《合规管理指引》以及《合规管理办法》中,国务院国资委结合中央企业治理结构的特点,将党委对于合规管理建设的领导作用与董事会、经理层等进行紧密的结合,并将党内法规制度作为合规管理中"规"的重要组成部分,一体推动相关党内法规制度的有效贯彻落实。从现有的企业合规立法成果来看,中国在国有企业的合规管理体系建设方面已经具备了充足的法规依据,在诸多专项合规主题方面也在进行着深入的探索,一些高风险和高监管行业也都已经建立起专门的合规管理体系建设指引。同时,除了强制性建立合规管理体系的法规外,相关法规也在积极鼓励和引导在中国的各类企业开展合规管理体系建设,这些都将推动中国企业合规的全面发展。

（二）行政执法的推动

除了上述通过立法推动以外,行政执法对于合规在企业和整个市场经济环境中的推广和发展也极为重要。行政执法的推动主要体现在两个方面:一方面是监管机关对于违规企业给予行政处罚的同时,向被处罚企业发出《行政指导书》,要求其建立或者完善合规管理体系。另一方面是将违规企业在案发时是否具有有效的合规管理体系或者在案发时没有有效的合规管理体系但在接受调查时是否有能力和意愿来实施整改,建立有效的合规管理体系作为行政机关就是否要与该企业进行行政和解或者给与宽大行政处理的重要依据。下面就行政执法对于企业合规的推动做详细介绍。

1.《行政指导书》与企业合规

根据《行政处罚法》第6条的规定,行政机关在实施行政处罚,纠正违法行为时,应当坚持处罚与教育相结合,教育公民、法人或者其他组织自觉守法。在经济领域的行政处罚执法中,中国的市场监督管理机关除了对于相关违规企业实施行政处罚外,也积极坚持惩罚与教育相结合的原则,通过发出《行政指导书》的形式向企业提出行政指导意见,并要求企业据此进行全面整改。在这些整改意见中,完善企业合规管理是一个重要的指导意见。因此,监管机关通过《行政指导书》可以有力地推动被处罚企业建立和完善合规管理体系。同时,由于《行政指导书》可以公开,在一些典型案例的处理过程中向社会公开具有企业合规整改意见的《行政指导书》,这也是中国监管机关向市场经营主体展现其对于企业合规的认可、支持和推动的态度的重要方式。这些都能推动中国的市场经营主体主动建设和不断完善其合规管理体系。

比如,2021年国家市场监督管理总局在对阿里巴巴集团控股有限公司(以下简称阿里巴巴)就其违反《反垄断法》滥用市场支配地位作出行政处罚决定的同时,向阿里巴巴发出了《行政指导书》,其中第三点即要求阿里巴巴完善企业内部合规控制制度,建立并有效执行反垄断合规制度,明确合规管理要求和流程,完善合规咨询、合规检查、合规汇报、合规考核等内部机制。定期开展公司高管和工作人员合规培训,增强反垄断合规意识,提升合规能力。建立定期向监管部门报告合规情况制度,自觉维护公平竞争的市场秩序。这份《行政指导书》为阿里巴巴开展系统的反垄断合规管理体系建设提供了指引;也通过向社会进行公开来引导与阿里巴巴相同或者相似的企业进行自查,并完善相应的合规管理机制。

2. 行政和解试点与企业合规

中国证监会曾经出台了《行政和解试点实施办法》(中国证券监督管理委员会令第 114 号),在 2015 年 2 月至 2021 年年底试点开展证券期货领域行政和解工作。这一行政和解的试点是指中国证监会在对公民、法人或者其他组织(以下简称行政相对人)涉嫌违反证券期货法律、行政法规和相关监管规定行为进行调查执法过程中,根据行政相对人的申请,与其就改正涉嫌违法行为,消除涉嫌违法行为不良后果,交纳行政和解金补偿投资者损失等进行协商达成行政和解协议,并据此终止调查执法程序的行为。在试点的过程中,企业合规的相关要求曾作为中国证监会与行政相对人达成行政和解协议的条件之一,并在达成该行政和解协议后终止该案的调查、审理程序。

2019 年 4 月 23 日,中国证监会发布了《中国证券监督管理委员会与高盛(亚洲)有限责任公司、北京高华证券有限责任公司达成行政和解协议的公告》(中国证券监督管理委员会公告〔2019〕11 号)。中国证监会对于本案开展调查是因为 2013 年 10 月 8 日至 2015 年 7 月 3 日,高盛(亚洲)有限责任公司(以下简称高盛亚洲)自营交易员通过在北京高华证券有限责任公司(以下简称高华证券)开立的高盛经纪业务账户进行交易,同时向高华证券自营交易员提供业务指导。双方于 2015 年 5 月至 7 月的 4 个交易日的部分交易时段,从事了其他相关股票及股指期货合约交易。因此,中国证监会于 2016 年 7 月对上述行为立案调查。随后,高盛亚洲、高华证券以及高盛亚洲和高华证券的相关工作人员等 9 名行政和解申请人(以下简称申请人)申请行政和解。2019 年 4 月 23 日,中国证监会与这 9 名申请人达成行政和解协议。该行政和解协议中列明了两个和解条件:第一,申请人要交纳行政和解金共计 1.5 亿元人民币;第二,申请人要采取必要措施加强公司的内控管理,并在完成后向中国证监会提交书面整改报告。在完成了这两个条件后,中国证监会终止了对于这 9 名申请人的调查、审理程序。

在这一案例中,中国证监会能够接受行政和解,申请人除了缴纳充足的行政和解金以外,还接受了加强公司内控管理这一与合规相关的要求。可见,在行政机关对于违法企业进行行政处理时,会将企业加强合规管理作为达成行政和解的考量因素之一。加强公司内控管理这一行政和解条件也同样出现在2020年中国证监会与司度(上海)贸易有限公司以及富安达基金管理有限公司、中信期货有限公司、北京千石创富资本管理有限公司、国信期货有限责任公司等五家公司的行政和解中。

中国的监管机关通过将企业加强内控管理作为与违法企业达成行政和解条件的方式来激励违法企业完善合规管理,并以此形成示范效应,鼓励各类企业都能建立合规管理体系,落实企业合规的理念、价值观和要求。

当然,随着2020年3月1日《证券法》的实施以及2022年1月1日《证券期货行政执法当事人承诺制度实施规定》(中国证券监督管理委员会令第194号)的施行,《行政和解试点实施办法》已经随着《证券期货行政执法当事人承诺制度实施规定》的施行而废止。证券期货领域行政和解也转变为行政执法当事人承诺,但是,行政执法当事人承诺的内容与证券期货领域行政和解的条件仍保持一致。因此,企业合规的相关要求也仍然会是除了由行政执法当事人交纳承诺金之外,中国证监会在审查行政执法当事人作出承诺的相关内容,尤其是作为违法行为整改中的一个重要方面。

3. 宽大行政处理与企业合规

2021年修订的《行政处罚法》为行政违法的企业通过企业合规来实现不予行政处罚等宽大行政处理创造了条件。《行政处罚法》第33条的相关规定对此设计了两种出发点不同的路径来鼓励企业在发生行政违法行为之前建立合规管理体系或者在发生行政违法行为之后通过合规整改,建立合规管理体系来满足不予行政处罚的条件。

(1)及时改正与不予行政处罚。《行政处罚法》第33条第1款规定:“违法行为轻微并及时改正,没有造成危害后果的,不予行政处罚。初次违法且危害后果轻微并及时改正的,可以不予行政处罚。”这一款的规定除了关注违法行为轻微、初次违法且危害后果轻微等因素外,及时改正是在实现不予处罚这一宽大行政处理结果时必须要同时满足的条件。

及时改正的一个重要表现形式是企业在发生行政违法行为后及时进行合规整改,建立或完善合规管理体系,改正违法行为并具备了在未来预防类似违法行为发生的能力。从这一路径来看,《行政处罚法》第33条第1款的规定侧重于鼓励企业在发生行政违法行为后通过合规整改等合规措施来获取不予行政处罚的有利结果。

(2)主观无过错与不予行政处罚。《行政处罚法》第33条第2款规定:“当事人有证据足以证明没有主观过错的,不予行政处罚。”这是《行政处罚法》在2021年修订时新增的条款。该条款表明,企业在客观上发生了行政违法行为时,可以以证明没有主观过错的方式实现不予行政处罚。对于企业来说,作为一个拟制的法律主体,企业的法律行为本身是要通过企业的管理人员和员工根据企业内部的组织、政策、流程等以企业的名义对外做出或者通过受企业委托的第三方的行为来实现。所以,对于企业主观方面是否有过错的判断最终需要回到企业的人员和当时合规管理体系的有效性等两个方面。企业的合规管理情况的有效与否是用以证明企业在发生违法行为时是否具有主观过错的一个关键环节。当企业的合规管理体系被证明有效,则企业可以据此来说服监管机关其客观上所实施的行政违法行为并没有主观过错,以此来实现不予行政处罚的结果。从这一路径来看,《行政处罚法》第33条第2款的规定侧重于鼓励企业在发生行政违法行为之前能够积极建立有效的合规管理体系,并据此来证明客观上的行政违法行为因企业不具有主观过错而满足不予行政处罚的条件。

(三)刑事司法的推动

刑事司法的重要目的是根据刑事法律惩罚犯罪,保护人民。惩罚犯罪的方式是刑罚,这是对犯罪人适用的建立在剥夺性痛苦基础上的最为严厉的强制措施。[1] 因此,从后果的严重性角度,刑事司法对于企业比行政执法更具有威慑力。通过刑事司法来推动企业建立和完善合规管理体系,这能够给予企业足够的激励,是一个有效的手段。刑事司法对于企业合规的推动主要存在于两个路径:基于企业合规阻断单位犯罪成立;基于涉案企业合规改革推动涉案企业合规建设。

1. 基于企业合规阻断单位犯罪成立

以犯罪主体进行分类,中国的犯罪可以分为自然人犯罪和单位犯罪。根据我国《刑法》第30条的规定:“公司、企业、事业单位、机关、团体实施的危害社会的行为,法律规定为单位犯罪的,应当负刑事责任。”除了必须是《刑法》分则中明确规定可以适用单位犯罪的罪名外,单位要构成犯罪需要同时具备三个要件,概括来说,即单位意志、单位行为、犯罪利益归单位所有。正是因为单位是法律上拟制的人,其具有独立于单位中各个自然人的人格,因此单位中的自然

---

[1] 张明楷:《刑法学》,法律出版社2011年版。

人所实施的犯罪行为不能完全等同于单位的行为，相应的刑事责任也不能完全归责于单位。但是，也正是因为单位是法律上拟制的人，单位的行为与单位中各个自然人的行为之间有着密不可分的联系，单位行为最终需要通过单位中各个自然人的行为去实现。对此，司法机关在办理涉嫌单位犯罪的刑事案件时，需要审查清楚该犯罪行为是单位行为还是个人行为。同样地，单位如果希望不因员工的个人行为而承担刑事责任，则也需要证明其不具备构成单位犯罪的要件中的一个或多个。企业合规是单位用以进行这样的证明的有效方式之一。单位基于企业合规可以向司法机关证明其所建立的合规管理体系，在高层以身作则、组织建设、制度建设、文化宣传、运行监测和不合规行为处理等方面全力做到了没有实施犯罪行为的主观方面以及以单位名义实施犯罪行为的客观方面，并据此将员工的个人犯罪行为与单位进行区分，进而避免单位受到刑事处罚。这一涉嫌单位犯罪的案件处理思路已经在中国的司法实践中得到了适用。

比如，被誉为中国"合规无罪"第一案的雀巢公司员工侵犯公民个人信息案。[1] 该案中，被告人郑某、杨某分别担任雀巢（中国）有限公司（以下简称雀巢公司）西北区婴儿营养部市务经理、兰州分公司婴儿营养部甘肃区域经理。为了抢占市场份额，推销雀巢奶粉，二人授意该公司兰州分公司婴儿营养部员工被告人杨某某、李某某、杜某某、孙某通过拉关系、支付好处费等手段，多次从兰州大学第一附属医院、兰州军区总医院、兰州兰石医院等多家医院医务人员手中非法获取公民个人信息。案件发生后，多名被告人在案件审理过程中主张他们的犯罪行为实际上是雀巢公司的公司行为，并以此主张无罪。对此，法院在审理的过程中全面审查了雀巢公司在与案件事实相关领域的合规管理情况，经审理查明了如下关键事实：

事实一：雀巢公司指示（复印于雀巢公司员工培训教材）、雀巢公司情况说明证实，雀巢公司不允许员工以推销0~12个月月龄健康婴儿使用的婴儿配方奶粉为目的，直接或间接地与孕妇、哺乳妈妈或公众接触。不允许员工未经正当程序并经公司批准而主动收集公民个人信息。

事实二：雀巢公司DR的概念、目标任务、与DR相关的信息获取方式等情况。DR（0~3个月月龄的婴儿用雀巢奶粉的客户）任务目标不是收集消费者个人信息，DR工作完成的实际效果由中国健康促进与教育协会承办的营养咨询中心（NCC）通过电访来了解和评估。为完成电访调研，需要用到消费者自

[1] 甘肃省兰州市中级人民法院刑事裁定书，（2017）甘01刑终89号。

愿提供的部分个人信息（如姓名和电话），雀巢公司不允许为此向医务人员支付任何资金或者其他利益。雀巢公司从不允许员工以非法方式收集消费者个人信息，并且从不为此向员工、医务人员提供资金。雀巢公司在《雀巢指示》以及《关于与保健系统关系的图文指引》等文件中明确规定，"对医务专业人员不得进行金钱、物质引诱"。对于这些规定要求，雀巢公司要求所有营养专员接受培训并签署承诺函。

事实三：医务渠道WHO在线测试成绩、测试卷、关于在高风险国家与医务专业人员和医疗保健机构交往的指示、员工奖金表，证实被告人郑某、杨某、李某某、杜某某、杨某某、孙某均参加雀巢公司不允许营养专员向医务人员支付费用获取公民信息的培训、测试。

事实四：雀巢公司的政策与指示、雀巢宪章、关于与卫生保健系统关系的图文指引，证实雀巢公司遵守世界卫生组织《国家母乳代用品销售守则》及卫生部门的规定，禁止员工向母亲发放婴儿配方奶粉免费样品、禁止向医务专业人员提供金钱或物质的奖励，以引诱其推销婴儿配方奶粉等。

正是基于上述事实的查明，法院综合评判：单位犯罪是为本单位谋取非法利益之目的，在客观上实施了由本单位集体决定或者由负责人决定的行为。雀巢公司政策、员工行为规范等证据证实，雀巢公司禁止员工从事侵犯公民个人信息的违法犯罪行为，各上诉人违反公司管理规定，为提升个人业绩而实施犯罪为个人行为。因此，本案为雀巢公司员工的个人犯罪行为，雀巢公司并不因此承担刑事责任。

基于企业合规阻断单位犯罪成立的刑事司法实践对于中国企业积极开展合规建设，建立有效的合规管理体系具有正面的引导作用。

2. 基于涉案企业合规改革推动涉案企业合规建设

与基于企业合规阻断单位犯罪成立的路径不同，中国的涉案企业合规改革针对的是已经构成刑事犯罪的企业。这一路径对于企业合规的推动方式在于检察机关对于办理的涉企刑事案件，针对企业涉嫌具体犯罪，结合办案实际，依职权或者已申请启动涉案企业合规第三方监督评估机制，督促涉案企业作出专项合规整改计划、合规管理体系建设方案等合规建设方案，通过涉案企业合规第三方监督评估机制对涉案企业的合规整改进行合规评估，并由对应的第三方监督评估机制管委会和检察机关对于合规评估进行审查，根据审查结果依法对涉案企业及个人做出不批准逮捕、不起诉决定或者根据认罪认罚从宽制度提出轻缓量刑建议，以此促进企业合规守法经营，减少和预防企业犯罪，实现司法办案政治效果、法律效果、社会效果的有机统一。

涉案企业合规改革是由最高人民检察院从 2020 年开始启动的。从 2022 年 4 月起,涉案企业合规改革已经在全国范围内全面推开。涉案企业合规改革给予了企业在建立合规管理体系、实施合规计划等方面提供了正向的激励,让企业合规不再只是企业的成本,而是一种应对刑事责任时的保障。这也为企业认同合规的理念、要求和价值观,建立企业合规管理体系,开展企业合规管理体系建设起到了积极的推动作用。由于涉案企业合规改革是一个系统性工程且对于中国企业合规的发展有着极为重要的推动作用,因此,本书将在第八章中以专章的形式进行全面的介绍。

第四节　企业合规在中国发展的展望

结合上述介绍可以看到,企业合规虽然并非起源于中国,但是基于企业合规对于中国企业的健康和可持续发展、国民经济的安全和国际竞争力以及国家治理体系和治理能力现代化的助力等方面的作用,企业合规得到了党和政府的高度重视和积极推动。因此,企业合规虽然来到中国的时间不久,但在中国已经进入高速发展期,并从借鉴西方的最佳实践逐步发展到创造具有中国特色的企业合规模式。可以说,企业合规是在中国的企业开展内部治理、对外经营的必然选择,也是党和政府对于市场经济主体进行引导,对于市场经济整体进行调控的重要手段。从目前的形势来看,企业合规在中国的发展会有以下趋势。

一、政策引领

正如习近平总书记在主持召开的中央全面依法治国委员会第二次会议上的深刻阐述:“法治是最好的营商环境。”党的十八大以来,以习近平同志为核心的党中央全面推进依法治国,以更有力的法治举措推动营商环境不断优化。同时,法治也是党中央推进国家治理体系和治理能力现代化的必要组成部分。企业合规意味着企业要遵守规范,依法合规经营。这与党中央全面推进依法治国,推进国家治理体系和治理能力现代化方向一致。

党中央也大力支持企业合规在中国的发展。习近平总书记在推进“一带一路”倡议工作 5 周年座谈会上的重要讲话中指出,要规范企业投资经营行为,合法合规经营,注意保护环境,履行社会责任,成为共建“一带一路”的形象大使。最高人民检察院从 2020 年开始启动涉案企业合规改革,并于 2022 年在全国全面推开。国务院国资委在 2022 年发布《合规管理办法》。这些都展现了党和政府对于企业合规在中国发展的推动。

二、立法完善

中国在中央和地方两个层面通过立法对于企业合规管理体系的建设要求和标准已经形成了丰富的成果。不过在企业合规方面的立法仍然需要不断探索和完善。比如涉案企业合规改革虽然已经全面推开,但在与之最为相关的《刑事诉讼法》中并没有建立起配套的规定。检察机关在对于通过合规审查的涉案企业进行处理时可以使用的法律规定主要是“认罪认罚从宽”“相对不起诉”等。这些法律规定本身并不是专门为涉案企业合规设置的,其本身的适用范围也具有局限性,如“相对不起诉”一般只能适用于有期徒刑 3 年以下的犯罪情节轻微的刑事犯罪。这会在很大程度上影响涉案企业合规的适用范围,限制企业合规的发展。

除了《刑事诉讼法》以外,在《行政处罚法》《反垄断法》《反不正当竞争法》等与企业合规密切相关的诸多法律、行政法规中也需要考虑探索制定专门的涉及在满足特定条件下,违法企业可以通过企业合规来实现宽大行政处理的规定。

因此,作为实现企业合规行政激励和刑事激励的法律基础,相关立法的探索和完善也会是下一阶段企业合规发展的重点。

三、行政执法和刑事司法一体推动

徒法不足以自行。在企业合规相关立法不断完善的基础上,行政执法和刑事司法会在企业合规适用方面更为活跃,并会通过行政执法和刑事司法不断形成最佳实践和典型案例,以持续引导企业理解合规、建立适合自身的合规管理体系、开展有效的合规管理。同时,行政执法和刑事司法也在积极探索通过激励措施推动涉嫌行政违法或者刑事犯罪的企业建立或完善合规管理体系。

四、国有企业带动

从 2018 年的《合规管理指引》到 2022 年的《合规管理办法》,在国务院国资委的领导以及地方各级国资委的推动下,中央企业和地方各级国有企业的合规管理建设和开展将稳步推进。这是中国企业合规的基本盘。

同时,作为国民经济发展的中坚力量,国有企业,尤其是中央企业往往是供应链上的头部企业。在整个供应链链条上,国有企业与民营企业、外资企业都有着极为紧密的合作和往来。因此,国有企业有能力也有责任带动包括民营企业、外资企业等在内的市场经济主体发展企业合规。

此外,国有企业还是中国企业"走出去"的重要力量。国务院国资委介绍,国有企业以高质量共建"一带一路"为重点,持续增强全球资源配置能力,目前中央企业拥有境外机构和项目超过8000个,资产总额近8万亿元。[1] 海外经营合规也是国有企业需要认真研究和解决的难题。这也将是中国企业合规发展的一个重要方向。

五、社会力量参与

除了党和国家的支持和推动外,社会力量也将越来越多地参与中国企业合规的发展中。由于企业合规涉及经济领域的各个行业以及各个类型的企业,这些差异会给每一家企业带来不同的合规风险偏好,进而会对企业在建立和完善合规管理体系方面产生实质性影响。可见,合规管理体系可以有多元化的形式。由于企业合规所涉及的范围广泛,监管机关需要积极引入社会力量参与并借助社会力量,包括行业协会、专家、学者、中介服务机构等的专业能力来共同推动企业合规的发展。社会力量将主要从两个方面推动中国企业合规的发展。

(一)建立不同行业和不同类型企业的合规管理体系建设标准

根据《涉案企业合规建设、评估和审查办法(试行)》第4条的规定,合规建设领导小组应当在全面分析研判企业合规风险的基础上,结合本行业合规建设指引,研究制定专项合规计划和内部规章制度。可见,"本行业合规建设指引"对于合规建设具有重要指导作用。中国的各个行业合规建设指引需要相关监管机关与社会力量共同参与完成。目前已有的成果包括:中国化学制药工业协会发布的团体标准《医药行业合规管理规范》(T/PIAC 00001—2020);中国中小企业协会发布的团体标准《中小企业合规管理体系有效性评价》(T/CASMES 19—2022)等。目前已经立项的标准包括中国工业经济联合会组织的《工业领域企业合规管理体系指南》。社会力量对于不同行业和不同类型企业的合规管理体系建设标准的参与将更加活跃,也会起到更大的作用。

(二)参与涉案企业合规第三方监督评估

涉案企业合规改革建立起了涉案企业合规第三方监督评估机制,对于涉案企业的合规建设由涉案企业合规第三方监督评估机制管委会从第三方机制专业人员名录库中选任并组成第三方监督评估组织(以下简称第三方组织)开展专业的合规评估。根据《关于建立涉案企业合规第三方监督评估机制的指导

---

[1] 《国企高质量发展迈出实质性步伐》,载《经济日报》2022年6月18日,第2版。

意见(试行)》第1条的规定,第三方机制专业人员主要包括律师、注册会计师、税务师(注册税务师)、企业合规师、相关领域专家学者以及有关行业协会、商会、机构、社会团体的专业人员。这些专业人员大多属于社会力量。

随着涉案企业合规在全国的推开,第三方监督评估机制将得到广泛的运用,第三方机制专业人员也将广泛参与对于涉案企业合规建设的评估中,用专业知识帮助涉案企业做好合规整改,完成专项合规整改计划,做好合规管理体系建设。

综上所述,中国的企业合规是一个政策引领,立法、行政和司法一体推进,国有企业带头和社会力量积极参与的全方位发展。中国的企业合规不仅仅是企业在内部治理和经营管理方面的改造升级,更是党和政府全面推动国家治理体系和治理能力现代化的重要举措。因此,企业合规是大势所趋,中国的每一个市场经济参与者都需要理解、接受和落实。

第八章　涉案企业合规的实体法与程序法适用问题

第一节　涉案企业合规改革概述

一、涉案企业合规改革的发展历程

（一）涉案企业合规改革启动的背景

2018 年 11 月 1 日，习近平总书记在民营企业座谈会上指出："在经济高速增长时期，一部分民营企业经营比较粗放，热衷于铺摊子、上规模，负债过高，在环保、社保、质量、安全、信用等方面存在不规范、不稳健甚至不合规合法的问题，在加强监管执法的背景下必然会面临很大压力。近年来，我们出台的支持民营经济发展的政策措施很多，但不少落实不好、效果不彰。有些部门和地方对党和国家鼓励、支持、引导民营企业发展的大政方针认识不到位，工作中存在不应该有的政策偏差，在平等保护产权、平等参与市场竞争、平等使用生产要素等方面还有很大差距。毫不动摇鼓励、支持、引导非公有制经济发展，保证各种所有制经济依法平等使用生产要素、公平参与市场竞争、同等受到法律保护。"[1]同年，最高人民检察院（以下简称最高检）认真学习贯彻习近平总书记在民营企业座谈会上的重要讲话精神，在司法办案中对国企民企、内资外资、大中小微企业落实好"平等"二字，会同全国工商联调研座谈，充分听取民营企业家意见。从已发 3 个司法文件中归纳出 11 项具体检察政策，严格区分正当融资与非法集资、产权纠纷与恶意侵占、个人财产与企业法人财产等界限，强调审慎采用限制人身和财产权利的办案强制措施。[2] 在这 11 项具体检察政策中，

---

〔1〕 习近平：《在民营企业座谈会上的讲话》，载中国政府网 2018 年 11 月 1 日，http://www.gov.cn/xinwen/2018-11/01/content_5336616.htm。

〔2〕《2019 年最高人民检察院工作报告（文字实录）》，载中华人民共和国最高人民检察院官网 2019 年 3 月 12 日，https://www.spp.gov.cn/dj/xwjj/201903/t20190312_411511.shtml。

最高检对企业负责人涉经营类犯罪,依法能不捕的不捕、能不诉的不诉、能不判实刑的提出适用缓刑建议。

在对于上述的检察政策进行落实的过程中,检察机关发现,对这些涉经营类犯罪不能一宽了之,如果不找到问题根源并促进问题解决,企业刑事犯罪风险仍然存在,甚至可能出更大的问题。基于这些实践经验,最高检启动了涉案企业合规改革试点。

(二)涉案企业合规改革的试点

从2020年3月起,最高检总共开展了两期涉案企业合规改革试点。2022年4月2日,最高检会同全国工商联专门召开会议,对全面推开改革涉案企业合规改革试点工作作出具体部署。

1. 第一期试点

从2020年3月起,最高检部署在上海市浦东新区、金山区,江苏省张家港市,深圳市宝安区、南山区,山东省郯城县等6个基层检察院开展涉案企业合规改革试点。目的是以相对不起诉激励和督促涉罪企业通过全面整改完善合规管控体系,提升合规管理水平。[1] 在此基础上,2021年6月3日,最高检举办"依法督促涉案企业合规管理将严管厚爱落到实处"新闻发布会,发布企业合规改革试点典型案例,共计4例,涉及罪名包括污染环境罪、虚开增值税专用发票罪、对非国家工作人员行贿罪、串通投标罪等。在这些典型案例中,检察机关开展了一系列探索,对于依法可不捕、不诉的涉案企业,责成其作出合规承诺、切实整改。

2. 第二期试点

在总结第一批试点经验的基础上,最高检在2021年3月19日印发了《关于开展企业合规改革试点工作方案》(以下简称《工作方案》),启动了第二期试点。第二期试点的时间从2021年3月至2022年3月;试点范围包括北京、辽宁、上海、江苏、浙江、福建、山东、湖北、湖南、广东等10个省份27家市级检察院165家基层检察院。截至2022年4月初,10个试点省份共办理企业合规案件766件,其中适用第三方监督评估机制案件503件,取得了良好成效。[2] 在此基础上,2021年12月8日,最高检发布了第二批企业合规典型案例,共计6例,涉及罪名包括假冒注册商标罪,销售假冒注册商标的商品罪,串通投标罪,

---

〔1〕 董坤:《论企业合规检察主导的中国路径》,载《政法论坛》2022年第1期。

〔2〕 最高人民检察院涉案企业合规研究指导组编:《涉案企业合规办案手册》,中国检察出版社2022年版,第18页。

重大责任事故罪,走私普通货物罪,掩饰、隐瞒犯罪所得罪等。

最高检第四检察厅负责人表示,该批典型案例都是检察机关在企业合规改革试点实践中刚刚办理的案件,既体现检察机关对涉案合规企业的“真严管、真厚爱”,又较好发挥案例本身的指导意义。该批典型案例特点突出,在普遍适用认罪认罚从宽制度的前提下,有的是对涉案企业异地适用第三方监督评估机制,有的是与“挂案”清理相结合,有的是刑行衔接推动行业治理,有的是非试点地区在法律框架内积极开展合规试点等。[1]

3. 涉案企业合规改革试点工作全面推开

2022 年 3 月 8 日,张军检察长在《最高人民检察院工作报告——2022 年 3 月 8 日在第十三届全国人民代表大会第五次会议上》中对于 2022 年的工作安排提到“全面推开涉案企业合规改革,落实第三方监督评估机制”。同年 4 月 2 日,最高检会同全国工商联专门召开会议,深入总结 2 年来检察机关涉案企业合规改革试点工作情况,并对全面推开改革试点工作作出具体部署。至此,涉案企业合规改革在全国全面推开。

二、涉案企业合规的参与主体

中国的涉案企业合规最初是由检察机关推动,正如《工作方案》在基本内涵中所提到的:“开展企业合规改革试点工作,是指检察机关对于办理的涉企刑事案件,在依法做出不批准逮捕、不起诉决定或者根据认罪认罚从宽制度提出轻缓量刑建议等的同时,针对企业涉嫌具体犯罪,结合办案实际,督促涉案企业作出合规承诺并积极整改落实,促进企业合规守法经营,减少和预防企业犯罪,实现司法办案政治效果、法律效果、社会效果的有机统一。”

随着涉案企业合规改革的推进,检察机关积极探索建立涉案企业合规第三方监督评估机制(以下简称第三方机制)。这一机制是指人民检察院在办理涉企犯罪案件时,对符合企业合规改革试点适用条件的,交由第三方监督评估机制管理委员会(以下简称第三方机制管委会)选任组成的第三方监督评估组织(以下简称第三方组织),对涉案企业的合规承诺进行调查、评估、监督和考察。考察结果作为人民检察院依法处理案件的重要参考。其中,第三方组织的组成人员主要是从第三方机制管委会所选任的涉案企业合规第三方监督评估机制专业人员(以下简称第三方机制专业人员)中基于个案选择确定。

---

[1] 《企业合规典型案例(第二批)》,载中华人民共和国最高人民检察院官网 2021 年 12 月 15 日,https://www.spp.gov.cn/spp/xwfbh/wsfbt/202112/t20211215_538815.shtml#2。

可见，涉案企业合规的参与主体主要包括检察机关、第三方机制管委会、第三方机制专业人员和第三方组织。

（一）检察机关

检察机关在涉案企业合规中扮演着双重角色，一方面，检察机关是第三方机制管委会的成员单位；另一方面，检察机关是具体个案中第三方机制的监督者和决策者。其中检察机关作为第三方机制管委会成员单位的职责将在下文关于第三方机制管委会部分予以介绍。这里对于检察机关在具体个案中的职责进行介绍。检察机关在办理具体个案中第三方机制中应当履行下列职责：

1. 对于办理的涉企犯罪案件，依职权审查是否符合适用第三方机制的条件，并及时征询涉案企业、个人的意见。经审查认为涉企犯罪案件符合第三方机制适用条件的，可以商请本地区第三方机制管委会启动第三方机制。

2. 对第三方组织组成人员名单进行备案审查，发现组成人员存在明显不适当情形的，及时向第三方机制管委会提出意见建议。

3. 对涉案企业专项合规整改计划、合规管理体系建设方案、定期书面报告进行审查，向第三方组织提出意见建议。

4. 对第三方组织合规考察书面报告进行审查，向第三方机制管委会提出意见建议，必要时开展调查核实工作。

5. 对第三方组织对于涉案企业合规评估的过程和结论进行审核，对于涉案企业合规建设经评估符合有效性标准的，可以参考评估结论依法作出不批准逮捕、变更强制措施、不起诉的决定，提出从宽处罚的量刑建议，或者向有关主管机关提出从宽处罚、处分的检察意见。对于涉案企业合规建设经评估未达到有效性标准或者采用弄虚作假手段骗取评估结论的，可以依法作出批准逮捕、起诉的决定，提出从严处罚的量刑建议，或者向有关主管机关提出从严处罚、处分的检察意见。

6. 对发现涉案企业在预防违法犯罪方面制度不健全、不落实，管理不完善，存在违法犯罪隐患，需要及时消除的，可以结合合规材料，向涉案企业提出检察建议。

7. 对涉案企业作出不起诉决定，认为需要给予行政处罚、处分或者没收其违法所得的，应当结合合规材料，依法向有关主管机关提出检察意见。

8. 通过第三方机制，发现涉案企业或其人员存在其他违法违规情形的，应当依法将案件线索移送有关主管机关、公安机关或者纪检监察机关处理。

9. 依法办理涉案企业、个人及其辩护人、诉讼代理人或者其他相关单位、人员在第三方机制运行期间提出的申诉、控告或者有关申请、要求。

10. 刑事诉讼法、人民检察院刑事诉讼规则等法律、司法解释规定的其他法定职责。

（二）第三方机制管委会

1. 第三方机制管委会的组成

2021 年 6 月 3 日发布的《关于建立涉案企业合规第三方监督评估机制的指导意见（试行）》（以下简称《指导意见》）规定，国家层面第三方机制管委会是由最高检、国务院国资委、财政部、全国工商联会同司法部、生态环境部、国家税务总局、国家市场监督管理总局、中国国际贸易促进委员会等部门组建。其中全国工商联负责承担第三方机制管委会的日常工作，国务院国资委、财政部负责承担管委会中涉及国有企业的日常工作。

2022 年 6 月，人力资源和社会保障部、应急管理部、海关总署、中国证监会等四部门也加入了第三方机制管委会。至此，国家层面第三方机制管委会总共有 13 个部委作为成员单位组成。

除国家层面的第三方机制管委会以外，各地方也需要成立专门的第三方机制管委会，即地方人民检察院和国资委、财政部门、工商联应当结合本地实际，参照国家层面的第三方机制管委会组建本地区的第三方机制管委会（以下简称地方第三方机制管委会）。

2. 第三方机制管委会的职责

国家层面第三方机制管委会和地方第三方机制管委会的职责略有不同，具体而言，国家层面第三方机制管委会履行下列职责：（1）研究制定涉及第三方机制的规范性文件；（2）研究论证第三方机制涉及的重大法律政策问题；（3）研究制定第三方机制专业人员名录库的入库条件和管理办法；（4）研究制定第三方组织及其人员的工作保障和激励制度；（5）对试点地方第三方机制管委会和第三方组织开展日常监督和巡回检查；（6）协调相关成员单位对所属或者主管的中华全国律师协会、中国注册会计师协会、中国企业联合会、中国注册税务师协会、中国贸促会全国企业合规委员会（中国贸促会商事法律服务中心）以及其他行业协会、商会、机构等在企业合规领域的业务指导，研究制定涉企犯罪的合规考察标准；（7）统筹协调全国范围内第三方机制的其他工作。

地方第三方机制管委会履行下列职责：（1）建立本地区第三方机制专业人员名录库，并根据各方意见建议和工作实际进行动态管理；（2）负责本地区第三方组织及其成员的日常选任、培训、考核工作，确保其依法依规履行职责；

(3)对选任组成的第三方组织及其成员开展日常监督和巡回检查;(4)对第三方组织的成员违反本指导意见的规定,或者实施其他违反社会公德、职业伦理的行为,严重损害第三方组织形象或公信力的,及时向有关主管机关、协会等提出惩戒建议,涉嫌违法犯罪的,及时向公安司法机关报案或者举报,并将其列入第三方机制专业人员名录库黑名单;(5)统筹协调本地区第三方机制的其他工作。

3. 国家层面第三方机制管委会联席会议机制

国家层面第三方机制管委会各成员单位建立联席会议机制。管委会以联席会议形式研究制定重大规范性文件,研究论证重大法律政策问题,研究确定阶段性工作重点和措施,协调议定重大事项,推动管委会有效履职尽责。

在联席会议机制中,最高检、国务院国资委、财政部、全国工商联负责同志担任召集人。其中涉及企业合规改革试点工作及重大法律政策议题的由最高检召集,涉及第三方机制管委会日常工作及民营企业议题的由全国工商联召集,涉及国有企业议题的由国务院国资委、财政部召集。召集人可以根据议题邀请其他相关部门、单位以及专家学者参加会议。联席会议原则上每半年召开一次,也可以根据工作需要临时召开,研究有关重大事项和规范性文件,确定阶段性工作重点和措施。

联席会议设联络员,由各成员单位有关司局负责同志担任。在联席会议召开之前,应当召开联络员会议,研究讨论联席会议议题和需提交联席会议议定的事项及其他有关工作。联络员应当根据所在单位职能,履行下列职责:(1)协调本单位与其他成员单位的工作联系;(2)组织研究起草有关规范性文件,研究论证有关法律政策问题,对有关事项或者议题提出意见建议;(3)组织研究提出本单位需提交联席会议讨论的议题;(4)在联席会议成员因故不能参加会议时,受委托参加会议并发表意见;(5)组织落实联席会议确定的工作任务和议定事项。联席会议设联系人,由第三方机制管委会各成员单位有关处级负责同志担任,负责日常联系沟通工作,承办联席会议成员及联络员的交办事项。

联席会议以纪要形式明确会议议定事项,印发第三方机制管委会各成员单位及有关方面贯彻落实。各成员单位应当按照职责分工,认真落实联席会议确定的工作任务和议定事项,落实情况定期报告联席会议;也应建立健全日常联系、联合调研、信息共享、宣传培训等机制,推动企业合规改革试点和第三方机制相关工作的顺利进行。其中对于重大事项各成员单元应按程序报批。

4. 国家层面第三方机制管委会办公室

第三方机制管委会办公室是国家层面第三方机制管委会设置的常设机构,

负责承担管委会的日常工作。办公室设在全国工商联,由全国工商联有关部门负责同志担任办公室主任,最高检、国务院国资委、财政部有关部门负责同志担任办公室副主任。

第三方机制管委会办公室履行下列职责:(1)协调督促各成员单位落实联席会议确定的工作任务和议定事项;(2)收集整理各成员单位提交联席会议研究讨论的议题,负责联席会议和联络员会议的组织筹备工作;(3)协调指导联席会议联系人开展日常联系沟通工作;(4)负责国家层面第三方机制专业人员名录库的建立选任、日常管理、动态调整,并建立禁入名单等惩戒机制;(5)组织开展对试点地方第三方机制管委会和第三方组织日常监督和巡回检查;(6)承担第三方机制管委会及其联席会议交办的其他工作。

除了上述职责外,第三方机制管委会办公室还应当采取有效措施,建立健全第三方机制管委会联合调研、信息共享、案例指导、宣传培训等机制,并加强与中华全国律师协会、中国注册会计师协会、中国企业联合会、中国注册税务师协会、中国贸促会全国企业合规委员会(中国贸促会商事法律服务中心)以及其他行业协会、商会、机构的工作联系。

第三方机制管委会办公室可以推动各成员单位、各工作联系单位根据工作需要互派干部挂职交流,探索相关单位工作人员兼任检察官助理制度,并协调各成员单位视情派员参与第三方机制管委会办公室工作,提升企业合规工作专业化规范化水平。

5. 巡回检查小组

巡回检查小组是由第三方机制管委会办公室牵头组建。巡回检查小组的成员可以由人大代表、政协委员、人民监督员、退休法官、退休检察官以及会计、审计、法律、合规等相关领域的专家学者担任。

巡回检查小组的检查对象是试点地方第三方机制管委会和相关第三方组织及其组成人员的履职情况。巡回检查小组可以开展不预先告知的现场抽查和跟踪监督。第三方机制管委会办公室应当将巡回检查情况及时报告国家层面第三方机制管委会及其联席会议,并提出改进工作的意见建议。

6. 地方上第三方机制管委会的相关设置

除了地方第三方机制管委会以外,地方的人民检察院和国资委、财政、工商联等有关单位应当结合本地实际,建立联席会议机制,设立第三方机制管委会办公室负责日常工作。

（三）第三方机制专业人员

1. 第三方机制专业人员的构成

第三方机制专业人员是指由第三方机制管委会选任确定，作为第三方组织组成人员参与涉案企业合规第三方监督评估工作的相关领域专业人员，主要包括律师、注册会计师、税务师（注册税务师）、企业合规师、相关领域专家学者以及有关行业协会、商会、机构、社会团体（以下简称有关组织）的专业人员。生态环境、税务、市场监督管理等政府工作部门中具有专业知识的人员可以被选任确定为第三方机制专业人员，或者可以受第三方机制管委会邀请或者受所在单位委派参加第三方组织及其相关工作，其选任管理具体事宜由第三方机制管委会与其所在单位协商确定。有关政府工作部门所属企事业单位中的专业人员可以被选任确定为第三方机制专业人员，参加第三方组织及其相关工作。有关单位中具有专门知识的退休人员参加第三方组织及其相关工作的，应当同时符合有关退休人员的管理规定。

2. 第三方机制专业人员名录库

（1）第三方机制专业人员名录库的组建

国家层面、地方第三方机制管委会（主要是包括省级和地市级）应当组建本级第三方机制专业人员名录库（以下简称名录库）。经省级第三方机制管委会审核同意，有条件的县级第三方机制管委会可以组建名录库。名录库以个人作为入库主体，不得以单位、团体作为入库主体。第三方机制管委会应当明确入库人员的任职期限，一般为 2 年至 3 年。经第三方机制管委会审核，期满后可以续任。

名录库应当分类组建，总人数不少于 50 人。人员数量、组成结构和各专业领域名额分配可以由负责组建名录库的第三方机制管委会根据工作需要自行确定，并可以结合实际进行调整。省级以下名录库的入库人员限定为本省（自治区、直辖市）区域内的专业人员。因专业人员数量不足未达到组建条件的，可以由省级第三方机制管委会统筹协调相邻地市联合组建名录库。

第三方机制管委会应当将拟入库人选名单及监督联系方式向社会公示，接受社会监督。公示可以通过在拟入库人选所在单位或者有关新闻媒体、网站发布公示通知等形式进行，公示期一般不少于 7 个工作日。

第三方机制管委会在确定拟入库人选时应当综合考虑报名人员的政治素质、执业（工作）时间、工作业绩、研究成果、表彰奖励，以及所在单位的资质条件、人员规模、所获奖励、行业影响力等情况。同等条件下，可以优先考虑担任党代表、人大代表、政协委员、人民团体职务的人选。

(2)第三方机制专业人员名录库的调整

第三方机制管委会应当根据工作需要,结合履职台账、考核情况以及本人意愿、所在单位或者所属有关组织意见等,定期或者不定期对名录库人员进行动态调整。名录库人员名单调整更新后,应当依照相关规定,及时向社会公布。第三方机制专业人员名录库的调整主要分为两种情形:一是第三方机制专业人员主动辞任;二是第三方机制专业人员因违法违规或者考核评价结果两次被确定为不合格而被调整出库。

对于第三方机制专业人员主动辞任,这主要适用于第三方机制专业人员因客观原因不能履职、本人不愿继续履职或者发生影响履职重大事项等情况。在发生这些情况时,第三方机制专业人员应当及时向第三方机制管委会报告并说明情况,主动辞任。第三方机制管委会应当及时进行审查并将其调整出库。

对于第三方机制专业人员因违法违规或者考核评价结果两次确定为不合格而被调整出库的,这主要是基于下列情形:①在选任或者履职中弄虚作假,提供虚假材料或者情况的;②受到刑事处罚、被开除公职或者开除党籍的;③受到行政处罚或者行业惩戒,情节严重的;④违反《指导意见》第 17 条第 2 款第 2 项至第 4 项规定的;⑤利用第三方机制专业人员身份发表与履职无关的言论或者从事与履职无关的活动,造成严重不良影响的;⑥考核评价结果两次确定为不合格的;⑦实施严重违反社会公德、职业道德或者其他严重有损第三方机制专业人员形象、公信力行为的;⑧其他不适宜继续履行第三方监督评估职责的情形。

此外,第三方机制管委会发现第三方机制专业人员的行为涉嫌违规的,应当及时向有关主管机关,或其所在单位或者所属有关组织反映情况、提出惩戒或者处理建议;涉嫌违法犯罪的,应当及时向有关机关报案或者举报。

(3)第三方机制专业人员名录库禁入名单

第三方机制管委会应建立第三方机制专业人员名录库禁入名单制度。对于满足上述因违法违规或者考核评价结果两词确定为不合格而被调整出库的第三方机制专业人员,应当列入名录库禁入名单。第三方机制管委会对列入名录库禁入名单的人员应当逐级汇总上报,实现信息共享。

3. 第三方机制专业人员任职条件

第三方机制专业人员应当拥有较好的政治素质和道德品质,具备履行第三方监督评估工作的专业知识、业务能力和时间精力,其所在单位或者所属有关组织同意其参与第三方监督评估工作。第三方机制专业人员一般应当具备下列条件:(1)拥护中国共产党领导,拥护我国社会主义法治;(2)具有良好道德品行和职业操守;(3)持有本行业执业资格证书,从事本行业工作满3年;(4)工作业绩突出,近3年考核等次为称职以上;(5)熟悉企业运行管理或者具备相应专业知识;(6)近3年未受过与执业行为有关的行政处罚或者行业惩戒;(7)无受过刑事处罚、被开除公职或者开除党籍等情形;(8)无其他不适宜履职的情形。

4. 第三方机制专业人员的权利、义务与职责

第三方机制专业人员根据其主体资格以及个案履职具有相应的权利、义务与职责。

(1)第三方机制专业人员基于其主体资格主要享有下列权利:①被抽选为所属第三方机制管委会管辖范围内的第三方组织成员;②参加所属第三方机制管委会组织的培训;③获得所属第三方机制管委会的奖励激励;④自愿退出专业人员名录库;⑤对被处理决定向所属第三方机制管委会提出申辩。

(2)第三方机制专业人员基于其主体资格应主要承担下列义务:①按照所属第三方机制管委会的要求,提供个人真实材料,技术职称、工作单位等重要信息发生变更时,应在10个工作日内向第三方机制管委会报备,不得在选任或者履职中弄虚作假,提供虚假材料或者情况;②服从所属第三方机制管委会的管理;③接受所属第三方机制管委会组织的培训;④接受所属第三方机制管委会的考核;⑤因客观原因不能履职的,或者出现其他影响履职的重大事项,应当及时向所属第三方机制管委会报告;⑥不得利用第三方机制专业人员身份发表与履职无关的言论或者从事与履职无关的活动;⑦不得实施严重违反社会公德、职业道德或者其他严重有损第三方机制专业人员形象、公信力行为的;⑧遵守法律法规和有关纪律规定。

(3)第三方机制专业人员在入选第三方组织对于个案进行监督评估时,主要享有下列权利:①对涉案企业合规第三方监督评估工作提出意见和建议;②因正当理由不适宜参加涉案企业合规第三方监督评估的,有权向所属第三方机制管委会提出申请;③有权了解涉案企业,包括获得开展涉案企业合规第三方监督评估的必要信息,认为信息不充分时可以要求涉案企业补充相关资料,要求涉案企业补充相关资料的,应当经第三方组织审核同意;④有权独立参与涉案企业合规第三方监督评估并发表意见,不受任何单位或者个人的干预;当个人意见与其他组织成员意见发生分歧时,有权保留个人意见,并在合规考察书面报告中注明不同意见和理由。

(4)第三方机制专业人员在入选第三方组织对于个案进行监督评估时,主

要承担下列义务：①遵纪守法，勤勉尽责，客观中立；②不得泄露履职过程中知悉的国家秘密、商业秘密和个人隐私；③不得利用履职便利，索取、收受贿赂或者非法侵占涉案企业、个人的财物；④不得利用履职便利，干扰涉案企业正常生产经营活动；⑤第三方组织组成人员系律师、注册会计师、税务师（注册税务师）等中介组织人员的，在履行第三方监督评估职责期间不得违反规定接受可能有利益关系的业务；在履行第三方监督评估职责结束后2年以内，上述人员及其所在中介组织不得接受涉案企业、人员或者其他有利益关系的单位、人员的业务。

（5）第三方机制专业人员在入选第三方组织对于个案进行监督评估时，需主要履行下列职责：①认真履职、勤勉尽责、中立客观，按照规定的权限和程序，遵照利益冲突管理的有关要求，依法、独立、客观、公正地进行涉案企业合规第三方监督评估；②参与审查涉案企业制定专项合规整改计划的可行性、有效性和全面性，提出修改完善的意见、建议；③参与审查涉案企业所建设的合规管理体系的有效性，提出修改完善的意见、建议；④在合规考察期内，可以针对涉案企业专项合规整改计划、合规管理体系的建设、定期书面报告参与开展必要的监督、检查、评估；⑤合规考察期届满后，参与对涉案企业专项合规整改计划的完成情况以及合规管理体系有效性的建设情况等进行检查、评估和考核，参与制作完成合规考察书面报告，并对所签署的意见负责；⑥根据办理案件的人民检察院的要求，参加涉案企业的听证会；⑦合规考察期限内，发现涉案企业或其人员尚未被办案机关掌握的犯罪事实或者新实施的犯罪行为、新出现的不合规行为，及时向所属第三方机制管委会及负责办理案件的人民检察院报告；⑧法律、法规规定的其他职责。

5. 第三方机制专业人员的考核评价

第三方机制管委会负责对于所属的第三方机制专业人员进行考核评价。

（1）考核评价的方式。①第三方机制管委会可以通过定期考核、一案一评、随机抽查、巡回检查等方式，对第三方机制专业人员进行考核评价。②履职台账制作。第三方机制管委会应当建立健全第三方机制专业人员履职台账，全面客观记录第三方机制专业人员业务培训、参加活动和履行职责情况，作为确定考核结果的重要参考。③意见征求。在对第三方机制专业人员的履职情况开展考核评价时，第三方机制管委会应当主动征求办理案件的检察机关、巡回检查小组以及涉案企业等意见建议。

（2）考核评价的标准。第三方机制专业人员有下列情形之一的，考核评价结果应当确定为不合格，并视情作出相应后续处理：①不参加第三方组织工作或者不接受第三方机制管委会分配工作任务，且无正当理由的；②在履行第三方监督评估职责中出现重大失误，造成不良影响的；③在履行第三方监督评估职责中存在行为不当，涉案企业向第三方机制管委会反映或者提出异议，造成不良影响的；④其他造成不良影响或者损害第三方组织形象、公信力的情形。

(3)考核评价的作用。第三方机制管委会所作出的考核结果会作为对第三方机制专业人员进行奖励激励、续任或者调整出库的重要依据。其中，对违反有关义务的第三方机制专业人员，第三方机制管委会可以谈话提醒、批评教育，或视情通报其所在单位或者所属有关组织，情节严重或者造成严重后果的可以将其调整出库。同时，对于考核评价结果两次确定为不合格的第三方机制专业人员，第三方机制管委会应当及时将其调整出库。对于表现突出的第三方机制专业人员给予奖励激励，或向其所在单位或者所属有关组织提出奖励激励的建议。第三方机制管委会应当及时将考核结果、奖励激励情况书面通知本人及所在单位或者所属有关组织，也可以通过有关媒体向社会公布。

(四)第三方组织

第三方组织是指，第三方机制管委会针对个案选任组成的负责对涉案企业进行合规评估，包括对专项合规整改计划和相关合规管理体系有效性进行了解、评价、监督和考察的临时性组织。第三方组织的运行应当遵循依法依规、公开公正、客观中立、专业高效的原则。第三方机制管委会负责对其选任组成的第三方组织及其组成人员履职期间的监督、检查、考核等工作，确保其依法依规履行职责。

1.第三方组织的人员组成

第三方组织的人员主要是从对应的名录库中分类随机抽取。第三方机制管委会应当综合考虑案件涉嫌罪名、复杂程度以及涉案企业类型、规模、经营范围、主营业务等因素，从专业人员名录库中分类随机抽取人员组成第三方组织。

同时，针对具体个案，专业人员名录库中没有相关领域专业人员的，第三方机制管委会可以采取协商邀请的方式，商请有关专业人员参加第三方组织。

第三方组织一般由3~7名专业人员组成，针对小微企业的第三方组织可以由2名专业人员组成。

在不存在利益关系、保障工作质量的条件下，同一名专业人员可以同时担任一个以上第三方组织的组成人员。

第三方机制管委会应当根据工作需要，指定第三方组织牵头负责人，也可由第三方组织组成人员民主推举负责人，并报第三方机制管委会审定。

2. 异地监督评估的特殊安排

涉案企业、人员的居住地与案件办理地不一致的，案件办理地第三方机制管委会可以委托涉案企业、人员居住地第三方机制管委会选任组成第三方组织并开展监督评估，或者可以通过第三方机制管委会成员单位及其所属或者主管的行业协会、商会、机构的异地协作机制，要求其协助开展监督评估。

3. 第三方组织的成立条件和程序

在个案中，第三方组织的成立需要满足一定的条件和程序，具体如下：(1)确定成员名单。第三方机制管委会根据个案情况选任第三方组织成员。(2)进行公示，接受监督。第三方机制管委会对于选任的第三方组织成员名单及提出意见的方式向社会公示，接受社会监督；社会公示的期限不得少于5个工作日公示可以通过在涉案单位所在地或者有关新闻媒体、网站发布公示通知等形式进行。(3)接受和审查异议、回避申请。涉案企业、人员或者其他相关单位、人员对选任的第三方组织组成人员提出异议，或者第三方组织组成人员申请回避的，第三方机制管委会应当及时调查核实并视情况作出调整。(4)报送负责办理案件的人民检察院备案。公示期满后无异议或者经审查异议不成立的，第三方机制管委会应当将第三方组织组成人员名单报送负责办理案件的人民检察院备案。人民检察院发现组成人员存在明显不适当情形的，应当及时向第三方机制管委会提出意见建议，第三方机制管委会应当及时调查核实并视情况作出调整。(5)宣告成立。人民检察院对第三方机制管委会报送的第三方组织组成人员名单，经审查未提出不同意见的，应当通报第三方机制管委会，并由第三方机制管委会宣告第三方组织成立。第三方组织存续期间，其组成人员一般不得变更。确需变更的，第三方机制管委会应当依照相关规定处理。

4. 第三方组织的职责

第三方组织的职责是对涉案企业进行合规评估，包括对涉案企业的专项合规整改计划和相关合规管理体系有效性进行了解、评价、监督和考察。具体而言，第三方组织的职责可以进一步介绍如下：(1)第三方组织对涉案企业的基本情况、所涉刑事案件情况、涉案企业所提交的专项合规整改计划及其履行情况、涉案企业合规管理体系有效性的情况等在整个合规考察期内进行全面且动态的掌握；(2)第三方组织对于涉案企业所提交的专项合规整改计划的可行性、有效性与全面性，以及涉案企业的相关合规管理体系的有效性进行审查，提出修改完善的意见建议；(3)第三方组织应当根据案件具体情况和涉案企业承诺履行的期限，并向负责办理案件的人民检察院征求意见后，确定合规考察期；(4)第三方组织应当对涉案企业专项合规整改计划的履行和完成情况以及合规管理体系的建设情况等进行定期或者不定期的监督、检查和评估；(5)第三方组织可以要求涉案企业定期书面报告专项合规整改计划的执行情况，同时抄送负责办理案件的人民检察院；(6)第三方组织发现涉案企业执行合规计划存在明显偏差或错误的，应当及时进行指导、提出纠正意见，并报告负责办理案件的人民检察院；(7)第三方组织在合规考察期届满后，应当对涉案企业的合规计划完成情况进行全面了解、监督、评估和考核，并制作合规考察书面报告。

5. 第三方组织的解散

第三方组织是一个基于个案所组建的临时性组织。负责选任第三方组织的第三方机制管委会和负责办理案件的人民检察院对于第三方组织报送的合规考察书面报告进行审查后，双方认为第三方组织已经完成监督评估工作的，第三方机制管委会可以宣告第三方组织解散。

三、涉案企业合规的适用范围

(一)涉案企业合规的适用罪名和适用对象

涉案企业合规适用的罪名是公司、企业等市场主体在生产经营活动中涉及的经济犯罪、职务犯罪等。

涉案企业合规的一大特点在于其同时适用于法人和自然人，既包括公司、企业等实施单位犯罪的法人，也包括公司、企业中的实际控制人、经营管理人员、关键技术人员等自然人。换句话说，除了涉案企业自身，涉案企业中的实际控制人、经营管理人员、关键技术人员等自然人也可以通过涉案企业合规的第三方机制来实现不批准逮捕、变更强制措施、不起诉、从宽处罚或处分等激励。

(二)涉案企业合规的适用条件

1. 涉案企业合规中第三方机制启动的条件

涉案企业合规中第三方机制的启动需要同时满足以下几个方面的条件：(1)涉案企业、个人认罪认罚；(2)涉案企业能够正常生产经营，承诺进行涉案企业合规建设，具备启动第三方机制的基本条件；(3)涉案企业自愿适用第三方机制。

2. 不适用涉案企业合规第三方机制的情形

对于具有下列情形之一的涉企犯罪案件，不适用涉案企业合规以及第三方机制：(1)个人为进行违法犯罪活动而设立公司、企业的；(2)公司、企业设立后以实施犯罪为主要活动的；(3)公司、企业人员盗用单位名义实施犯罪的；(4)涉嫌危害国家安全犯罪、恐怖活动犯罪的；(5)其他不宜适用的情形。

四、第三方机制的运行〔1〕

为了便于理解，以下通过图表的形式对于第三方机制的运行予以介绍。这些图表依次为第三方机制的运行框架、第三方机制的运行流程、启动涉案企业合规第三方机制、形成涉案企业合规建设方案、开展涉案企业合规评估、形成合规考察书面报告、涉案企业合规审查及决定（见图8-1至图8-7）。

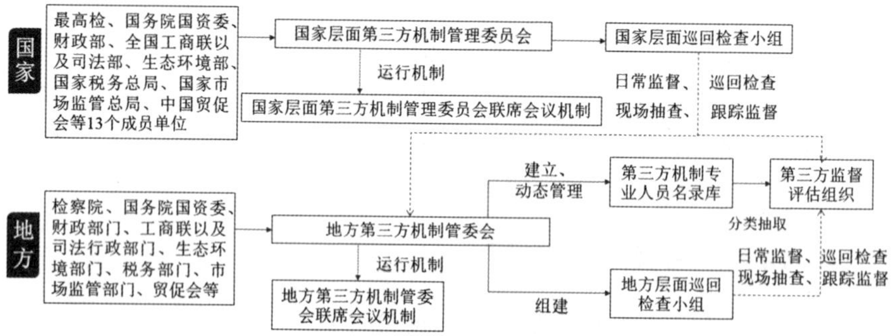

图8-1　第三方机制的运行框架

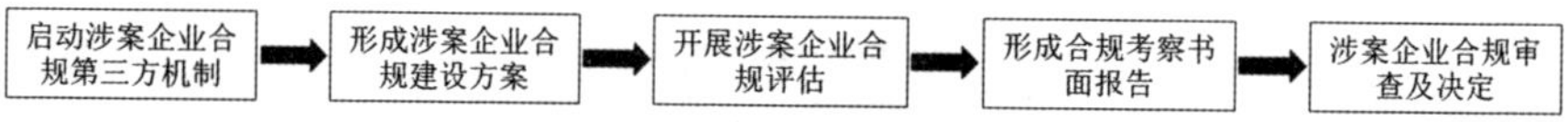

图8-2　第三方机制的运行流程

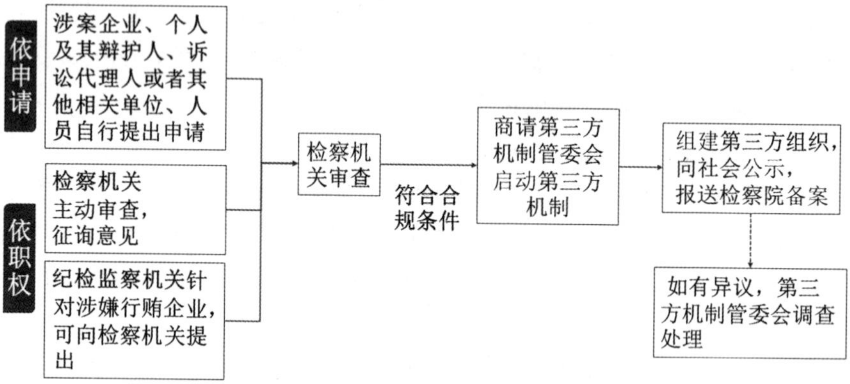

图8-3　启动涉案企业合规第三方机制

〔1〕本部分中的图表参考了上海市人民检察院研究室副主任陈超然先生在上海市涉案企业合规第三方专业人员名录库（第一批）成员聘任仪式暨培训活动中所制作的课件《涉案企业合规第三方监督评估机制及文件解读》中的工作成果。在此向陈超然先生的贡献表示感谢。

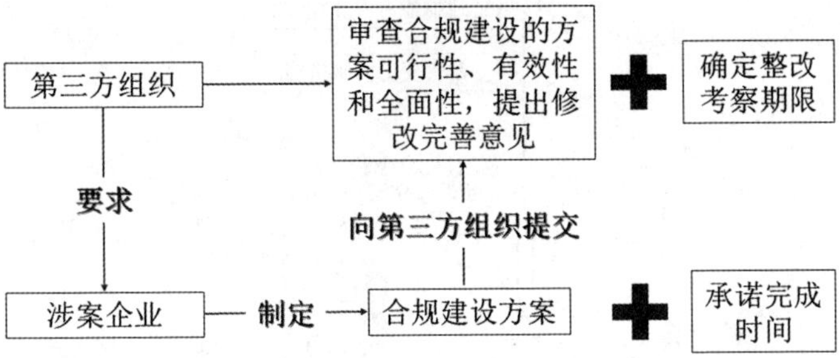

图 8-4　形成涉案企业合规建设方案

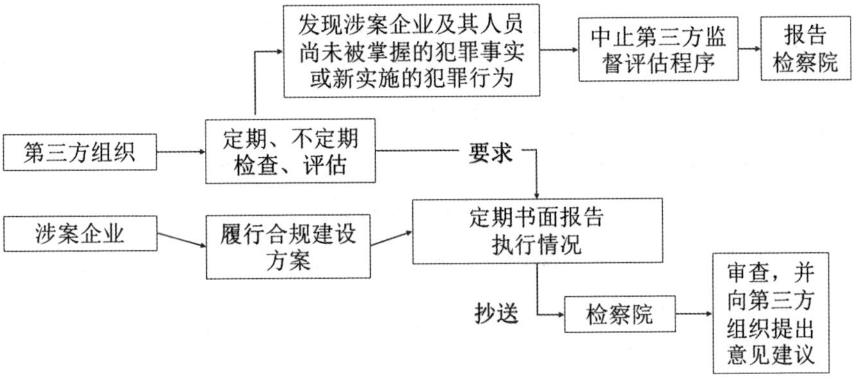

图 8-5　开展涉案企业合规评估

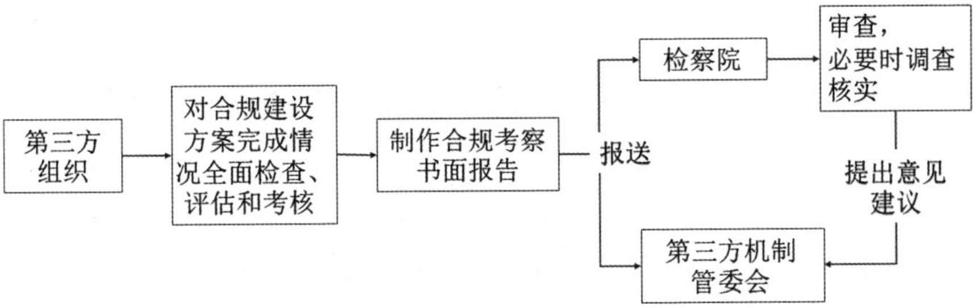

图 8-6　形成合规考察书面报告

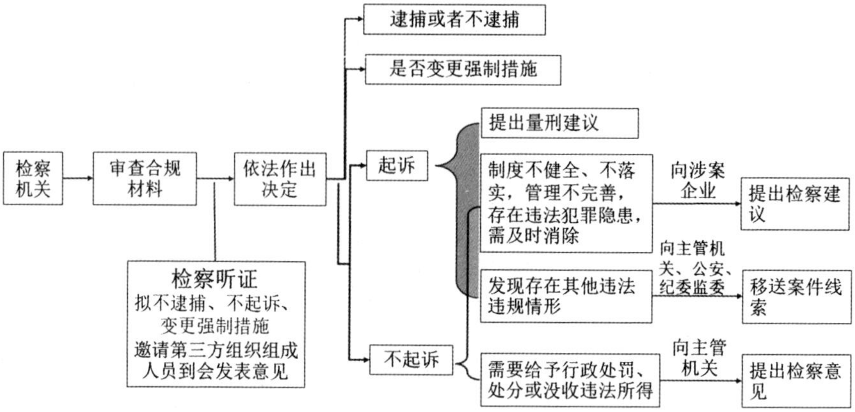

图 8-7　涉案企业合规审查及决定

五、涉案企业合规改革的主要文件

自2020年涉案企业合规改革启动以来，最高检和国家层面第三方机制管委会发布了一系列的规范性文件，主要包括如下：(1)2020年3月19日印发的《关于开展企业合规改革试点工作方案》；(2)2021年6月3日印发的《关于建立涉案企业合规第三方监督评估机制的指导意见(试行)》(商检发〔2021〕6号)；(3)2021年11月25日印发的《〈关于建立涉案企业合规第三方监督评估机制的指导意见(试行)〉实施细则》；(4)2021年11月25日印发的《涉案企业合规第三方监督评估机制专业人员选任管理办法(试行)》；(5)2022年4月19日印发的《涉案企业合规建设、评估和审查办法(试行)》(全联厅发〔2022〕13号)。

第二节　企业刑事合规与涉案企业案件处理

企业刑事合规，是企业合规与刑事法律制度有机结合的结果，是指对于具有自我预防犯罪意愿、承诺制定并实施有效合规计划的涉案企业依法予以从宽处理，以促进企业合规守法经营，预防再次犯罪的制度和机制。企业刑事合规所体现的是刑事激励与企业合规的结合，惩治犯罪与积极预防犯罪的统一。[1] 涉案企业合规对于刑事案件在强制措施适用、刑事责任承担等方面都

〔1〕 朱孝清：《企业合规中的若干疑难问题》，载《法治研究》2021年第5期。

有着直接的影响。概括而言,涉案企业合规对于刑事案件的处理结果,根据涉案企业合规建设的有效性评估的情况可以产生截然相反的两种结果,分别是:

1. 当涉案企业合规建设经评估符合有效性标准,即涉案企业开展"真合规"的,检察机关可以参考评估结论依法作出不批准逮捕、变更强制措施、不起诉的决定,提出从宽处罚的量刑建议,或者向有关主管机关提出从宽处罚、处分的检察意见。

2. 当涉案企业合规建设经评估未达到有效性标准或者采用弄虚作假手段骗取评估结论,即涉案企业开展"假合规"的,检察机关可以依法作出批准逮捕、起诉的决定,提出从严处罚的量刑建议,或者向有关主管机关提出从严处罚、处分的检察意见。

下面将分别从刑事强制措施适用、刑事责任承担以及刑行衔接等多个角度予以分析和介绍。

一、涉案企业合规对于刑事强制措施适用的影响

涉案企业合规对于刑事案件中刑事强制措施适用的影响主要体现在对于涉案企业的主管人员、直接责任人员(以下简称涉案人员)是否批准逮捕以及是否变更刑事强制措施这两个方面。根据《刑事诉讼法》第 81 条的规定,批准或者决定逮捕的一个核心要件是犯罪嫌疑人、被告人的社会危险性。对于社会危险性的考虑因素应当包括犯罪嫌疑人、被告人涉嫌犯罪的性质、情节、认罪认罚等情况。同时,根据《人民检察院刑事诉讼规则》第 270 条的规定,已经逮捕的犯罪嫌疑人认罪认罚的,人民检察院应当及时对羁押必要性进行审查。经审查,认为没有继续羁押必要的,应当予以释放或者变更强制措施。其中,根据《人民检察院刑事诉讼规则》第 578 条和第 580 条的规定,羁押必要性需要根据犯罪嫌疑人、被告人涉嫌的犯罪事实、主观恶性、悔罪表现、身体状况、案件进展情况、可能判处的刑罚和有无再危害社会的危险等因素进行综合评估。对于认罪认罚,具有悔罪表现,不予羁押不致发生社会危险性的,检察机关可以向办案机关提出释放或者变更强制措施的建议。

结合上述标准,对于开展"真合规"的涉案企业,一方面是认罪认罚这一前提条件的满足;另一方面是其通过专项合规整改计划和合规管理体系的有效建设,让涉案企业及涉案人员的社会危险性得到了有效控制。这样就满足了检察机关对于涉案人员作出不批准逮捕或者变更刑事强制措施决定的法律基础。此外,在司法实践中,对于涉案人员变更刑事强制措施的情况也有可能发生在涉案企业启动合规建设之前,比如最高检在 2022 年 7 月 21 日发布的《涉案企

业合规典型案例(第三批)》中的案例二"王某某泄露内幕信息、金某某内幕交易案"中,办理案件的检察机关"综合考虑犯罪情节、案件查证情况及王某某认罪认罚意愿,及时回应企业需求,变更王某某强制措施为取保候审。同时,鉴于K公司具有良好发展前景,且有合规建设意愿,检察机关经审查评估犯罪行为危害、个人态度、履职影响及整改必要性等因素,于2021年9月8日启动企业合规工作"。

当然,对于开展"假合规"的涉案企业和涉案人员,不论是在认罪认罚还是社会危险性两个角度都无法满足不批准逮捕的条件,这也让检察机关需要认真研究和评估对于该等涉案企业中的涉案人员适用逮捕的必要性。

二、涉案企业合规对于刑事责任承担的影响

涉案企业合规启动的前提条件之一在于涉案企业、涉案人员认罪认罚。可见,涉案企业合规是建立在涉案企业和涉案个人承认自己的行为构成犯罪的基础上。因此,涉案企业合规本身并不会发生涉案企业、涉案人员出罪的情况。涉案企业合规对于涉案企业和涉案人员的刑事责任承担的影响主要体现在三个方面:一是相对不起诉的适用;二是从宽或者从严的量刑建议;三是涉案企业与涉案人员刑事责任的区别承担。

(一)相对不起诉的适用

我国《刑事诉讼法》所规定的不起诉共有五种情形,分别为法定不起诉、酌定不起诉、证据不足不起诉、附条件不起诉和特殊不起诉。这五种不起诉主要是针对自然人犯罪的。鉴于企业犯罪与自然人犯罪不同,不起诉适用到企业合规案件的司法治理中,需要进行修改或者授权。因为企业犯罪与自然人犯罪是有差异的,所以无论在实体法的处罚上,还是在程序法的适用上均是不同的。考虑到企业合规案件属于特定类型的案件,为此,有学者建议通过修改《刑事诉讼法》,增设"企业合规特别程序",作为刑事诉讼法特别程序中的第六种类型。[1]

根据《刑事诉讼法》第177条第2款的规定,相对不起诉,又称酌定不起诉,是指对于犯罪情节轻微,依照刑法规定不需要判处刑罚或者免除刑罚的,检察机关可以作出不起诉决定。相对不起诉需要同时满足两个条件:一是犯罪情节轻微,即定罪确定;二是依照刑法规定不需要判处刑罚或者免除刑罚。根据前

〔1〕 杨宇冠:《企业合规与刑事诉讼法修改》,载《中国刑事法杂志》2021年第6期;陈瑞华:《企业合规不起诉改革的八大争议问题》,载《中国法律评论》2021年第4期。

述相对不起诉适用的法定条件，涉案企业和涉案人员能够通过合规建设获得相对不起诉的适用，这主要是基于以下因素：

1. 涉案企业、涉案人员认罪认罚。《刑事诉讼法》第15条规定："犯罪嫌疑人、被告人自愿如实供述自己的罪行，承认指控的犯罪事实，愿意接受处罚的，可以依法从宽处理。"涉案企业合规启动的前提是涉案企业和涉案人员的认罪认罚，即自愿如实供述自己的罪行，承认指控的犯罪事实，愿意接受处罚。这就为涉案企业、涉案人员获得相对不起诉的创造了一个酌定的条件。

2. 犯罪情节轻微。犯罪情节是指除了决定犯罪性质的基本事实以外的其他能够影响危害程度的那些犯罪事实。一般来说，这些事实包括：犯罪动机、时间和地点、手段和方法、结果和危害后果、行为人的一贯表现、在共同犯罪中所处的地位和所起的作用以及犯罪后的态度等。涉案企业通过认罪认罚和有效的合规建设能够展现其犯罪后的良好态度、主观恶性弱，对于犯罪行为所造成的社会危害的补救，以及防止再次发生相同或者类似的违法犯罪的能力，进而具备被认定为犯罪情节轻微的可能性。这就为涉案企业、涉案人员获得相对不起诉建立了一个法定条件。

3. 依照刑法规定不需要判处刑罚或者免除刑罚。根据《刑法》第61条的规定："对于犯罪分子决定刑罚的时候，应当根据犯罪的事实、犯罪的性质、情节和对于社会的危害程度，依照本法的有关规定判处。"可见，刑罚的判处与免除既与犯罪事实和性质，也与犯罪的情节和社会危害程度有关。涉案企业合规虽然不能改变犯罪事实和性质，但是对于犯罪情节和犯罪行为的社会危害程度能够产生积极的作用，这为涉案企业和涉案人员被认定为不需要判处刑罚或者免除刑罚创造了条件，进而为获得相对不起诉建立了另一个法定条件。

根据最高检自2021年6月以来发布的三批企业合规典型案例，其中通过涉案企业合规对于涉案企业或者涉案人员适用相对不起诉的案例总计11个，占全部典型案例比例的73.3%。可见，相对不起诉是检察机关在涉案企业合规中给与"真合规"的涉案企业和涉案人员的刑事责任进行正面影响的主要手段之一。当然，对于"假合规"的涉案企业和涉案人员，检察机关将为他们关上适用相对不起诉的大门，并对于其犯罪行为提起公诉。

（二）从宽的量刑建议

根据《刑事诉讼法》第173条第2款第2项的规定，从宽包括从轻、减轻或者免除处罚等三个方面。从宽的量刑建议是检察机关根据个案情况向负责审理案件的人民法院提出从轻、减轻或者免除处罚的量刑建议。从宽的量刑建议与相对不起诉虽然都是由检察机关作出，但两者有着明显的区别。这包括：

1. 适用的范围不同。从宽的量刑建议可以适用于各类刑事案件，包括犯罪情节严重的刑事案件。相对不起诉则只能适用于犯罪情节轻微，依照刑法规定不需要判处刑罚或者免除刑罚的刑事案件。

2. 决定权不同。从宽的量刑建议最终需要由审理案件的人民法院进行研究和决定，因此，人民法院对于被告人作出从宽处理具有最终决定权；相对不起诉则是由检察机关决定。

3. 效果不同。从宽的量刑建议根据个案情况在人民法院审查接受后可以对涉案企业和涉案人员作出从轻、减轻或者免除处罚的决定。这里面，除了免除处罚外，被告人仍然需要被科处刑罚。相对不起诉则具有不判处刑罚或者免除刑罚的效果。

检察机关对于涉案企业和涉案人员在涉案企业合规建设经评估符合有效性标准的情况下适用从宽的量刑建议有着充足的法律基础。根据《刑事诉讼法》第15条以及最高人民法院（以下简称最高院）《关于适用〈中华人民共和国刑事诉讼法〉的解释》第355条的规定，犯罪嫌疑人、被告人自愿如实供述自己的罪行，承认指控的犯罪事实，愿意接受处罚的，可以依法从宽处理。同时，对认罪认罚案件，人民法院应根据被告人认罪认罚的阶段早晚以及认罪认罚的主动性、稳定性、彻底性等，在从宽幅度上体现差异。对此，一方面，涉案企业合规建设启动的前提条件之一在于涉案企业和涉案人员的认罪认罚，这是检察机关作出从宽量刑建议的关键基础；另一方面，涉案企业合规建设经评估符合有效性标准，这意味着涉案企业已经全面停止涉罪违规违法行为，对于其犯罪行为所造成的社会危害进行了积极补救，包括退缴违规违法所得、补缴税款和滞纳金并缴纳相关罚款等，并具有了防止再次发生相同或者类似的违法犯罪的能力。这意味着涉案企业和涉案人员作为被告人在认罪认罚的主动性、稳定性和彻底性方面都有良好的表现。这是检察机关作出从宽量刑建议的重要依据。

在最高检发布的企业合规改革试点典型案例中已经有检察机关基于涉案企业合规作出从宽量刑建议并得到审理案件的人民法院支持的案例，比如，2021年6月3日发布的企业合规改革试点典型案例中的“案例二：上海市A公司、B公司、关某某虚开增值税专用发票案”。在该案中，作为两家公司的实际控制人关某某，在2016年至2018年，在经营被告单位A公司、B公司业务期间，在无真实货物交易的情况下，通过他人介绍，采用支付开票费的方式，让他人为两家公司虚开增值税专用发票共219份，价税合计2887余万元，其中税款419余万元已申报抵扣。2019年10月，关某某到案后如实供述上述犯罪事实并补缴涉案税款。2020年6月,公安机关以A公司、B公司、关某某涉嫌虚开增值税专用发票罪移送检察机关审查起诉。上海市宝山区人民检察院受理案件后,走访涉案企业及有关方面了解情况,督促企业作出合规承诺并开展合规建设。2020年11月,检察机关以A公司、B公司、关某某涉嫌虚开增值税专用发票罪对其提起公诉并适用认罪认罚从宽制度。同年12月,上海市宝山区人民法院采纳检察机关全部量刑建议,以虚开增值税专用发票罪分别判处被告单位A公司罚金15万元,B公司罚金6万元,被告人关某某有期徒刑3年,缓刑5年。

最高检在2021年12月8日发布的《企业合规典型案例(第二批)》中"案例六:海南文昌市S公司、翁某某掩饰、隐瞒犯罪所得案"中,S公司系高新技术民营企业,生产的产品广泛应用于航天、新能源、芯片等领域,曾荣获全国优秀民营科技企业创新奖,现有员工80余人,年产值2000余万元。2015年至2016年,S公司厂长翁某某为解决生产原料来源问题,在明知石英砂为非法采挖的情况下,仍予以收购,并支付石英砂款共计125万余元。2020年2月,文昌市公安局侦查发现翁某某涉嫌掩饰、隐瞒犯罪所得犯罪线索。2021年1月,翁某某经公安机关传唤到案后,如实供述犯罪事实,自愿认罪认罚。2021年2月,文昌市公安局以翁某某涉嫌掩饰、隐瞒犯罪所得罪移送文昌市人民检察院审查起诉。检察机关经审查,以涉嫌掩饰、隐瞒犯罪所得罪追加S公司为被告单位。2021年3月,经S公司申请,检察机关启动合规整改程序,要求该公司对自身存在的管理漏洞进行全面自查并开展合规整改。2021年4月,S公司提交了合规整改承诺书,由公司董事会审核通过,并经检察机关审查同意,企业按照要求进行合规整改。2021年7月,由文昌市自然资源和规划局、市场监督管理局、税务局、综合行政执法局、工商联等单位的相关人员以及人大代表、政协委员、律师代表等组成的第三方监督评估组织,对S公司合规整改情况进行评估验收。2021年8月,第三方监督评估组织出具评估验收报告,认为S公司已经按照要求进行合规整改,建立了较为完善的内控制度和管理机制,可以对类似的刑事合规风险进行识别并有效预防违法犯罪。检察机关就S公司是否符合从宽处理条件及案发后合规整改评估情况举行公开听证会,充分听取人大代表、政协委员、律师代表和相关行政部门负责人的意见,还邀请人民监督员参加,全程接受监督。听证会上,听证员、人民监督员一致同意检察机关对S公司和翁某某的从宽处理意见,同时认可该企业的整改结果。2021年9月,文昌市人民检察院根据案情,结合企业合规整改情况,以S公司、翁某某涉嫌掩饰、隐瞒犯罪所得罪依法提起公诉,并提出轻缓量刑建议。2021年11月,文昌市法院采纳检察机关全部量刑建议，以掩饰、隐瞒犯罪所得罪分别判处被告单位S公司罚金3万元；被告人翁某某有期徒刑1年，缓刑1年6个月，并处罚金人民币1万元；退缴的赃款125万余元予以没收，上缴国库。

(三)从严的量刑建议

除了对于"真合规"可以提出从宽的量刑建议以外，检察机关对于"假合规"可以提出从严的量刑建议。根据最高院发布的《关于常见犯罪的量刑指导意见(试行)》(法发〔2021〕21号)中"三、常见量刑情节的适用"以及最高院、最高检、公安部、国家安全部和司法部联合发布的《关于适用认罪认罚从宽制度的指导意见》(高检发〔2019〕13号)中"三、认罪认罚后'从宽'的把握"中第9条的规定，从严的量刑建议并非是指提出从重处罚的量刑建议，而是量刑时要充分考虑各种法定和酌定量刑情节，对于具有从宽可能性的情形做从严的把握。需要注意的是，根据《刑法》第62条的规定，刑事案件量刑中的从重处罚必须是《刑法》有明确规定的具体情形，比如累犯、教唆未成年人犯罪等，不能将从严与从重画等号。

对于涉案企业合规建设经评估未达到有效性标准或者采用弄虚作假手段骗取评估结论的"假合规"，这意味着相关涉案企业和涉案人员在认罪认罚的主动性、稳定性和彻底性方面都没有做到位，因此，对于这类涉案企业和涉案人员做出从宽的量刑建议需要从严把握。

(四)企业与个人刑事责任的区分承担

涉案企业合规也可以将涉案企业与涉案人员的刑事责任做分割，即"放过涉案企业，严惩责任人"〔1〕。这一刑事政策和刑事司法实践在包括美国在内的西方国家普遍适用，比如法国阿尔斯通公司违反美国FCPA案中，美国司法部与阿尔斯通公司达成了暂缓起诉协议，以此来终止对于阿尔斯通的刑事调查并不对阿尔斯通公司定罪。作为回应，阿尔斯通一方面支付了高达7.72亿美元的罚金；另一方面，包括弗雷德里克·皮耶鲁齐等在内的多名高管因此被定罪判刑。

通过涉案企业合规将涉案企业与涉案人员的刑事责任做区分承担，这在最高检2022年7月21日发布的《涉案企业合规典型案例(第三批)》的案例三"江苏F公司、严某某、王某某提供虚假证明文件案"中得到了适用。在该案中，被告人严某某、王某某分别是江苏F土地房地产评估咨询有限公司(以下

---

〔1〕 陈瑞华:《企业合规不起诉改革的八大争议问题》，载《中国法律评论》2021年第4期。

简称F公司)的估价师和总经理。2019年1月,F公司接受委托为G工贸实业有限公司(以下简称G公司)协议搬迁项目进行征收估价,先是采取整体收益法形成了总价为2.23亿余元的评估报告初稿。为满足G公司要求,王某某要求严某某将涉案地块评估单价提高。严某某在无事实依据的情况下,通过随意调整评估报告中营业收益率,将单价自2.16万元提高至2.38万元,后又经王某某许可,通过加入丈量面积与证载面积差等方式,再次将单价提高到2.4万余元,最终形成的《房屋征收分户估价报告》将房屋评估总价定为2.49亿余元。后相关部门按此评估报告进行拆迁补偿,从而造成国家经济损失2576万余元。2021年5月6日,江苏省南京市公安局江宁分局以F公司、严某某、王某某涉嫌提供虚假证明文件罪向南京市江宁区人民检察院移送审查起诉。受理案件后,江宁区人民检察院对涉案企业开展办案影响评估,调取涉案企业工商信息、纳税、就业等材料,到涉案企业了解行业资质、业务流程、监督管理制度设置,到城乡建设委员会、房屋征收指导中心、住房保障和房产局等行政主管机关,了解土地、房地产征迁谈判、评估、补偿相关规定。F公司从业人员39人,曾获评市优秀估价机构、诚信单位,涉案导致公司参与的多项招投标业务停滞,经营面临困难。江宁区人民检察院评估后认为,涉案企业以往经营和纳税均正常,案发后企业和个人认罪认罚,且主动提交合规申请,承诺建立企业合规制度。鉴于此,江宁区人民检察院决定启动企业合规,确定为期6个月的合规考察期。在第三方组织和江宁区人民检察院的指导和督促下,F公司顺利通过了合规整改的评估和验收。鉴于两名责任人严重违反职业道德、违法出具证明文件,造成国家经济损失巨大,江宁区人民检察院于2021年6月6日依法对严某某、王某某以提供虚假证明文件罪提起公诉。同时,对涉案企业开展合规工作和监管验收,经综合审查认定F公司通过评估验收。2022年1月30日,江宁区人民检察院依法对F公司作出不起诉决定。2021年9月17日,南京市江宁区法院以提供虚假证明文件罪判处严某某有期徒刑2年,罚金10万元;判处王某某有期徒刑1年6个月,缓刑2年,罚金8万元。2022年1月30日,江宁区人民检察院依法对F公司作出不起诉决定。

三、刑行衔接

检察意见是除了变更强制措施、不起诉、量刑建议之外,检察机关在涉案企业合规中对于涉案企业以及涉案人员进行处理另一重要手段。根据《指导意见》第14条第3款的规定,检察机关对涉案企业作出不起诉决定,认为需要给予行政处罚、处分或者没收其违法所得的,应当结合合规材料,依法向有关主管机关提出检察意见。同时,结合《涉案企业合规建设、评估和审查办法(试行)》(以下简称《办法》)第2条的规定,对于"真合规"的涉案企业,在对涉案企业作出不起诉决定的前提下,检察机关可以向有关主管机关提出从宽处罚、处分的检察意见;对于"假合规"的涉案企业,检察机关则可以向有关主管机关提出从严处罚、处分的检察意见。检察机关在涉案企业合规的运用过程中充分注重刑事司法程序与行政执法程序的紧密衔接,这一方面能够给予认罪认罚态度良好且有效完成合规建设的企业以正向的且实实在在的激励;另一方面这也可以保证检察机关在对涉案企业作出不起诉决定后,不会出现一放了之的情况,做好涉案企业合规整改的"后半篇文章"。

涉案企业合规中的刑行衔接已经在试点过程中得到了广泛的应用。比如,2021年6月3日发布的企业合规改革试点典型案例中的"案例一:张家港市L公司、张某甲等人污染环境案"。江苏省张家港市L公司系从事不锈钢产品研发和生产的省级高科技民营企业,张某甲、张某乙、陆某某分别系该公司的总经理、副总经理、行政主管。2018年下半年,L公司在未取得生态环境部门环境评价的情况下建设酸洗池,并于2019年2月私设暗管,将含有镍、铬等重金属的酸洗废水排放至生活污水管,造成严重环境污染。2020年6月,张某甲、张某乙、陆某某主动向张家港市公安局投案,如实供述犯罪事实,自愿认罪认罚。2020年8月,张家港市公安局以L公司及张某甲等人涉嫌污染环境罪向张家港市人民检察院移送审查起诉。张家港市人民检察院进行办案影响评估并听取L公司合规意愿后,指导该公司开展合规建设。L公司及张某甲等人虽涉嫌污染环境罪,但排放污水量较小,尚未造成实质性危害后果,检察机关会同有关部门,对涉案企业合规建设情况进行评估和审查后,引导涉案企业实质性合规整改。不起诉决定公开宣告后,检察机关主动做好刑行衔接工作,依法向生态环境部门提出对该公司给予行政处罚的检察意见,防止不起诉后一放了之。通过开展合规建设,L公司实现了快速转型发展,逐步建立起完备的生产经营、财务管理、合规内控的管理体系,改变了野蛮粗放的发展运营模式,企业家和员工的责任感明显提高,企业抵御和防控经济风险的能力得到进一步增强。

此外,上海市金山区人民检察院(以下简称金山区检察院)办理的一起虚开增值税专用发票的案件也是检察机关利用检察意见在刑行衔接方面的出色案例。2015年至2018年,被不起诉单位R公司、T公司实际经营人姜某在无实际交易的情况下,以支付开票费的方式,让他人为R公司、T公司虚开增值税专用发票。其中,R公司收受虚开的增值税专用发票62份,价税合计628万余元,涉及税款87万余元;T公司收受虚开的增值税专用发票5份,价税合计50

万余元，涉及税款7万余元，均已申报抵扣。2020年7月13日，姜某向公安机关投案，如实供述犯罪事实。2020年7月21日，R公司、T公司向税务机关补缴全部税款及相应滞纳金。2020年11月27日，金山区检察院对R公司、T公司进行企业刑事合规考察，确认两家企业按期完成刑事合规整改。2021年2月5日，金山区检察院经公开听证，对R公司、T公司以犯罪情节轻微为由作出不起诉决定；对姜某作为单位犯罪直接负责的主管人员以涉嫌虚开增值税专用发票罪提起公诉。同日，为促进"两法衔接"，对不起诉的合规考察案件，切实加强与行政机关的沟通协作，检察机关对需要行政处罚的案件，要及时移送行政机关。金山区检察院分别向R公司、T公司注册地的税务部门制发检察意见书，建议对两公司予以行政处罚，并将案件移送税务部门处理。根据《税收征收管理法》的规定，涉案企业一般被处以少缴税款50%到5倍以下罚款。鉴于企业犯罪情节轻微及积极合规整改的情况，检察机关在检察意见书中建议由税务机关对涉案公司给予行政处罚，并提出了从轻处理的检察意见。最终税务部门对涉案企业给予了法定幅度内最低的罚款50万元的处罚，取得良好的社会效果。[1]

第三节　涉案企业合规建设、评估和审查

本章的第一节和第二节分别对于涉案企业合规改革的发展历程以及涉案企业合规对于刑事案件处理的影响等两个角度做了全面的介绍。在此基础上，涉案企业合规中最为核心的工作在于涉案企业的合规建设（以下简称合规建设）、第三方组织的合规评估（以下简称合规评估）以及负责办理案件的检察机关对第三方组织的评估过程和结论进行审核（以下简称合规审查）。鉴于本章第一节中已经对于涉案企业合规以及第三方机制的运行通过图标的方式进行了介绍，本节将侧重于涉案企业合规建设、评估和审查的实体内容。

一、合规建设

（一）合规建设的概念

合规建设，是指涉案企业针对与涉嫌犯罪有密切联系的合规风险，制订专

---

〔1〕 王宗秀、侯艳琼：《合规检察意见制发与落实问题探析》，载《中国检察官》2022年第14期。

项合规整改计划,完善企业治理结构,健全内部规章制度,形成有效合规管理体系的活动。

合规建设是一个系统性工程,它以全面合规为目标、专项合规为重点。具体来说,涉案企业在开展合规建设时,需要以专项合规为重点,即通过在全面识别与评估与企业涉嫌犯罪有密切联系的合规风险以及与所涉嫌的犯罪有关的企业内部治理结构、规章制度、人员管理等方面存在的问题的基础上,制定专项合规整改计划,落实可行的合规管理规范,构建有效的合规组织体系,完善相关业务管理流程,健全合规风险防范报告机制,弥补企业制度建设和监督管理漏洞等,从而防止再次发生相同或者类似的违法犯罪。结合现有的合规建设实践,具有代表性的专项合规整改计划所涉及的领域主要包括但不限于反商业贿赂类、反垄断类、知识产权类、涉税类、生态和环境保护类、数据安全类、安全生产类、食品安全类、反洗钱类等。

在开展专项合规的同时,合规建设也需要以实现全面合规为目标,即合规建设除了要通过专项合规整改计划将与企业所涉嫌的犯罪有密切联系的合规风险予以有效处理,从而防止再次发生相同或者类似的违法犯罪以外,还需要根据规模、业务范围、行业特点等因素变化,逐步增设必要的专项合规计划,并最终形成一个有效的合规管理体系。这一管理体系是企业管理体系中的一个独立体系,是企业开展合规管理时所建立的方针和目标以及实现这些目标的过程中所涉及的人、财、物和配套的管理制度、流程等各种要素的总和。合规管理体系的构成要素主要包括:合规从高层做起、风险识别与评估机制、合规管理制度体系、合规管理组织体系、合规管理运行机制、合规文化机制、不合规行为管理机制等。有效合规管理体系的建设让企业在开展经营管理的过程中能够内生地形成预防违法犯罪发生的能力。

需要特别说明的是,每一类专项合规整改计划中都蕴含着一个相对独立的理论和实践体系,鉴于本书是对企业合规的整体性介绍,因此,本书将不对每一类专项合规整改计划做专门的介绍。同时,关于合规建设中合规管理体系的建设要点可参见本书第五章“企业合规管理体系的建设要点”,这里将不做重复介绍。

(二)专项合规整改计划与合规管理体系的关系

专项合规整改计划与合规管理体系有着紧密的联系,两者共同构成了合规建设的全部内容。相较于专项合规整改计划是针对企业所涉嫌的特定犯罪的专项治理,有效合规管理体系的一个重要功能在于通过对企业的管理者、组织、制度、流程、文化和意识等方面的专门建设，帮助企业具备内生的有效预防各种类型犯罪发生的能力，促进企业合规守法经营。进一步来说，专项合规整改计划所形成的成果属于企业合规管理体系的一个组成部分，专项合规整改计划中所涉及的组织、制度、流程、文化和意识等方面的建设都属于企业合规管理体系中对应构成要素的组成部分。同时，企业合规管理体系也为专项合规整改计划的有效落地提供了保障。

（三）合规建设的前期准备工作

根据《办法》和《关于建立涉案企业合规第三方监督评估机制的指导意见（试行）实施细则》（以下简称《实施细则》）中的相关规定，在第三方机制启动后，涉案企业开展合规建设需要做好各项前期准备工作，具体来说，主要包括以下几个方面：

1. 落实好认罪认罚的相关工作。涉案企业应当全面停止涉罪违规违法行为，退缴违规违法所得，补缴税款和滞纳金并缴纳相关罚款，全力配合有关主管机关、公安机关、检察机关及第三方组织的相关工作。值得注意的是，对违规违法行为的及时处置是第三方组织对于涉案企业合规建设成果进行评估的重点之一。

2. 建立合规建设领导小组。涉案企业一般应当成立合规建设领导小组（以下简称领导小组），由其实际控制人、主要负责人和直接负责的主管人员等组成，必要时可以聘请外部专业机构或者专业人员参与或者协助。

3. 制订专项合规整改计划。领导小组应当在全面分析研判企业合规风险的基础上，结合本行业合规建设指引，研究制订专项合规整改计划。该计划在设计上应当以能够有效防止再次发生相同或者类似的违法犯罪行为为目的。因此，专项合规整改计划在制订时应当充分考虑三个方面：（1）可行性。涉案企业完成该计划的可能性以及该计划本身的可操作性。（2）有效性。该计划对涉案企业预防治理涉嫌的犯罪行为或者类似违法犯罪行为的实效性。（3）全面性。该计划是否覆盖涉案企业在合规领域的薄弱环节和明显漏洞。

4. 制定企业合规管理体系建设方案。在专项合规整改计划的基础上，领导小组也应当制定企业合规管理体系的建设方案，这一方案可以包括企业治理结构、合规从高层做起、风险识别与评估机制、合规管理制度体系、合规管理组织体系、合规管理运行机制、合规文化机制、不合规行为管理机制等。每个企业的合规管理体系并不是千篇一律，而是会根据企业的类型、规模、性质、业务范围、行业特点以及所面临的风险状况等具体情况而存在差异。同时，企业开展合规管理需要付出相应的成本,这些成本包括但不限于人力、金钱、沟通、效率、技术、基础设施等多个方面。合规管理体系设计得越复杂,企业因此要付出的各类成本就越高。如果企业所建立的合规管理体系与其客观情况不相匹配,则这可能会反向对于企业的经营和管理产生负面作用,也不能让该体系发挥应有的功能。因此,在制订合规管理体系建设方案时,涉案企业应当适用包括风险导向原则、差异原则、全面原则、有效原则、发展原则等在内的合规管理体系建设原则。

5. 专项合规整改计划与合规管理体系建设方案的审批。领导小组在制订了专项合规整改计划和合规管理体系建设方案后,应当将其提交给第三方组织审查。第三方组织应当在进行审查,并征求负责选任第三方组织的第三方机制管委会和负责办理案件的检察机关的意见后,向领导小组提出修改完善的意见。领导小组应当在第三方组织最终审核确定了专项合规整改计划和合规管理体系建设方案后据此开展合规建设的具体工作。

结合上述分析可见,涉案企业的合规建设与非涉案企业的合规建设在前期准备方面有着两个显著的特点:一是落实好认罪认罚的相关工作;二是第三方机制管委会和检察机关对于专项合规整改计划与合规管理体系建设方案的审批。

二、合规评估

(一)合规评估的概念

合规评估是指第三方组织对涉案企业专项合规整改计划和相关合规管理体系有效性进行了解、评价、监督和考察的活动。第三方组织可以根据涉案企业情况和工作需要,制定具体细化、可操作的合规评估工作方案。可见,合规评估的负责主体是第三方组织,合规评估的对象是涉案企业的专项合规整改计划和相关合规管理体系的有效性。合规评估可以分为四个活动,即了解、评价、监督和考察。

(二)合规评估的重点

根据《办法》第 14 条的规定,合规评估的重点包括以下内容:(1)对涉案合规风险的有效识别、控制;(2)对违规违法行为的及时处置;(3)合规管理机构或者管理人员的合理配置;(4)合规管理制度机制建立以及人力物力的充分保障;(5)监测、举报、调查、处理机制及合规绩效评价机制的正常运行;(6)持续整改机制和合规文化已经基本形成。

（三）合规评估中的了解、评价、监督和考察

1. 了解

了解是指第三方组织对涉案企业专项合规整改计划和相关合规管理体系的情况进行全面且动态掌握的活动。了解是第三方组织开展合规评估的起点和基础，也一直伴随着合规评估中评价、监督和考察等其他三个活动的实施。

结合《实施细则》第6章的规定，第三方组织开展了解活动的内容主要包括：(1)涉案企业的基本情况；(2)涉案企业所涉刑事案件的基本情况；(3)涉案企业所提交的专项合规整改计划及其履行情况；(4)涉案企业合规管理体系有效性的情况等。

其中，对于涉案企业所提交的专项合规整改计划及其履行情况、涉案企业合规管理体系有效性情况等的了解活动与合规评估中的评价、监督和考察等密切相关，也是这三个合规评估活动的题中之义。因此，本部分将侧重于对涉案企业的基本情况和涉案企业所涉刑事案件的基本情况这两个板块了解活动的介绍。

根据《实施细则》第27条的规定，第三方组织在成立后，一方面要深入了解企业涉案情况；另一方面也要认真研判涉案企业在合规领域存在的薄弱环节和突出问题。因此，作为合规评估工作的第一步，第三方组织应当在负责办理案件的检察机关的支持协助下，对于涉案企业的基本情况以及所涉刑事案件的情况进行全面的掌握。

(1)了解涉案企业的基本情况。第三方组织应当对于涉案企业的基本情况进行全面的了解，这些基本情况包括但不限于：①涉案企业的类型、规模、业务范围、所处行业以及在该行业中所处的地位等；②涉案企业的内部治理结构，比如股东会、董事会、监事会等的设置和运行情况，涉案企业内部各职能部门与业务部门的权责分配情况；③实际控制人、经营管理人员、关键技术人员和其他相关人员的基本信息，比如人生履历、性格、价值观、对于合规的认知和态度等；④涉案企业现有的合规管理体系情况，比如合规管理的组织、人员、制度、文化、运行机制、不合规行为管理机制等；⑤现有的企业风险管理、内部控制体系、财务管理、人员管理、法务管理、规章制度等方面的客观情况。

(2)了解涉案企业所涉刑事案件情况。第三方组织应当深入了解企业所涉刑事案件的情况，这包括但不限于：①该刑事案件所涉及的罪名；②犯罪主体情况，包括涉案企业内部与犯罪相关的管理人员和直接责任人员的基本信息；③犯罪主观方面情况，包括犯罪的目的、动机、犯罪是出于故意还是过失；④犯

罪客观方面情况,包括犯罪行为、作案方式的恶劣程度、犯罪结果的危害性以及实际造成的危害结果等。

2. 评价

评价是第三方组织对于涉案企业所提交的专项合规整改计划的可行性、有效性与全面性,以及涉案企业的相关合规管理体系的有效性进行审查并根据符合涉案企业实际的评估指标体系作出判断的活动。根据《实施细则》第 28 条至第 33 条的规定,第三方组织的评价活动主要发生在第三方机制运行的三个阶段,即(1)涉案企业专项合规整改计划确定阶段;(2)合规考察期限内的专项合规整改计划履行阶段;(3)合规考察期限届满后的合规考察书面报告阶段。

(1)涉案企业专项合规整改计划确定阶段。第三方组织在深入了解涉案企业的基本情况以及所涉刑事案件情况的基础上,通过认真研判涉案企业在合规领域存在的薄弱环节和突出问题,以合理确定涉案企业适用的专项合规整改计划类型。涉案企业有义务根据第三方组织的要求提交单项或者多项合规整改计划。在此基础上,第三方组织应当对这些专项合规整改计划从可行性、有效性与全面性角度进行审查,重点审查以下内容:①涉案企业完成专项合规整改计划的可能性以及专项合规整改计划本身的可操作性;②专项合规整改计划对涉案企业预防治理涉嫌的犯罪行为或者类似违法犯罪行为的实效性;③专项合规整改计划是否覆盖涉案企业在合规领域的薄弱环节和明显漏洞;④专项合规整改计划对于企业有效合规管理体系的建立或者完善所具有的实质性作用;⑤其他根据涉案企业实际情况需要重点审查的内容。

在这一阶段,第三方组织除了自行审查外,应当将涉案企业所提交的专项合规整改计划征求检察机关的意见。

(2)合规考察期限内的专项合规整改计划履行阶段。在这一阶段,第三方组织主要是跟进涉案企业对于专项合规整改计划的履行情况,并给予履行情况的阶段性评价。对此,第三方组织可以定期或者不定期对涉案企业专项合规整改计划的履行情况进行了解,可以要求涉案企业定期书面报告专项合规整改计划的执行情况。这一阶段的审查重点主要包括以下内容:①涉案企业专项合规整改计划与实际履行情况之间在内容方面的偏差情况;②涉案企业专项合规整改计划与实际履行情况之间在考察期限的时间进度上的偏差情况;③涉案企业专项合规整改计划的实际履行是否存在错误的情况。

为了便于第三方组织的阶段性评价,第三方组织可以设计一份制式化的书面报告模板,其中可以包括专项合规整改计划的核心内容和各类统计台账。第三方组织如果发现涉案企业执行专项合规整改计划存在明显偏差或错误的,应当及时进行指导、提出纠正意见,并报告检察机关。

(3)合规考察期限届满后的合规考察书面报告阶段。在这一阶段,原则上涉案企业已经完成了专项合规整改计划。因此,第三方组织的评价应当重点审查涉案企业对于专项合规整改计划完成的全面性以及该计划在涉案企业中的有效性,防止发生“纸面合规”的情况。第三方组织要重点审查以下内容:①专项合规整改计划在涉案企业全面落实的情况,即专项合规整改计划的各项内容,比如与合规管理相关的组织、人员、制度、流程、运行机制等方面是否都在企业内部得到了设置和实现;②专项合规整改计划在涉案企业实际运行的情况,即专项合规整改计划是否被切实的在执行,比如合规组织的履职是否有充足的授权、预算,合规热线是否可以有效的使用等;③专项合规整改计划与企业的合规管理体系的融合情况以及该计划对于建立或者完善企业合规管理体系有效性方面的作用;④涉案企业的实际控制人、主要负责人、关键技术人员等对于合规的理念、价值观以及专项合规整改计划、合规管理体系的理解和认同情况。

3. 监督

监督是指第三方组织在合规考察期内以及届满后对于涉案企业的专项合规整改计划的履行情况和完成情况所进行的检查、监管和督促。监督让第三方组织具有实质性影响涉案企业在履行专项合规整改计划方面的能力。根据《实施细则》第31条和第33条的规定,第三方组织的监督主要发生在第三方机制运行中的两个阶段,即合规考察期限内的专项合规整改计划履行阶段以及合规考察期限届满后的合规考察书面报告阶段。

监督与评价既有区别,又有联系。一方面,两者有着明显的区别。评价是第三方组织基于一定评价指标对于涉案企业专项合规整改计划的履行和完成情况的一种判断,本身并不会对于涉案企业直接造成影响;但监督则赋予了第三方组织通过检查来直接了解涉案企业的专项合规整改计划的履行和完成的实际情况,并通过监管和督促来直接要求涉案企业纠正偏差、消除错误。另一方面,两者也有着密切的联系。第三方组织通过评价所得出的判断是其有针对性地开展监督活动的重要依据;第三方组织所开展的监督活动也为其评价的正确性提供关键的信息来源。

4. 考察

考察是指第三方组织在合规考察期限届满后,对于涉案企业完成的专项合规整改计划进行观察和考核,并形成合规考察书面报告的活动。在合规考察期内,第三方组织通过定期或者不定期的评价和监督推动涉案企业完成单项或者多项合规整改计划得以全面且有效的落地执行。在合规考察期限届满后，第三方组织应当对于涉案企业专项合规整改计划的完成情况进行全面的观察，并按照符合涉案企业实际的评估指标体系开展考核。在此基础上，第三方组织需要形成合规考察书面报告，该报告一般应当包括以下内容：(1)涉案企业及其实际控制人、主要负责人、关键技术人员等履行合规承诺、落实专项合规整改计划、建设合规管理体系的情况；(2)第三方组织开展评估情况；(3)第三方组织评估的程序、方法和依据；(4)评估的结论及意见建议；(5)其他需要说明的问题。

合规考察书面报告由第三方组织全体组成人员签名或者盖章后，报送负责选任第三方组织的第三方机制管委会和检察机关进行审查。至此，第三方组织完成了合规评估工作。

5. 特别注意事项

值得注意的是，第三方组织在上述各个阶段对于涉案企业进行了解的过程中，如果发现涉案企业或其人员存在尚未被办案机关掌握的犯罪事实或者新实施的犯罪行为的情况，应当中止第三方监督评估程序，及时向检察机关报告，并根据检察机关的指示来决定后续工作的开展。

(四)合规评估的基本流程

1. 制定合规评估工作方案

根据《办法》第13条的规定，第三方组织可以根据涉案企业的情况和工作需要，制定具体细化、可操作的合规评估工作方案(以下简称工作方案)。工作方案的制定可以保障第三方组织按计划有序开展合规评估。

(1)工作方案的制定原则

①客观性原则。第三方组织需要在对于涉案企业的基本情况以及所涉刑事案件情况有着全面了解的基础上，结合涉案企业所提交的单项或者多项合规整改计划以及自身的工作需要，制定工作方案。

②实用性原则。工作方案的制定是为第三方组织有效且有序开展合规评估提供支持和帮助。工作方案并不是作为一种形式，在制定完成后就束之高阁，而是要在实际工作中发挥切实有效的指引功能。因此，工作方案需要具体细化，具有可操作性。比如，工作方案中应当对于第三方组织各位成员的职责分工进行明确；结合涉案企业所提交的单项或者多项合规整改计划以及承诺的履行期限制定第三方组织在评价、监督等方面的时间节点等。

③发展性原则。工作方案并不是制定完成后就一成不变，而是要随着新出

现的客观情况而发生变化。因此,第三方组织可以根据客观情况的变化来对于工作方案进行调整,或者在工作方案的设计上留有一定的回旋空间。

(2)工作方案的基本内容

①第三方组织各位成员的职责分工。根据《实施细则》第五章的规定,第三方组织成员一般是由第三方机制管委会在收到检察机关商请后,综合考虑案件涉嫌罪名、复杂程度以及涉案企业类型、规模、经营范围、主营业务等因素,从专业人员名录库中分类随机抽取的专业人员。第三方组织一般由 3~7 名专业人员组成[1]。可见,第三方组织的成员是因个案随机抽取组成。这是一个临时性的组织,本身各成员之间并没有明确的职责分工。因此,第三方组织在制定工作方案时,首先需要结合各位成员的身份背景、专业能力、主观意愿等确定各自在合规评估工作中的职责范围,确保成员们的专业能力得到充分的发挥,并形成有效的协同和合作。比如,某一涉嫌商业贿赂犯罪案件的第三方组织成员中有会计师、律师和已退休的市场监督管理局专家。那么在工作方案制定中,会计师可以负责对于该企业的财务账簿和记录的整改做专业指导;律师可以负责对于该企业反贿赂管理制度的整改提供专业指导;市场监督管理局专家可以负责对于该企业商业模式的整改提供专业意见。

②第三方组织的工作机制。除了进行职责分工外,工作方案中也应当明确第三方组织的工作机制。这包括但不限于第三方组织例会管理机制,比如,第三方组织成员是否要每周举行一次例会,进行最新信息的分享和后续工作开展的讨论;第三方组织与涉案企业的对接沟通机制和联系人设定;第三方组织与履职相关数据的处理机制,比如,设定专门且有访问控制的云空间;以及第三方组织与第三方机制管委会、检察机关之间的汇报机制;等等。

③合规评估的时间节点。合规评估的时间节点是工作方案中最为重量级的板块。时间节点需要结合涉案企业所制定的专项合规整改计划以及确定的合规考察期限进行设定,即某时间段内所需要开展的评价、监督、考察的事项以及对应的负责人。时间节点应力求具体细化,精确到天。同时,也可以保留一定的弹性空间,给第三方组织留有基于突发情况的回旋余地(见表 8-1)。

---

〔1〕 针对小微企业的第三方组织也可以由 2 名专业人员组成。

表 8-1　合规评估的时间节点

序号	时间段	事项	负责人
1	2022 年 8 月 1 日至 2022 年 8 月 31 日	督促涉案企业完成反贿赂管理指引的制定和发布	×××
2			
……			

④合规评估使用的方法。工作方案中也可以将合规评估的方法，包括但不限于观察、访谈、文本审阅、问卷调查、知识测试、抽样检查、穿透式检查、比对检查等在计划使用的情景以及所希望达到的目的等做设计和规划。

⑤合规评估中所需要的额外的资源或者支持。合规评估需要具备极强的专业性，也需要第三方组织投入大量的精力，这就存在着第三方组织需要获取额外的资源或者支持的可能性。第三方组织在制定工作方案时，应当对此予以充分考虑和权衡，将这些需求在工作方案中予以体现，并及时与第三方机制管委会、检察机关或者涉案企业进行沟通。

（3）工作方案的报送

根据《办法》第 16 条的规定，第三方机制管委会和检察机关是在收到第三方组织报送的合规考察书面报告后对于第三方组织制定和执行的评估方案进行审查。可见，从时间线来看，工作方案是在合规评估接近完成时方才提交到第三方机制管委会和检察机关。但是，从实务的角度，考虑到工作方案对于合规评估有序开展的关键作用，第三方组织可以在完成工作方案后及时进行报送，并在充分征求第三方机制管委会和检察机关的修改完善意见后完成最终的制定。

2. 制定符合涉案企业实际的评估指标体系

根据《办法》第 15 条的规定，第三方组织应当以涉案合规风险整改防控为重点，结合特定行业合规评估指标，制定符合涉案企业实际的评估指标体系。评估指标的权重可以根据涉案企业类型、规模、业务范围、行业特点以及涉罪行为等因素设置，并适当提高合规管理的重点领域、薄弱环节和重要岗位等方面指标的权重。

评估指标体系对于合规评估中的各方主体都有着至关重要的作用。对于第三方组织来说，这是其对于涉案企业开展评估工作的关键参考依据；对于涉案企业来说，这是其开展和完善合规建设的关键指引；对于第三方机制管委会和检察机关来说,这是其对于第三方组织的合规评估工作予以审查的关键资料。因此,第三方组织应将设计的评估指标体系提交第三方机制管委会和检察机关审查并得到其确认。

(1)制定评估指标体系的要点

第三方组织在制定评估指标体系时,除了全面了解涉案企业的基本情况以及企业所涉刑事案件情况外,需要关注以下要点:

①注重涉案合规风险整改防控。第三方组织在针对涉案企业制定评估指标体系时,应当充分了解涉案企业所涉及的特定刑事案件情况,分析企业发生该犯罪的原因、识别具体的风险,并以对应的涉案合规风险整改防控为重点。比如,在最高检于2021年6月3日发布的《企业合规改革试点典型案例》中的“王某某、林某某、刘某乙对非国家工作人员行贿案”中,该案中Y公司的整改重点在于企业内部对于商业贿赂犯罪的防控。因此,检察机关与Y公司签署合规监管协议后,Y公司围绕与商业贿赂犯罪有密切联系的企业内部治理结构、规章制度、人员管理等方面存在的问题,制定可行的合规管理规范,构建有效的合规组织体系,健全合规风险防范报告机制,弥补企业制度建设和监督管理漏洞,防止再次发生相同或者类似的违法犯罪。Y公司对内部架构和人员进行了重整,着手制定企业内部反舞弊和防止商业贿赂指引等一系列规章制度,增加企业合规的专门人员。

②关注涉案企业所属特定行业的合规评估指标体系。第三方组织在针对个案制定评估指标体系时可以参考涉案企业所属特定行业已有的合规评估指标予以量身定制。比如,第三方组织在制定评估指标体系时如果对象是中小型企业,则可以参考《中小企业合规管理体系有效性评价》(T/CASMES 19—2022)的相关规定;如果该企业属于医药领域,则可以参考《医药行业合规管理规范》(T/PIAC00001—2020)的相关规定。

(2)评估指标体系的构成要素

评估指标体系在进行制定时一般可以包括评估指标、评估维度、评估标准、评估方法、评估指标权重、评估结论、支持性材料等。

①评估指标。评估指标一般可以分为四大方面:第一,涉案企业、个人全面停止涉罪违规违法行为以及退缴违规违法所得的落实情况;第二,检察机关检察建议的完成情况;第三,专项合规整改计划的完成情况;第四,企业整体合规管理体系的有效性,这可以包括:企业合规从高层做起、风险识别与评估机制、合规管理制度体系、合规管理组织体系、合规管理运行机制、合规文化机制、不合规行为管理机制等。这些评估指标可以根据涉案企业的具体情况进行分解

和细化。

②评估维度。评估维度一般可以包括两个方面:设计维度和执行维度。其中,设计维度是指涉案企业开展的合规建设在形式上是否达到评估标准,比如在合规管理制度建设方面,第三方组织应当评估涉案企业所制定的合规管理制度在类型和数量上的完整性。执行维度是指涉案企业开展的合规建设在实质上是否达到了评估标准,比如涉案企业所设置的合规组织和合规专业人员可以正常履职、合规热线可以切实有效运行。

③评估标准。评估标准是第三方组织所设计的各项评估指标所需要达到的效果。关于评估标准的具体内容在本书第六章中予以详细论述。

④评估方法。评估指标体系中也需要列明评估方法。评估方法主要包括但不限于观察、访谈、文本审阅、问卷调查、知识测试、抽样检查、穿透式检查、比对检查等。

⑤评估指标权重。第三方组织可以设置评估指标的权重。这些权重可以根据涉案企业类型、规模、业务范围、行业特点以及涉罪行为等因素设置,并适当提高合规管理的重点领域、薄弱环节和重要岗位等方面指标的权重。评估指标权重可以让合规评估变得量化和可视化,有助于提高合规评估的可信度和公信力。

⑥评估结论。评估结论可以分为针对每个评估指标的单项结论以及整体结论。评估结论的选项可以包括"达到预期评估标准""基本达到,但仍需在一定期限内完成整改""未达到预期评估标准"。在设有评估指标权重的情况下,评估的整体结论可以与评估指标权重做关联设计。

⑦意见建议。意见建议是在评估结论的基础上,第三方组织对于其中"基本达到,但仍需在一定期限内完成整改"以及"未达到预期评估标准"所作的详细说明。

⑧支持性材料。第三方组织通过评估方法收集的或者由涉案企业所提供的,用以证明评估结论和意见建议的各类支持性材料。这些支持性材料的形式可以参考证据的类型,即包括书证、物证、视听资料、电子数据、鉴定意见等。

为了便于理解,本书设计了一个评估指标体系的示范表(见表8-2)。在此基础上,第三方组织可以根据个案做进一步的调整。

表 8-2　××企业合规评估指标体系

序号	评估指标	评估指标细分项	评估维度	评估标准	评估方法	评估指标权重	单项评估结论	意见建议	支持性材料
1	涉案企业、个人全面停止涉罪违规违法行为以及退缴违规违法所得落实情况	【注：可以从涉罪行为停止、退缴非法所得和涉案人员处理等予以罗列】	设计维度						
			执行维度						
2	检察机关检察建议的完成情况	【注：可以对于检察建议的具体各项予以罗列】	设计维度						
			执行维度						
3	专项合规整改计划的完成情况	【注：可以对于专项合规整改计划的具体各项予以罗列】	设计维度						
			执行维度						
4	企业整体合规管理体系的有效性	【注：可以对于合规管理体系构成的具体各项予以罗列】	设计维度						
			执行维度						
整体评估结论									

(五)第三方组织常用的评估方法

第三方组织常用的合规评估方法,包括但不限于观察、访谈、文本审阅、问卷调查、知识测试、抽样检查、穿透式检查、比对检查等。这些评估方法可以紧密围绕着涉案企业、个人在合规整改中的主客观两个方面情况和变化开展。

第三方组织对于涉案企业、个人的主观方面进行评估主要包括但不限于涉案企业、个人:(1)对于所涉犯罪原因的认知情况;(2)认罪认罚的态度和真实意思表示;(3)对于专项合规整改计划的认知以及落实合规整改的态度;(4)对于建立和运行持续有效的合规管理体系的认知和态度;(5)对于有关主管机关、公安机关、检察机关及第三方组织的相关工作予以配合的态度等。

第三方组织对于涉案企业、个人的客观方面进行评估主要包括但不限于涉案企业、个人:(1)认罪认罚的落实情况;(2)全面停止涉罪违规违法行为,退缴违规违法所得的落实情况;(3)对于涉案人员依据企业内部规章制度的相应处理情况;(4)专项合规整改计划的实际开展情况以及涉案企业、个人基于这些整改所产生的在涉案风险整改防控方面的实质性变化;(5)涉案企业合规管理体系的建设情况以及整改过程中所发生的实质性变化;(6)对于有关主管机关、公安机关、检察机关及第三方组织的相关工作予以配合的情况等。

下面,本书将对于第三方组织常用的合规评估方法及其应用中的注意事项进行逐一介绍。

1. 观察

观察是指第三方组织成立后对于涉案企业、个人,比如实际控制人、经营管理人员、关键技术人员等,在合规考察期限内主观方面和客观方面的表现和成果所进行的观看、分析和判断的评估方法。观察是第三方组织开展包括了解、评价、监督和考察等合规评估时最为直接的一种方法。第三方组织的观察主要是对涉案企业、个人进行单向的观看、分析和判断,除了要求涉案企业、个人为其进行观察提供配合和支持外,并不需要涉案企业、个人实施额外的行为。同时,第三方组织在开展其他评估方法时也可以同步进行实时的观察。

第三方组织对于涉案企业、个人进行观察时,有以下注意事项:(1)第三方组织成员在对涉案企业、个人进行定期或者不定期的观察后,应当及时形成书面记录。书面记录可以包括观察的时间、地点、人物、发现情况和分析判断等。(2)对于观察中所发现的问题,比如涉案企业、个人弄虚作假,搞“纸面合规”,不认真进行合规整改,第三方组织应当及时召集全员开会讨论,并将讨论形成的结论上报第三方机制管委会和检察机关,并根据第三方机制管委会和检察机关的反馈意见开展下一步工作。(3)第三方组织进行观察时也应当结合涉案企业、个人的生产、经营和工作情况以作合理的时间和地点安排,尽量给涉案企业、个人增加不必要的额外负担。(4)对于观察过程中所了解到的涉案企业的商业秘密和涉案个人的隐私,第三方组织也应当采取有效保密措施,维护其合法权益。

2. 访谈

访谈是指第三方组织对于涉案企业中的实际控制人、经营管理人员、关键技术人员、一般员工以及其他与合规评估有关联的利益相关方,比如涉案企业的供应商、经销商等进行访问和交谈的评估方法。访谈是一种第三方组织通过和与合规评估有关联的利益相关方进行互动式的直接交谈来获取信息的方式。正是基于访谈所具有的互动和直接的特点,其一方面可以帮助第三方组织快速且全面地获取涉案企业、个人及其专项合规整改计划、合规管理体系建设等方面的信息和进展情况;另一方面可以作为作为辅助方法来验证或者补充其他评估方法所得出的结论。

第三方组织对于与合规评估有关联的利益相关方进行访谈时,有以下注意事项:(1)第三方组织在开展访谈前,需要明确当次访谈的目的,并据此设计访谈提纲和问题清单。(2)第三方组织所设计的访谈问题可以尽量是开放式问题,少用判断式问题,从而可以保证被访谈对象可以有充足的发表自己意见的空间。这也可以让第三方组织在最大限度内获取信息。(3)访谈应当注意合理的时间安排,尽量不安排在非工作时间或者工作日的休息时间。(4)在每一次访谈中,第三方组织成员应当有不少于2名成员参加。(5)建议实施一对一访谈,必要时可以安排群体性访谈。(6)访谈原则上应当形成书面笔录,参与的第三方组织成员和被访谈对象应当在笔录上签字确认。(7)对于访谈过程中所了解到的被访谈对象的商业秘密、个人隐私等,第三方组织也应当采取有效保密措施,维护其合法权益。

3. 文本审阅

文本审阅是指第三方组织对于涉案企业、个人在专项合规整改计划中所形成的书面成果进行审查和评估。涉案企业的专项合规整改计划以及合规管理体系建设等活动中都会产生大量的文本,比如规章制度、培训材料、合规整改工作日志、阶段性工作报告等。第三方组织通过对于这些文本的审阅可以从评估的设计维度了解涉案企业的专项合规整改计划以及合规管理体系建设的进展情况。

第三方组织在开展文本审阅时,有以下注意事项:(1)要紧密围绕涉案企业的实际情况,包括涉案合规风险整改防控、重点审查涉案企业所制定的文本是否存在脱离或者偏离的情况。(2)除了对于具体制度的审查外,也应当关注涉案企业所制定的制度在整体上的全面性和完整性,对于涉案企业所存在的制度规划上的漏洞应及时指出,并要求涉案企业予以弥补和完善。(3)第三方组织的成员之间可以安排对文本进行交叉审阅,保障审阅的质量。(4)文本审阅应当及时形成书面记录,书面记录可以包括观察的时间、地点、人物、发现情况和分析判断等。(5)对于文本审阅过程中所发现的问题,第三方组织应当及时召集全员开会讨论,并将讨论形成的结论上报第三方机制管委会和检察机关,并根据第三方机制管委会和检察机关的反馈意见开展下一步工作。(6)对于文本审阅过程中所了解到的涉案企业的商业秘密和涉案个人的隐私,第三方组织也应当采取有效保密措施,维护其合法权益。

4. 问卷调查

问卷调查是指第三方组织在开展合规评估时,通过设计问卷并发放给涉案企业中的实际控制人、经营管理人员、关键技术人员、一般员工以及其他与合规评估有关联的利益相关方进行回答,进而了解涉案企业,掌握涉案企业专项合规整改计划的实际进展情况和合规管理体系建设情况的评估方法。问卷调查可以以实名的方式进行,也可以以匿名的方式进行。问卷调查所设计的问题可以包括结构式、开放式和半结构式等三种基本类型。

第三方组织在开展问卷调查时,有以下注意事项:(1)问卷的开头可以直接表明目的,让需要回答的目标人群可以做好必要的准备,以保证问卷结果的质量。(2)问卷的问题要充分考虑目标人群的文化和理解能力,在问题的措辞表述上要坚持简洁、清晰、易于理解。(3)问卷的内容在设计时要有明确的目的和对于具体事项的针对性,便于第三方组织结合问卷的结果进行评估。(4)对于问卷调查过程中所发现的问题,第三方组织应当及时召集全员开会讨论,并将讨论形成的结论上报第三方机制管委会和检察机关,并根据第三方机制管委会和检察机关的反馈意见开展下一步工作。(5)对于问卷调查过程中所了解到的涉案企业的商业秘密和涉案个人的隐私,第三方组织也应当采取有效保密措施,维护其合法权益。

5. 知识测试

知识测试是指第三方组织在开展合规评估时,通过设计与涉案企业专项合规整改计划和合规管理体系建设相关知识的试卷,并安排涉案企业中的实际控制人、经营管理人员、关键技术人员或者相关一般员工进行测试,进而了解涉案企业中相关人员通过合规整改而在制度流程、合规知识、合规理念和合规意识等方面的理解情况的评估方法。知识测试是一种可以相对客观反映涉案企业中相关人员,尤其是实际控制人、经营管理人员、关键技术人员等通过合规整改而在知识结构、理念意识等方面实现改变的情况。

第三方组织在开展知识测试时,有以下注意事项:(1)知识测试的试题应当将通识性与适度专业性相结合,既要注重通识的合规知识的考察,也要注重与企业所涉刑事犯罪相关的专业领域合规风险防控的知识的考察。比如,如果企业涉嫌假冒注册商标案,则第三方组织在进行试题设计时可以重点考察与商标管理和法律保护相关的内容。(2)第三方组织需要对于知识测试的试题做好保密措施,并科学设计考试的形式和程序,最大限度地预防舞弊行为的发生,也避免知识测试流于形式。

6. 抽样检查

抽样检查是指第三方组织对涉案企业的相关业务与管理事项,结合业务发生频率、重要性及合规风险高低抽取样本进行审查的评估方法。抽样检查也是一种可以相对客观地掌握涉案企业专项合规整改计划和合规管理体系建设情况的科学方法。

第三方组织在开展抽样检查时,有以下注意事项:(1)抽取的样本应优先考虑业务发生频率、重要性及合规风险高的领域。(2)第三方组织应当对抽取的样本的真实性进行审查,防止涉案企业予以调换。(3)第三方组织在抽样检查完成后需要形成专门的检查报告,详细介绍整个抽样检查的方案、程序、过程和成果。(4)对于抽样检查过程中所发现的问题,第三方组织应当及时召集全员开会讨论,并将讨论形成的结论上报第三方机制管委会和检察机关,并根据第三方机制管委会和检察机关的反馈意见开展下一步工作。(5)对于抽样检查过程中所了解到的涉案企业的商业秘密和涉案个人的隐私,第三方组织也应当采取有效保密措施,维护其合法权益。

7. 穿透式检查

穿透式检查是指第三方组织对涉案企业的相关业务处理流程,结合相关原始文件、业务处理踪迹、操作管理流程等进行触及起点或者终端审查的评估方法。穿透式检查是一种目前在反舞弊领域和 IPO 上市审查领域都广泛使用的审查和评估方法。这一方法有助于第三方组织真实了解和评估涉案企业专项合规整改计划和合规管理体系建设情况。

第三方组织在开展穿透式检查时,有以下注意事项:(1)穿透式检查具有极强的专业性,第三方组织在确定开展该项检查时,应当选择具有相应专业能力的第三方组织成员牵头做好规划、明确范围、制定科学的实施计划。(2)穿透式检查一般都会产生较大的工作量，给涉案企业、个人也会带来较大的影响，因此，第三方组织在计划开展穿透式检查前应当事先上报第三方机制管委会和检察机关，在征得同意后予以执行。(3)第三方组织在穿透式检查完成后需要形成专门的检查报告，详细介绍整个检查的方案、程序、过程和成果。(4)对于穿透式检查过程中所发现的问题，第三方组织应当及时召集全员开会讨论，并将讨论形成的结论上报第三方机制管委会和检察机关，并根据第三方机制管委会和检察机关的反馈意见开展下一步工作。(5)对于穿透式检查过程中所了解到的涉案企业的商业秘密和涉案个人的隐私，第三方组织也应当采取有效保密措施，维护其合法权益。

8. 比对检查

比对检查是指第三方组织对涉案企业的相关系统及数据，结合交易数据、业务凭证、工作记录以及权限、参数设置等进行比对的评估方法。第三方组织通过对于涉案企业所拥有的不同途径的数据进行比对，可以判断涉案企业所提供的数据和结论的真实性和完整性，进而可以相对客观地掌握涉案企业专项合规整改计划和合规管理体系建设的情况。

第三方组织在开展比对检查时，有以下注意事项：(1)第三方组织在比对检查完成后需要形成专门的检查报告，详细介绍整个比对检查的方案、程序、过程和成果。(2)对于比对检查过程中所发现的问题，第三方组织应当及时召集全员开会讨论，并将讨论形成的结论上报第三方机制管委会和检察机关，并根据第三方机制管委会和检察机关的反馈意见开展下一步工作。(3)对于比对检查过程中所了解到的涉案企业的商业秘密和涉案个人的隐私，第三方组织也应当采取有效保密措施，维护其合法权益。

以上是对于第三方组织常用的评估方法进行的简要介绍。对于涉案企业进行评估的方法并不仅限于上述，第三方组织可以根据个案的情况，根据科学和理性的原则，在上述评估方法的基础上使用其他有效方法开展评估。

三、合规审查

(一)合规审查的概念

合规审查是指负责选任第三方组织的第三方机制管委会和负责办理案件的人民检察院对第三方组织的评估工作和结论进行审核。同时，针对未启动第三方机制的小微企业合规，可以由检察机关对其提交的合规计划和整改报告进行审查。

（二）合规审查的责任主体和审查范围

结合上述对于合规审查的介绍可以看出，对于非小微企业的一般企业（以下简称一般企业），合规审查的责任主体同时包括两方：一方是负责选任第三方组织的第三方机制管委会；另一方是负责办理案件的检察机关。对于小微企业，合规审查的责任主体则是检察机关。

对于一般企业，审查范围则是第三方组织开展的合规评估工作和结论，这包括：合规建设启动时，第三方组织审核过的涉案企业所制订的专项合规整改计划、合规管理体系建设方案；合规考察期内，第三方组织要求涉案企业定期提交的专项合规整改计划、合规管理体系建设方案的执行情况报告；合规考察期满后，第三方组织所制作的合规考察书面报告等。从这里也可以看出，合规审查贯穿第三方机制运行的整个过程。其中，第三方机制管委会主要参与对于合规考察书面报告的审查。对于小微企业，审查的范围是小微企业提交的合规计划和整改报告。

（三）合规审查的重点内容和结果

1. 合规建设启动时，对于第三方组织审核过的涉案企业所制订的专项合规整改计划、合规管理体系建设方案的审查。在此阶段，检察机关审查的重点内容是第三方组织所提交的涉案企业所制订的专项合规整改计划、合规管理体系建设方案的可行性、有效性和全面性。如果审查通过，则涉案企业可以直接开展其所制订的专项合规整改计划和合规管理体系建设方案。如果检察机关有修改完善的意见，则需要反馈给第三方组织，并由第三方组织结合自身的意见一并反馈给涉案企业。涉案企业需要据此进行进一步的修改和完善，并在完成后再次通过第三方组织提交检察机关审查。

2. 合规考察期内，对于第三方组织要求涉案企业定期提交的专项合规整改计划、合规管理体系建设方案的执行情况报告的审查。在此阶段，检察机关的审查重点内容是涉案企业对于经审查确认的专项合规整改计划、合规管理体系建设方案的执行情况，包括执行的进度、质量以及存在的偏差或者错误等情况。检察机关对于在审查过程中所发现的问题应当反馈给第三方组织，并由第三方组织对于涉案企业进行及时指导、提出纠正意见。

3. 合规考察期满后，对于第三方组织所制作的合规考察书面报告的审查。在此阶段，对于一般企业，第三方机制管委会和人民检察院重点审查以下内容：(1)第三方组织制定和执行的评估方案是否适当；(2)评估材料是否全面、客观、专业，足以支持考察报告的结论；(3)第三方组织或其组成人员是否存在可能影响公正履职的不当行为或者涉嫌违法犯罪的行为。

当第三方机制管委会和检察机关审查通过了第三方组织的合规考察报告，认为第三方组织已经完成了监督评估工作，则一方面，第三方机制管委会可以宣告第三方组织解散；另一方面，检察机关可以根据合规审查所确认的合规建设的有效性情况，对涉案企业和涉案人员作出以下对应的处理：(1)当涉案企业合规建设经评估符合有效性标准，即涉案企业开展“真合规”的，检察机关可以参考评估结论依法作出不批准逮捕、变更强制措施、不起诉的决定，提出从宽处罚的量刑建议，或者向有关主管机关提出从宽处罚、处分的检察意见。(2)当涉案企业合规建设经评估未达到有效性标准或者采用弄虚作假手段骗取评估结论，即涉案企业开展“假合规”的，检察机关可以依法作出批准逮捕、起诉的决定，提出从严处罚的量刑建议，或者向有关主管机关提出从严处罚、处分的检察意见。

对于审查中发现的疑点和重点问题，检察机关可以要求第三方组织或其组成人员说明情况，也可以直接进行调查核实。

对于小微企业，检察机关的审查重点包括合规承诺的履行、合规计划的执行、合规整改的实效等内容。

附　　录

域外企业合规重要法规和文件清单

序号	名称	获取方式
联合国		
1	《联合国反腐败公约》(United Nations Convention Against Corruption)	https://www.un.org/zh/issues/anti-corruption/uncac_text.shtml
经济合作与发展组织		
2	《打击国际商业交易中贿赂外国公职人员公约》(Convention on Combating Bribery of Foreign Public Officials in International Business Transactions)	https://www.oecd.org/daf/anti-bribery/ConvCombatBribery_ENG.pdf
国际标准化组织		
3	《合规管理体系指南》(ISO 19600:2014)	https://www.iso.org/home.html
4	《合规管理体系——要求及使用指南》(ISO 37301:2021)	
5	《反贿赂管理体系——要求及使用指南》(ISO 37001:2015)	
世界银行集团		
6	《诚信合规指南》(Integrity Compliance Guidelines)	https://thedocs.worldbank.org/en/doc/302151536766276403-0240022018/original/WBGIntegrityComplianceGuidelinesCH.pdf
巴塞尔银行监管委员会		
7	合规与银行内部合规部门(Compliance and the compliance function in banks)	https://www.bis.org/publ/bcbs113.htm

续表

序号	名称	获取方式
美国		
8	《反海外腐败法》(U. S. Foreign Corrupt Practices Act)	https://www. justice. gov/criminal-fraud/foreign-corrupt-practices-act
9	《美国反海外腐败法资源指南》(第二版)(A Resource Guide to the U. S. Foreign Corrupt Practices Act Second Edition)	https://www. justice. gov/criminal-fraud/file/1292051/download
10	《司法部执法手册》(Justice Manual)	https://www. justice. gov/jm/justice-manual
11	《美国量刑指南》(United States Sentencing Guidelines)	https://www. ussc. gov/guidelines/
12	《萨班斯—奥克斯利法案(2002)》(Sarbanes-Oxley Act of 2002)	https://www. congress. gov/bill/107th-congress/house-bill/3763
13	《多德—弗兰克华尔街改革与消费者保护法案》(Dodd-Frank Wall Street Reform and Consumer Protection Act)	https://www. congress. gov/111/plaws/publ203/PLAW-111publ203. pdf
14	《企业合规管理体系评估》(2020年6月更新)[Evaluation of Corporate Compliance Programs (Updated June 2020)]	https://www. justice. gov/criminal-fraud/page/file/937501/download#:~:text = Because% 20a% 20corporate% 20compliance% 20program% 20must% 20be% 20evaluated, solutions% 20to% 20reduce%20warrant%20its%20risks% 20particularized%20evaluation
15	《在反垄断刑事调查中对于企业合规管理体系的评估》(Evaluation of Corporate Compliance Programs in Criminal Antitrust Investigations)	https://www. justice. gov/atr/page/file/1182001/download
英国		
16	《反贿赂法案》(2010)(Bribery Act 2010)	https://www. legislation. gov. uk/ukpga/2010/23/contents

续表

序号	名称	获取方式
17	《严重欺诈调查局操作手册——DPA部分(2020)》(SFO Operational handbook-DPA 2020)	https://www.sfo.gov.uk/publications/guidance-policy-and-protocols/guidance-for-corporates/deferred-prosecution-agreements/
法国		
18	《萨宾第二法案》(Sapin Ⅱ Law)	https://cms.law/en/fra/publication/sapin-ii-law-anti-corruption-aspects
意大利		
19	《关于法人、公司、协会及非法人组织行政责任的法令》(Disciplina della responsabilità amministrativa delle persone giuridiche, delle società e delle associazioni anche prive di personalità giuridica)	https://www.assiteca.it/2018/07/dlgs-231/
智利		
20	《公司刑事责任法》(Ley 20.393)	https://www.liberty.cl/nuestra-compania/ley-20393
日本		
21	《防止不公平竞争法》(Unfair Competition Prevention Act)	https://www.meti.go.jp/english/policy/economy/chizai/chiteki/index.html
新西兰		
22	《反洗钱和打击资助恐怖主义金融法》(Anti-Money Laundering and Countering Financing of Terrorism Act)	https://www.legislation.govt.nz/act/public/2009/0035/latest/DLM2140720.html
23	《公平交易法》(Fair Trading Act)	https://www.legislation.govt.nz/act/public/1986/0121/latest/DLM96439.html?search=qs_act%40bill%40regulation%40deemedreg_fair+trading+_resel_25_h&p=1&sr=1